Robert Baumert · Gabriele Hackl · Günther Hackl · Georg Wilfling

arbeitsbuchoberlaa2023

Aktuelle Steuerfragen praxisnah aufbereitet

Vortragsunterlage für das Seminar Oberlaa Online im Frühjahr 2023
verfasst und zusammengestellt von Praktikern für Praktiker

Stand - soweit nicht anders angegeben - 2. März 2023

Diese Arbeitsunterlage wurde mit größtmöglicher Sorgfalt verfasst und zusammengestellt, viele Ausführungen stellen jedoch persönliche Ansichten dar. Die Angaben erfolgen ohne Gewähr. Bei literarischer Verwendung ersuchen wir um die übliche Zitierweise.

Die innovativste Rechts-recherche
Ergebnis einer von LexisNexis beauftragten Befragung durch IPSOS Ende 2021 unter 226 österreichischen Rechtsanwält:innen & Steuerberater:innen
Zu Recht voraus.
Lexis 360®
Für Steuerprofis: Die innovative Recherchelösung mit Tax Intelligence
Alle relevanten Quellen
Inkl. Webinare, Literatur, & 2.500 Lexis Briefings®: kompaktes Praxiswissen mit Muster, Checklisten uvm
Lexis SmartSearch
Die Suche denkt voraus und liefert eine Literatur-Zusammenstellung, die das Rechercheproblem oft vorwegnimmt.
Lexis Tools
Besser beraten mit digitalen Assistenten, SmartSearch Alerts bei Rechtsänderungen, Visualisierung, Fassungsvergleich uvm.
LexisNexis®
Jetzt kostenlos testen:
Lexis.at/oberlaa

ÖGSW
IHR SERVICE-NETZWERK

arbeitsbuchoberlaa2023
Aktuelle Steuerfragen praxisnah aufbereitet

INHALTSVERZEICHNIS

STEUERLICHE MASSNAHMEN INSBESONDERE iZm ÖKOLOGISIERUNG, COVID-19, TEUERUNG

BILANZIERUNG

BETRIEBSAUSGABEN, GEWINNERMITTLUNG

PAUSCHALIERUNG

STEUERERKLÄRUNGEN, VERANLAGUNG

IMMOBILIEN

UMSATZSTEUER

KAPITALERTRÄGE

VERFAHRENSRECHT, KANZLEI

LOHNSTEUER, ARBEITSRECHT UND SOZIALVERSICHERUNG

ANLAGEN

Übersicht über steuerliche Änderungen bei der Erstellung des Jahresabschlusses, was ab/bis wann gilt

Quellenangaben im Beitrag

Die Auswahl nachfolgender Änderungen erfolgte ohne Anspruch auf Vollständigkeit. Um die praktische Anwendung zu erleichtern, wurden die Themen chronologisch sortiert und farblich gekennzeichnet.

Ab wann	Stichwort	Beschreibung	Nähere Informationen
ab 1.7.2020	Beschleunigte Gebäude-Abschreibung	Gilt für Gebäude, die nach dem 30.6.2020 angeschafft oder hergestellt wurden, gilt für Betriebsvermögen und Privatvermögen, im ersten Jahr: höchstens das 3-fache des Prozentsatzes (zB bei 2,5 % → 7,5 %), im Folgejahr: höchstens das 2-fache des Prozentsatzes (zB bei 2,5 % → 5 %), ab dem 3. Jahr: regulärer Prozentsatz (zB 2,5 %), keine Maßgeblichkeit des Unternehmensrechts, dh steuerlich möglich, unabhängig vom unternehmensrechtlichen Ansatz der Abschreibung, § 8 Abs 1a EStG	Arbeitsbuch Oberlaa 2021, 78 ff
ab 2020	Buchführungspflicht Land- und Forstwirte	Buchführungspflicht ab 2020: • nur noch bei Überschreiten der Umsatzgrenze von € 700.000,- in zwei aufeinander folgenden Kalenderjahren • die Höhe des Einheitswerts ist für die Buchführungspflicht nicht mehr relevant (nur noch für die Anwendbarkeit der LuF Pauschalierung) • § 125 BAO Buchführungspflicht bis 2019: • Überschreiten der Umsatzgrenze von € 550.000,- in zwei aufeinander folgenden Kalenderjahren <u>oder</u> • Überschreiten des Einheitswertes von € 150.000,-	Arbeitsbuch Herbst 2020, 62 ff
nur 2019 und 2020	Covid-Rücklage	Die Covid-Rücklage ist analog zum Verlustrücktrag, nur bereits vor der Veranlagung für das Jahr 2020 anwendbar. Durch einen Abzugsposten (Covid-Rücklage) werden die Einkünfte (nur) des Jahrs 2019 reduziert und bei Veranlagung des Jahres 2020 wieder hinzugerechnet. § 124b Z 355 EStG sowie Covid-19-Verlustberücksichtigungs-VO Voraussetzung: positiver Gesamtbetrag der betrieblichen Einkünfte 2019 und voraussichtlich negativer Gesamtbetrag der betrieblichen Einkünfte 2020 Höhe der Rücklage: • ohne weiteren Nachweis: bis 30 % der Einkünfte 2019 • bei sorgfältiger Schätzung und Glaubhaftmachung des Verlustes 2020: bis 60% der Einkünfte 2019	Arbeitsbuch Oberlaa 2021, 87 ff

Ab wann	Stichwort	Beschreibung	Nähere Informationen
nur 2020	Verlustrücktrag	Verluste aus betrieblichen Einkünften 2020 können auf die Jahre 2019 und 2018 rückgetragen werden. § 124b Z 355 EStG	Arbeitsbuch Oberlaa 2021, 84 ff
ab 1.1.2021	Pauschale Forderungswertberichtigung und pauschale Rückstellungen	Pauschale Forderungswertberichtigungen und pauschale Rückstellungen sind ab 1.1.2021 steuerlich anerkannt. Davor waren nur Einzelwertberichtigungen bzw Einzelrückstellungen zulässig. Die Neuregelung führt auch zur Vereinheitlichung von UGB und EStG. Nachgeholte Beträge unterliegen einer 5-Jahresverteilung. § 6 Z 2 lit a EStG und § 9 Abs 3 EStG	Arbeitsbuch Herbst 2021, 50 ff
ab 2021	Steuerbegünstigung Sanierungsgewinne	Ausweitung der steuerlichen Begünstigung auf Sanierungsgewinne aus außergerichtlichen Sanierungen (davor Begünstigung nur für gerichtliche Sanierungsverfahren). Steuerliche Begünstigung auch anwendbar für das 2021 neu hinzugekommene Restrukturierungsverfahrens iSd ReO. § 36 Abs 2 Z 1 EStG	Arbeitsbuch Oberlaa 2022, 36 ff
ab 2021	Verlustvortrag für Gewinne aus Schuldnachlässen	Keine KöSt-„Verlustbremse (dh Anrechnung eines Verlustvortrags nur im Ausmaß von 75 % des Gesamtbetrages der Einkünfte)“ für Gewinne aus Schuldnachlässen jeglicher Art ab der Veranlagung 2021. Somit auch keine „Verlustbremse“ für außergerichtliche Sanierungsgewinne und das 2021 neu hinzugekommene Restrukturierungsverfahren iSd ReO (davor nur anwendbar für bestimmte Sanierungsgewinne). § 8 Abs 4 Z 2 lit b 1. TS KStG	
ab 1.7.2020 bis 31.12.2022	Degressive AfA	Gilt für Investitionen ab 1.7.2020, bis zu 30 % der Anschaffungs-/Herstellungskosten bzw des Buchwertes in Folgejahren, ua nicht erlaubt für PKW, Gebäude, gebrauchte WG, keine Maßgeblichkeit des Unternehmensrechts, dh steuerlich möglich, unabhängig vom unternehmensrechtlichen Ansatz der Abschreibung, § 7 Abs 1a EStG	Arbeitsbuch Oberlaa 2021, 75 ff
ab 2022	Gewährleistungsansprüche von Verbrauchern	Seit 1.1.2022 gilt in Österreich ein neues, für Konsumenten freundlicheres Gewährleistungsrecht. Die Neuregelungen machen es für Unternehmer notwendig, ihre Risiken zum Bilanzstichtag neu zu bewerten. Zu beachten sind die steuerliche Behandlung der ab 1.1.2021 abzugsfähigen pauschalen Rückstellungen und die korrekte Verteilung der Altlasten für Vorjahre.	Arbeitsbuch Herbst 2022, 14 ff

Ab wann	Stichwort	Beschreibung	Nähere Informationen
ab 1.1.2023	Abzugsverbot freiwillige Abfertigung aufgehoben, da verfassungswidrig	§ 20 Abs 1 Z 8 EStG wird mit Ablauf des 31.12.2022 als verfassungswidrig aufgehoben, da diese Bestimmung gegen den Gleichheitsgrundsatz verstößt. Nach § 20 Abs 1 Z 8 EStG waren freiwillige Abfertigungen (auch jene im Rahmen von Sozialplänen) seit 1.3.2014, soweit diese nicht mit 6 % versteuert wurden, nicht als Betriebsausgabe abzugsfähig.	Arbeitsbuch Oberlaa 2023 42 ff
ab 1.1.2023	(teilweises) Ende der degressiven Afa	Auslaufen der Abkoppelung von der Maßgeblichkeit → Afa für Investitionen ab 1.1.2023 nur noch nach Maßgabe des Unternehmensrechts (degressive Abschreibung im Unternehmensrecht nur in Ausnahmefällen möglich)	Arbeitsbuch Oberlaa 2022, 16 f
für WJ, die nach dem 31.12.2022 beginnen	GWG-Grenze	Grenze Sofortabsetzbarkeit von geringwertigen Wirtschaftsgütern ab dem Jahr 2023 auf netto € 1.000,- angehoben 2020 – 2022 → € 800,- bis 2019 → € 400,-	
ab 1.1.2023	Investitionsfreibetrag	Gilt für Investitionen ab 1.1.2023, beträgt 10 % der Anschaffungs- und Herstellungskosten und wird als zusätzliche Betriebsausgabe im Jahr der Anschaffung geltend gemacht, Erhöhung von 10 % auf 15 %, wenn eine Investition im Bereich Ökologisierung getätigt wird. Nicht begünstigt ua: • Wirtschaftsgüter mit Nutzungsdauer < 4 Jahre • GWG • gebrauchte Wirtschaftsgüter • PKW • Gebäude • Wirtschaftsgüter für investitionsbedingten GFB Eine Kombination aus degressiver Afa und IFB ist möglich. Regelungen des IFB im neugeschaffenen § 11 EStG.	Arbeitsbuch Oberlaa 2023, 45 ff

Übersicht über außerhalb des Jahresabschlusses anzuwendende steuerliche Änderungen, was ab/bis wann gilt

Reiner/Reiner, SWK 3/2023, 58 und SWK 2/2022, 42; Lindmayr, ARD 6830/5/203;

Die Auswahl nachfolgender Änderungen erfolgte **ohne Anspruch auf Vollständigkeit**. Um die praktische Anwendung zu erleichtern, erfolgte eine Sortierung zweistufig, dh sowohl chronologisch (farblich gekennzeichnet) als auch alphabetisch nach Stichworten.

Ab wann	Stichwort	Beschreibung	Nähere Informationen
ab 2021	Berufsgruppenpauschale	Neben den pauschalen Betriebsausgaben können auch alle jene Werbungskosten geltend gemacht werden, die ohne Anrechnung auf das Werbungskostenpauschale abgesetzt werden können, § 4 Abs 1 und § 5 iVm § 6 Abs 6 VO BGBl II 2001/382	Reiner/Reiner SWK 2/2022, 47
bis/ab 16.11.2021	Gemischte Schenkungen	Ob Vermögensübertragungen einheitlich einen entgeltlichen oder unentgeltlichen Vorgang darstellen, ist ab 16.11.2021 iSd VwGH und der EStR idF Wartungserlass 2023, anders als bisher zu beurteilen. Vermögensübertragungen vor dem 16.11.2021 sollen weiterhin dem zum Ausdruck gebrachten Parteiwillen entsprechen und sollen nicht umgedeutet werden.	Arbeitsbuch Oberlaa 2023, 99 ff
bis 31.12.2021	Umsatzsteuer 5 % für Gastronomie und andere	Umsatzsteuersatz von 5 % für die Gastronomie, die Hotellerie, die Kulturbranche sowie den Publikationsbereich, § 28 Abs 52 UStG	Arbeitsbuch Oberlaa 2021, 98 ff
1.11.2021 bis **31.3.2022**	Härtefallfonds Phase 4	Mit Ausbruch der fünften Corona-Welle und dem damit zusammenhängenden Lockdown wurde der Härtefallfonds in seiner Phase 4 reaktiviert. Er hat sich seit Anbeginn der Pandemie als Sicherheitsnetz für Selbständige bewährt. Die Phase 4 bleibt der Grund-Systematik treu.	Arbeitsbuch Oberlaa 2022, 82 ff
bis 31.12.2021 ab 1.1.2022 ab 20.7.2022	Vorsteuer-Erstattung bei Grundstücksvermietung	Vorsteuern von nicht im Inland ansässigen Unternehmern bis 31.12.2021 VSt-Abzug im Veranlagungsverfahren, kein Reverse-Charge, ab 1.1.2022 VSt-Abzug im Erstattungsverfahren, Reverse-Charge ab 20.7.2022 wie bis 31.12.2021	Arbeitsbuch Herbst 2022, 104 ff
2021 2022 **bis 2023**	Homeoffice-Pauschale	Gem § 124b Z 373 – 375 EStG gelten die Homeoffice-Begünstigungen für Arbeitnehmer nur befristet bis 2023. Es bleibt abzuwarten, ob es diesbezüglich zu einer Verlängerung und/oder zu inhaltlichen Änderungen kommt.	Arbeitsbuch Oberlaa 2022, 22 ff

Ab wann	Stichwort	Beschreibung	Nähere Informationen
nur 2022	Antiteuerungsbonus	Antiteuerungsbonus € 250,- bzw € 125,- für Kinder < 18 Jahre zusätzlich zum Klimabonus	Arbeitsbuch Herbst 2022, 52 ff
ab 2022	Arbeitsplatzpauschale	Arbeitsplatzpauschale für Homeoffice von Selbständigen, § 4 Abs 4 Z 8 EStG, § 17 Abs 1 und 3a EStG. Kleines (€ 300,-) oder großes Pauschale (€ 1.200,-) in Abhängigkeit davon, ob andere Aktiveinkünfte weniger oder mehr als € 11.000,- betragen bzw € 11.693,- ab 2023.	Arbeitsbuch Herbst 2022, 31 ff
ab 2022	Einkommensteuertarif	Einkommensteuertarif – Reduktion des Steuersatzes für die zweite Tarifstufe ab 1.7.2022 von 35 % auf 30 %. Der Mischsatz für 2022 beträgt daher 32,5 %.	Arbeitsbuch Herbst 2022, 42 ff
ab 1.7.2022	Familienbonus Plus	Anhebung auf € 166,68/Monat für Kinder bis 18 Jahre bzw auf € 54,18 für Kinder ab 18 Jahren, § 33 Abs 3a Z 1 EStG	Arbeitsbuch Oberlaa 2022, 8
ab 2022	Forschungsprämie	Forschungsprämien, die das Kalenderjahr 2022 betreffen und nach dem 30. 6. 2022 erstmals beantragt werden: drei wesentliche Verbesserungen, § 108c EStG	Arbeitsbuch Herbst 2022, 130 ff
ab 2022	Gewinnfreibetrag	Erhöhung des Grundfreibetrages von 13 % auf 15 % von höchstens € 30.000,- ds € 4.500,-, § 10 EStG. Maximaler GFB daher € 45.950,-.	Arbeitsbuch Oberlaa 2022, 14 ff
ab 2022	KFZ-Sachbezüge	Sachbezüge bei wesentlich beteiligten Gesellschafter-Geschäftsführern wurden auf die Privatnutzung von Fahrrädern oder Krafträdern ausgeweitet, Verordnung BGBl II 2022/468.	Arbeitsbuch Oberlaa 2023, 160 f
ab 2022	Kindermehrbetrag	Ausweitung bzw Erhöhung des Kindermehrbetrages gem § 33 Abs 7 EStG auf bis zu € 550,- pro Kind	Arbeitsbuch Herbst 2022, 48
nur 2022	Klimabonus	Sockelbetrag für Klimabonus ohne Regionalausgleich, § 3 Abs 1 KliBG	Arbeitsbuch Herbst 2022, 52 ff

Ab wann	Stichwort	Beschreibung	Nähere Informationen
ab 1.3.2022	Kryptowährungen	Einbeziehung der Einkünfte aus Kryptowährungen in die Einkünfte aus Kapitalvermögen; Regelung einer Reihe von Sonderfragen zB betreffend KESt-Abzug, Anschaffungskosten, Anschaffungszeitpunkt etc Beachte auch die Kryptowährungsverordnung BGBl II 2022/455	Arbeitsbuch Oberlaa 2022, 40 ff
ab 8/2022	Leistungs- und Strukturerhebung	Seit 8/2022 kann die Leistungs- und Strukturerhebung (LSE) direkt aus der Buchhaltungssoftware an die Statistik Austria gemeldet werden. Dadurch soll die Meldeverpflichtung effizienter gestaltet und Zeitaufwand im Unternehmen reduziert werden. Für bestimmte Unternehmen ist die Meldung mittels Saldenliste ab dem Berichtsjahr 2022 verpflichtend.	Arbeitsbuch Herbst 2022, 158 ff
ab 2022	Mitarbeitergewinnbeteiligung	Mitarbeitergewinnbeteiligung bis zu € 3.000,- pro Jahr steuerfrei gem § 3 Abs 1 Z 35 lit b EStG. Voraussetzung ist ua, dass die Summe der jährlich gewährten Gewinnbeteiligungen das unternehmensrechtliche Vorjahresergebnis vor Zinsen und Steuern EBIT) nicht übersteigen darf.	Arbeitsbuch Herbst 2022, 59 ff
ab 2022	Öffi-Ticket für Selbständige	Selbständige dürfen gem § 4 Abs 4 Z 5 EStG ohne weiteren Nachweis pauschal 50 % der Kosten einer Wochen-, Monats- oder Jahreskarte als Betriebsausgaben absetzen, wenn diese (auch) für betriebliche Fahrten benützt wird.	Arbeitsbuch Oberlaa 2023, 50 ff
ab 2022	Pflichtveranlagung	Pflichtveranlagungstatbestände auf 18 Fälle erweitert und inhaltliche Änderungen, § 41 Abs 1 Z 6, 13, 14, 15 EStG, zB wenn eine Teuerungsprämie von mehr als € 3.000,- ausbezahlt wird etc	Arbeitsbuch Oberlaa 2023, 84 ff
ab 2022	Photovoltaik	Einkünfte aus der Überschusseinspeisung von Strom in das Stromnetz ist gem § 3 Abs 1 Z 39 EStG insoweit steuerfrei, als diese Einkünfte auf eine veräußerte Strommenge von bis zu 12.500 kWh entfallen (persönlicher Freibetrag). Beachte: Anlagenbezogene Freigrenze von 25 kWp.	Arbeitsbuch Oberlaa 2023, 70 ff
ab 1.1.2022	Rechnungsausstellung iSd UStG	Rechnungsausstellung ist verpflichtend beim Einfuhr-Versandhandel durch Drittlandsunternehmer, § 11 Abs 1 Z 2a UStG	Arbeitsbuch Oberlaa 2021, 84 ff
ab 1.1.2022	Reiseleistungen	Reiseleistungen geändert, § 23 UStG	Arbeitsbuch Herbst 2021, 81
ab 20.7.2022	Reverse-Charge	Kein Übergang der Steuerschuld bei Grundstücksvermietung durch ausländische Unternehmer, § 19 Abs 1 UStG	Arbeitsbuch Herbst 2022, 104

Ab wann	Stichwort	Beschreibung	Nähere Informationen
ab 2022	Sonderausgaben	Sonderausgaben für thermisch-energetische Sanierung und für Heizkesseltausch, § 18 Abs 1 Z 10 EStG. Kosten der Errichtung von Photovoltaikanlagen sind nicht begünstigungsfähig.	Arbeitsbuch Oberlaa 2022, 54 ff
Nur für 2022	Teuerungsabsetzbetrag	Teuerungsabsetzbetrag € 500,- für Geringverdiener, § 124b Z 407 EStG	Arbeitsbuch Herbst 2022, 46 ff
ab 1.7.2022	Umsatzsteuerbefreiung iZm Streitkräften	Umsatzsteuerbefreiung für Lieferungen und Dienstleistungen an Streitkräfte anderer Mitgliedstaaten bzw für die entsprechenden Einfuhren, § 6 Abs 1 Z 6 lit c und Abs 4 Z 11 UStG	Mayr, SWK 23-24/2022, 963
Stichtag 20.7.2022	Umsatzsteuerzinsen	Umsatzsteuerzinsen gem 205c BAO dh sowohl zugunsten als auch zulasten des Steuerpflichtigen; umfangreiche Kasuistik!	Arbeitsbuch Herbst 2022, 143
Beschwerde-vorlagen ab 31.8.2022	Verfahrensbeschleunigung	Neuerungsverbot und Verfahrensförderungspflicht, §183 Abs 3 BAO	Arbeitsbuch Herbst 2022, 162
ab 1.4.2022	Vorsteuer-Berichtigung	Vorsteuer-Berichtigungszeitraums bei Mietkauf verkürzt, § 12 Abs 10 UStG	Arbeitsbuch Oberlaa 2022, 122 ff
2022 teilweise bis 2024	Energiepreise	Eine Reihe von Maßnahmen des Bundes zur Abfederung steigender Energiepreise mit unterschiedlichem Beginn und Ende sind in einer dreiseitigen Übersicht im Arbeitsbuch Herbst 2022 dargestellt. Achtung: einzelne dieser Maßnahmen könnten verlängert werden.	Arbeitsbuch Herbst 2022, 65 ff
26.4.2022 bis (vorerst?) 31.12.2023	Reparaturbonus	Reparaturbons können so lange beantragt werden, wie Budgetmittel vorhanden sind, längstens jedoch bis zum 31.12.2023. Aus dem Projekt „Next Generation EU" stehen bis 2026 Mittel in Höhe von € 130 Mio zur Verfügung.	Arbeitsbuch Herbst 2022, 114 ff
2022 und 2023	Teuerungsprämie	Teuerungsbedingte Zulagen und Boni des Arbeitgebers bis zu € 2.000,- pro Jahr sind steuerfrei, § 124b Z 408 EStG. Zusätzlich sind bis zu € 1.000,- steuerfrei, insgesamt daher bis zu € 3.000,-, wenn die Zahlung aufgrund einer lohngestaltenden Vorschrift erfolgt.	Arbeitsbuch Oberlaa 2023, 87 ff

Ab wann	Stichwort	Beschreibung	Nähere Informationen
ab 1.1.2023	Aufzeichnung Kapitalerträge	Aufzeichnungspflicht für nicht endbesteuerte Einkünfte aus Kapitalvermögen, § 126 Abs 3 BAO	Arbeitsbuch Oberlaa 2023, 135 ff
ab 2023	Dienstgeberbeitrag	Senkung des DB von 3,9 % auf 3,7 %, § 41 Abs 5a FLAG	Arbeitsbuch Herbst 2022, 58
ab 1.1.2023	Digitale Plattformen Meldepflichten gem DPMG	Plattformen müssen seit 1.1.2023 umfangreiche Daten über Verkäufe dokumentieren und melden. Staaten werden im Zuge der Amtshilfe ihre Informationen besser vernetzen. Das Digitale Plattformen-Meldepflichtgesetz (DPMG) regelt Meldepflichten sowohl von Plattformbetreibern als auch Anbietern (zB Verkäufer, Vermieter etc).	Arbeitsbuch Herbst 2022, 147 ff
ab 1.1.2023	Dreiecksgeschäfte	Vereinfachung für Dreiecksgeschäfte und auch innerhalb von Reihengeschäften mit mehr als drei Personen	Arbeitsbuch Oberlaa 2023, 117 ff
ab 2023	Einkommensteuertarif	Einkommensteuertarif – Abschaffung der kalten Progression und Reduktion des Steuersatzes für die dritte Tarifstufe ab 1.7.2023 von 42 % auf 40 %. Für 2023 beträgt der Mischsatz daher 41 % .	Arbeitsbuch Herbst 2022, 42 ff
bis 30.6.2023	Freistellung von Arbeitnehmern	… mit einem Covid-19-Risiko-Attest verlängert bis 30.6.2023, BGBl II 2022/506	Arbeitsbuch Herbst 2020, 160
ab 2023	Investitionsfreibetrag	Investitionsfreibetrag (IFB) 10 % mit Öko-Zuschlag 5 %, § 11 EStG. Welche Wirtschaftsgüter dem Bereich der Ökologisierung dienen, wird in einer Öko-IFB-VO geregelt, die eigenständig unter Verweis auf das Umweltförderungsgesetz und das Klima- und Energiefondsgesetz festhält, welche Kriterien für den Öko-Zuschlag erfüllt werden müssen.	Arbeitsbuch Oberlaa 2023, 45 ff
ab 2023	Kleinunternehmerpauschalierung	Erhöhung der Umsatzgrenze um netto € 5.000,- auf netto € 40.000,-; betrifft nur die Anwendungsvoraussetzung für die einkommensteuerliche Pauschalierung und ändert nichts an der umsatzsteuerlichen Kleinunternehmergrenze von netto € 35.000,-	Arbeitsbuch Oberlaa 2023, 62 ff
ab 2023	Körperschaftsteuertarif	Körperschaftsteuertarif Senkung von 25 % auf 24 % in 2023 Körperschaftsteuertarif Senkung von 24 % auf 23 % ab 2024	Arbeitsbuch Oberlaa 2022, 34 ff

Ab wann	Stichwort	Beschreibung	Nähere Informationen
bis 30.6.2023	Kurzarbeit	Verlängerung der Kurzarbeitsregelung für besonders betroffene Betriebe (§ 37b Abs 9 AMSG) bis Ende Juni 2023 mit einigen Anpassungen	Arbeitsbuch Herbst 2022, 76
ab 2023	Öffi-Ticket für Unselbständige	Auf Kosten des Arbeitgebers zur Verfügung gestellte Wochen-, Monats- oder Jahreskarten kürzen zwar ein Pendlerpauschale, führen jedoch nicht mehr zu einer gänzlichen Streichung, § 16 Abs 1 Z 6 lit i sublit bb EStG.	Arbeitsbuch Herbst 2022 127 ff
ab 2023	Pauschalierung ESt und USt Land- und Forstwirtschaft	Einheitswertgrenze für die land- und forstwirtschaftliche Pauschalierung gem § 17 Abs 5a Z 1 EStG von € 130.000,- auf € 165.000,- erhöht. Grenze für USt-Pauschalierung von € 400.000,- auf € 600.000,- angehoben.	Arbeitsbuch Oberlaa 2023, 56 ff
bis 30.6.2023	Pendlerpauschale	Bis inklusive Juni 2023 gilt noch das um 50 % erhöhte Pendlerpauschale sowie der erhöhte Pendlereuro (BGBl I 2022/63). Wird das Pendlerpauschale zu Unrecht/in falscher Höhe berücksichtigt ► Pflichtveranlagung.	Arbeitsbuch Herbst 2022, 128
bis 7.7.2023	Sonderbetreuungszeit	Verlängerung der Sonderbetreuungszeit bis 7. 7. 2023 zu den bereits in Phase 7 geltenden Voraussetzungen, BGBl I 2022/230	Arbeitsbuch Herbst 2020, 156 ff
ab 2023	Sportler	Erhöhung der beitragsfreien pauschalen Reiseaufwandsentschädigung für Sportler, Schiedsrichter und Sportbetreuer von derzeit maximal € 60,- pro Einsatztag auf max € 120,- pro Einsatztag bzw von derzeit max € 540,- pro Monat auf max € 720,- pro Monat, BGBl I 2022/236	Arbeitsbuch Oberlaa 2023 156 ff
bis 30.6.2023	Umsatzsteuerbefreiung für Covid-19-Diagnostika und -Impfstoffe	Umsatzsteuerbefreiung iZm Covid-19-Diagnostika oder -Impfstoffen verlängert, § 28 Abs 53 Z 3 und Z 4 UStG	Arbeitsbuch Oberlaa 2022, 135
bis 30.6.2023	Umsatzsteuerbefreiung für Schutzmasken	Umsatzsteuerbefreiung für Schutzmasken verlängert, § 28 Abs 54 UStG	

Auswirkung der Inflation auf den Jahresabschluss

Bewertung der Aktiva

Stückler, DJA 4/2022; Bertl/Patloch-Kofler zu § 209 UGB in Handbuch Rechnungslegungsgesetz: Hrsg Aschauer/Bertl/Fröhlich/Mandl; RWP 5/2009; Winter/Kern/Hlawenka/Dietl, RWP 4/2018; Hirschler/Margetich/Schiebel, RWZ 11/2022; RWP 1/2009; AFRAC 14; Christian/Hohensinner zu § 207 sowie zu § 209 UGB in Zib/Dellinger UGB-Kommentar

Wertansätze Bilanzierung

Das Anziehen des Wirtschaftswachstums nach den schwachen Covid-Jahren kombiniert mit der Energiekrise in Folge des Ukraine-Krieges hat zu starken Preissteigerungen in nahezu allen Bereichen des täglichen Lebens geführt.

Diese Preissteigerungen können auch Einfluss auf die Wertansätze von Vermögensgegenständen und Schulden im Jahresabschluss haben. Im Nachfolgenden wird untersucht, ob bzw inwieweit Preissteigerungen auf die Wertansätze von Anlage- und Umlaufvermögen Auswirkungen haben. Der nachfolgende Beitrag beschäftigt sich mit den Auswirkungen der Inflation auf die Passivseite des Jahresabschlusses.

1. Bewertung von Sachanlagevermögen und Vorräten

Gegenstände des **Anlagevermögens** sind mit den **Anschaffungs- oder Herstellungskosten**, vermindert um planmäßige Abschreibungen anzusetzen. Anlässlich der Bilanzierung ist zu überprüfen, ob der beizulegende Wert unter den Buchwert abgesunken ist. Bei voraussichtlich dauernder Wertminderung sind Gegenstände des Anlagevermögens **außerplanmäßig** auf den niedrigeren am Abschlussstichtag beizulegenden Wert **abzuschreiben**, gemildertes Niederstwertprinzip, § 203 und § 204 UGB.

Gegenstände des **Umlaufvermögens** sind mit den **Anschaffungs- oder Herstellungskosten** anzusetzen. Wenn am Abschlussstichtag der **Marktpreis oder Börsenkurs niedriger** ist, dann sind **Abschreibungen** des Umlaufvermögens auf den niedrigeren Wert vorzunehmen, strenges Niederstwertprinzip, § 206 und § 207 UGB.

Aus den Bewertungsvorschriften des UGB geht klar hervor, dass Sachanlagevermögen und Vorräte mit jenen Kosten anzusetzen sind, die zum Zeitpunkt des Erwerbs zu entrichten waren. Es wird an **nominelle Werte** angeknüpft, die nicht die realen Werte widerspiegeln. Dieses sogenannte Nominalwertprinzip ist nach herrschender Meinung im § 193 Abs 4 UGB verankert, wonach der Jahresabschluss in Euro aufzustellen ist, siehe auch Nowotny in Straube 3 § 193 Rz 24.

Preissteigerungen in Form von Inflation nach erfolgter Anschaffung bzw Herstellung wirken sich auf den Bilanzansatz nicht aus, weil die historischen Anschaffungs- bzw Herstellungskosten den Höchstwert darstellen.

Anders wären Preisreduktionen in Form von **Deflation** – diese würden aufgrund gesunkener Wiederbeschaffungspreise außerplanmäßige Abschreibungen sowohl im Sachanlagevermögen als auch in den Vorräten erforderlich machen.

→ Preissteigerungen aufgrund von Inflation haben auf die Bewertung einzeln zu bewertender Gegenstände des Sachanlagevermögens sowie der Vorräte keine Auswirkung. Steigende Preise verteuern zwar Vermögensgegenstände, eine Aufwertung über die historischen Anschaffungskosten hinaus ist im UGB jedoch nicht zulässig.

2. Bewertungsvereinfachungsverfahren

Vermögensgegenstände sind **grundsätzlich einzeln zu bewerten**, § 201 UGB. **Ausnahmen** davon bilden die Bewertungsvereinfachungsverfahren, das sind das Festwertverfahren, die Gruppenbewertung und die Verbrauchsfolgeverfahren.

2.1. Festwertverfahren, § 209 Abs 1 UGB

Beim Festwertverfahren werden **Gegenstände des Sachanlagevermögens sowie Roh-, Hilfs- und Betriebsstoffe**, die zu einem voraussichtlich **gleichbleibenden Bestand** im Unternehmen ständig benötigt werden, nicht jährlich inventarisiert und bewertet, sondern **mit einem einmal ermittelten Wert in der Bilanz angesetzt**. Dieser Festwert ändert sich im Laufe der nächsten Geschäftsjahre grundsätzlich nicht. **Zugänge** werden sofort als **Aufwand** verbucht. Dadurch entfällt die Ermittlung der Abschreibung beim Anlagevermögen bzw des Einsatzes bei Roh-, Hilfs- und Betriebsstoffen. Typischer Anwendungsbereich für das Festwertverfahren ist zB Hotelgeschirr und Hotelwäsche, Werkzeuge, Schrauben, Kleinmaterial, Drucksorten.

Das Festwertverfahren als Bewertungsansatz ist eine **Kann-Bestimmung** des UGB. Wird er einmal gewählt, unterliegt er dem Bewertungsstetigkeitsgebot gem § 201 UGB.

Beim **erstmaligen Ansatz** muss eine **Bestandsaufnahme** vorgenommen werden. Die **Bewertung** der zu einem Festwert zusammenzufassenden Vermögensgegenstände geht von den Anschaffungs- bzw Herstellungskosten aus. Im nächsten Schritt werden diese Kosten des Sachanlagevermögens um eine Abschreibungsquote gekürzt, die der betriebsgewöhnlichen Nutzungsdauer entspricht.

Da der Gesetzgeber zur Wertermittlung keinen Hinweis gibt, beträgt in der Regel der anzusetzende **Festwert** beim **Anlagevermögen 40 % bis 50 %** der tatsächlichen Anschaffungs- oder Herstellungskosten. Für die **Roh-, Hilfs- und Betriebsstoffe** stimmt der Festwert mit den Anschaffungs- oder Herstellungskosten überein, sofern dies dem Vorsichtsprinzip nicht entgegensteht.

Das Festwertverfahren ist auch im Ertragsteuerrecht anwendbar, siehe auch Rz 2277 EStR.

Voraussetzungen für die Anwendung der Festbewertung:

- Es handelt sich um Gegenstände des **Sachanlagevermögens sowie Roh-, Hilfs- und Betriebsstoffe.**
- Die Gegenstände werden **regelmäßig ersetzt**.
  Regelmäßiger Ersatz bedeutet, dass Verbrauch, Abschreibung, Abgang einerseits und Zugang pro Jahr andererseits in etwa gleich hoch sind.
- Der **Gesamtwert ist nicht wesentlich.**
  Unter nicht wesentlich wird in der Literatur ein Wert zwischen 2 % und 10 % der Bilanzsumme genannt, siehe dazu Schausberger-Strobl zu § 209 UGB in Jabornegg/Artmann UGB-Kommentar - Band 2
- Der Bestand unterliegt voraussichtlich in seiner Größe, seinem Wert und seiner Zusammensetzung **nur geringen Veränderungen.**
  Die Wesentlichkeitsgrenze wird von der hM für Mengen und Wertänderungen bei ± 10 % gezogen, vgl Feichtner, RWZ 1993, 232.

Werden Gegenstände zu einem gleichbleibenden Wert angesetzt, dann ist **mindestens alle 5 Jahre eine Bestandsaufnahme** durchzuführen. Ergibt sich dabei eine wesentliche Änderung des mengenmäßigen Bestandes, ist der Wert anzupassen, § 209 Abs 1 UGB.

Im Zusammenhang mit **Preissteigerungen** ist kritisch zu hinterfragen, ob das Festwertverfahren noch anwendbar ist, weil das Kriterium „der Bestand darf nur geringen Veränderungen in seinem Wert unterliegen" eventuell nicht mehr erfüllt ist.

Klar ist, dass Preissteigerungen in den Perioden zwischen den Bestandaufnahmen für die Bewertung nicht relevant sind, weil eben ein Festwert anzusetzen ist. Eine **Erhöhung des Festwertes** anlässlich der Inventur aufgrund von Preissteigerungen **widerspricht** allerdings dem **Anschaffungskostenprinzip** – die Höchstgrenze der Bewertung bilden die historischen Anschaffungskosten. Im Hinblick darauf, dass es sich um Vermögensgegenstände von nicht wesentlicher Bedeutung handelt, ergibt sich aus der Nichtaufwertung keine Beeinträchtigung des getreuen Bildes der Vermögenslage. Vom **Festwertverfahren muss abgegangen** werden, **wenn die Preissteigerungen den Festwert um mehr als 10 % erhöhen.**

Ein Abgehen vom Festwertverfahren bedeutet für Sachanlagevermögen, dass die Gegenstände einzeln angesetzt und entsprechend ihrer Restnutzungsdauer abgeschrieben werden müssen. Festbewertetes Umlaufvermögen ist bei dessen Verbrauch als Aufwand zu erfassen.

Preissteigerungen aufgrund von Inflation haben auf die Bewertung beim Festwertverfahren keine Auswirkung, weil eben ein unveränderlicher „Festwert" angesetzt wird.

Preiserhöhungen, die anlässlich der Inventur festgestellt werden, bleiben unberücksichtigt, weil eine Aufwertung über die Anschaffungskosten hinaus nicht zulässig ist.

Wenn Preissteigerungen allerdings eine Änderung des Festwertes um mehr als 10 % bewirken, muss vom Festwertverfahren abgegangen werden. Das kann aufgrund der aktuell hohen Inflationsraten oftmals der Fall sein.

2.2. Gruppenbewertung – Durchschnittspreisverfahren, § 209 Abs 2 UGB

Gleichartige Gegenstände insbesondere des Vorratsvermögens, können jeweils zu einer Gruppe zusammengefasst und mit dem **gewogenen Durchschnittswert angesetzt** werden, § 209 Abs 2 UGB. Die Gleichartigkeit ist dann gegeben, wenn die Vermögensgegenstände der gleichen Warengattung angehören, demnach „artgleich" sind oder dem gleichen Verwendungszweck dienen, demnach „funktionsgleich" sind.

Im Gegensatz zum Festwertverfahren dient die Gruppenbewertung nur der Vereinfachung, sie stellt jedoch **keine Erleichterung der Inventur** im Sinne der Bestandsaufnahme dar.

Bewertung zum gewogenen Durchschnittspreis bedeutet, dass die mit den jeweiligen Mengen gewichteten Preise des Anfangsbestandes und der Zugänge des gesamten Geschäftsjahres zur Berechnung des Durchschnitts herangezogen werden. Mit diesem Durchschnittswert werden sämtliche Abgänge des Geschäftsjahres sowie der Endbestand der zur Gruppe zusammengefassten Gegenstände zum Bilanzstichtag bewertet. Zusätzlich ist zum Bilanzstichtag zu prüfen, ob der gewogene Durchschnittspreis dem Niederstwertprinzip entspricht. Wenn der Marktpreis niedriger ist, dann ist entsprechend abzuwerten.

Durch die Abfassung gruppenweise bewerteter Gegenstände mittels Durchschnittspreisverfahren ergibt sich **bei Preissteigerungen ein unternehmensrechtlich richtiger Wertansatz**, weil der Lagerbestand niemals überbewertet sein kann. Allerdings ist der Verbrauch in der Gewinn- und Verlustrechnung bei steigenden Preisen zu niedrig erfasst, dadurch entstehen **Scheingewinne**. Unter einem Scheingewinn wird im Schrifttum die Differenz zwischen dem Nominalgewinn und dem Real- bzw Substanzgewinn verstanden, der die Folgen der Geldwertänderung berücksichtigt. Beim Scheingewinn handelt es sich somit um einen in der Nominalwertrechnung ausgewiesenen Gewinnbestandteil. Der Real- bzw Substanzgewinn ist bei Inflation stets niedriger als der Nominalgewinn. Klokar, ÖStZ 14/2022.

2.3. Verbrauchsfolgeverfahren, § 209 Abs 2 UGB

Neben der Gruppenbewertung lässt das UGB in Bezug auf das Vorratsvermögen auch sogenannte Verbrauchsfolgeverfahren oder Kunstbewertungsverfahren zu, **soweit es den Grundsätzen ordnungsgemäßer Buchführung entspricht**, § 209 Abs 2 UGB.

- Das am häufigsten angewendete Verfahren **FIFO**, **„first in - first out"** unterstellt, dass die zuerst eingegangenen Zugänge als erstes abgefasst werden, zB Vorrat in einem Silo.

  Die tatsächliche Verbrauchsabfolge darf dieser Annahme nicht entgegenstehen. Der Endbestand resultiert daher aus den letzten Zukäufen.

  Bei **Preissteigerungen** wird der **Endbestand zu aktuellen = höheren Preisen ausgewiesen** und der Wareneinsatz mit den länger zurückliegenden (niedrigeren) Preisen bewertet. Scheingewinne entstehen.

  Das Verbrauchsfolgeverfahren FIFO ist auch für steuerliche Zwecke zulässig, Rz 2318 EStR.

- Beim **LIFO-Verfahren, „last in - first out"** wird davon ausgegangen, dass die zuletzt eingegangenen Vermögenswerte als erstes abgefasst werden.

  Bei **steigenden Preisen** entspricht dieses Verfahren am ehesten der unternehmerischen Vorsicht, weil der **Endbestand mit den niedrigen historischen Preisen** bewertet wird. Der Aufwand wird zu aktuellen = höheren Preisen erfasst. Dadurch bilden sich stille Reserven im Vorratsvermögen.

  Diese Bewertungsmethode darf steuerlich nur ausnahmsweise angewendet werden, wenn die tatsächliche Verbrauchsabfolge durch die Art der Lagerhaltung dieser Annahme am ehesten entspricht, zB Lagerhaltung eines Kohlenhändlers. Dies ist durch den Steuerpflichtigen glaubhaft zu machen, Rz 2320 EStR.

- Das **HIFO-Verfahren**, **„highest in - first out"** unterstellt, dass die Gegenstände mit den höchsten Preisen zuerst verbraucht werden.

  Der **Endbestand** am Bilanzstichtag wird daher mit den **geringsten Einkaufspreisen** ausgewiesen. Die HIFO-Methode entspricht dem unternehmensrechtlichen Vorsichtsprinzip, hat aber praktisch keine Bedeutung, Egger/Samer/Bertl, Der Jahresabschluss nach dem UGB.

  Eine Bewertung nach dieser Methode ist steuerlich nicht zulässig, weil sie keiner realistischen Verbrauchsabfolge entspricht, Rz 2322 EStR.

Preissteigerungen aufgrund von Inflation haben auf den Wertansatz von Vorräten, die mittels Verbrauchsfolgeverfahren angesetzt werden, keine unmittelbare Auswirkung, weil kein Abwertungsbedarf gegeben ist.

Das LIFO-Verfahren entspricht am besten der unternehmerischen Vorsicht, weil die Endbestände mit niedrigen historischen Preisen angesetzt sind.

3. Abzinsung von un- oder unterverzinslichen langfristigen Forderungen

Forderungen sind gem § 207 UGB mit jenem Wert zum Bilanzstichtag anzusetzen, der sich aus dem niedrigeren Börsenkurs oder Marktpreis am Abschlussstichtag ergibt.

Die **Pflicht zur Abschreibung** gilt nicht nur für **zweifelhafte oder uneinbringliche Forderungen**, sondern auch bei **un- bzw unterverzinslichen Forderungen**. Im Jahresabschluss ist der abgezinste Betrag auszuweisen, wobei dieser sowohl vom Zinssatz als auch von der Restlaufzeit der Forderung abhängt. Als **Zinssatz** ist ein marktüblicher Zinssatz heranzuziehen. Eine Abzinsung ist bei Forderungen von mehr als 12 Monaten erforderlich. Christian/Hohensinner zu § 207 UGB in Zib/Dellinger UGB-Kommentar.

In Zeiten **hoher Preissteigerungen** versuchen die Notenbanken die Inflation einzudämmen, indem sie die Zinssätze anheben. Daraus ergibt sich ein **Abzinsungsbedarf langfristiger Forderungen**, die entweder gar nicht verzinst oder aufgrund angestiegener marktüblicher Verzinsung unterverzinst sind.

> Steigende Inflationsraten haben auch steigende Zinssätze zur Folge. Langfristige Forderungen, die un- oder unterverzinst sind, sind gegebenenfalls abzuzinsen.

4. Festverzinsliche Wertpapiere des Anlage- und Umlaufvermögens

Für festverzinsliche Wertpapiere des Anlage- bzw des Umlaufvermögens sind die Bewertungsvorschriften von Punkt 1 analog anzuwenden.

Festverzinsliche Wertpapiere des Umlaufvermögens sind zum Bilanzstichtag zum Börsen- oder Marktkurs zu bewerten, § 207 UGB. Liegt dieser unter den Anschaffungskosten, ist zwingend abzuwerten.

Die infolge der Inflation steigenden Zinsen führen zu **sinkenden Börsenkursen** und damit zu einem **zwingenden Abwertungserfordernis**.

Festverzinsliche Wertpapiere des Anlagevermögens sind bei voraussichtlich dauernder Wertminderung **außerplanmäßig** auf den niedrigeren am Abschlussstichtag beizulegenden Wert **abzuschreiben**, Bei Finanzanlagen dürfen solche Abschreibungen auch vorgenommen werden, wenn die Wertminderung voraussichtlich nicht von Dauer ist § 204 UGB.

Bei festverzinslichen Wertpapieren des Anlagevermögens führen **steigende Zinsen** ebenfalls zu **sinkenden Kurswerten**. Für ein **zwingendes Abwertungserfordernis** ist zu untersuchen, ob diese Wertminderungen **voraussichtlich von Dauer** sind.

- Wird das festverzinsliche **Wertpapier bis zur Endfälligkeit gehalten**, liegt **keine dauerhafte Wertminderung** vor, weil bei Endfälligkeit das Nominale rückbezahlt wird und daher eine Wertminderung nicht realisiert wird. Dabei werden Gründe für allfällige andere Wertminderungen, zB Verschlechterung der Bonität des Emittenten, ausgeklammert.

- Wird **nicht beabsichtigt**, das festverzinsliche Wertpapier bis zur Endfälligkeit im Unternehmen zu halten, dann kann im Sinne des Vorsichtsprinzips von einer **dauerhaften Wertminderung** ausgegangen werden, wenn das zukünftige Zinsniveau voraussichtlich auf hohem Niveau erwartet wird.

Steigende Inflationsraten haben auch steigende Zinssätze und damit sinkende Kurswerte zur Folge.

Festverzinsliche Wertpapiere des Umlaufvermögens sind aufgrund sinkender Kurswerte zwingend abzuwerten.

Festverzinsliche Wertpapiere des Anlagevermögens sind nur dann abzuwerten, wenn das Wertpapier nicht bis zum Ende der Laufzeit gehalten werden wird.

Bei der Einzelwertung von Gegenständen des Sachanlagevermögens sowie von Vorräten ergibt sich aufgrund steigender Preise kein Handlungsbedarf bei der Bilanzierung.

Anders hingegen kann die Beurteilung ausfallen, wenn im Bereich des Vorratsvermögens auf Bewertungsvereinfachungsverfahren zurückgegriffen wird.

Bei un- oder unterverzinslichen Forderungen ist eine Abzinsung erforderlich, wenn der marktübliche Zinssatz angestiegen ist.

Festverzinsliche Wertpapiere des Umlaufvermögens sind aufgrund steigender Zinsen und gesunkener Kurswerte zwingend abzuwerten. Festverzinsliche Wertpapiere des Anlagevermögens sind nur dann abzuwerten, wenn die Papiere nicht bis zum Ende der Laufzeit gehalten werden.

Auswirkung der Inflation auf den Jahresabschluss
Bewertung der Passiva

Stückler, DJA 4/2022; Hilber in Torggler, UGB 2019, § 193; Konezny in Torggler, UGB 2019, § 211; Konezny in Hirschler, Bilanzrecht 2019, § 211; Kampitsch in BilPoKom, § 224, B.4.; Petritz/Horkel-Wytrzens in BilPoKom, § 224, B.2.; Klaudinger/Reisch, SWK 30/2022, 1189

Wertansätze Bilanzierung

Der vorangegangene Beitrag in diesem Arbeitsbuch hat die Auswirkungen der Inflation auf die Aktivseite der Bilanz gezeigt. Auch auf der Passivseite sind Preissteigerungen, Zinssatzänderungen und Gehaltstrends wichtige Faktoren zur Bewertung von Bilanzpositionen. Annahmen über zukünftige Entwicklungen, wie sie beispielsweise bei der Bildung von Sozialkapitalrückstellungen notwendig sind, fallen im aktuellen Umfeld der wirtschaftlichen Entwicklung schwer.

1. Bewertung von Verbindlichkeiten

Der Jahresabschluss besteht gem § 193 Abs 4 UGB aus der Bilanz und der Gewinn- und Verlustrechnung und ist in Euro und in deutscher Sprache aufzustellen. In dieser Definition sieht die herrschende Lehre das Nominalwertprinzip verankert, wonach keine Wertänderungen unter Verweis auf die Inflation erfolgen können.

Verbindlichkeiten sind gem § 211 Abs 1 UGB zu ihrem Erfüllungsbetrag, Rentenverpflichtungen zum Barwert der zukünftigen Auszahlungen, anzusetzen. Der Erfüllungsbetrag umfasst sowohl die Gegenleistung für eine vom Gläubiger erbrachte Leistung (Verbindlichkeiten aus Lieferungen und Leistungen) als auch Rückzahlungsbeträge für Darlehen und Anzahlungen.

Bei der Bewertung von Verbindlichkeiten und der damit verbundenen Ermittlung des Erfüllungsbetrages sind, nach Teilen der Literatur, auch künftige Preis- und Kostensteigerungen, unter Einschränkung des Stichtagsprinzips, zu berücksichtigen. Folglich stellt sich die Frage, ob bei der Bewertung von Verbindlichkeiten auf die am Bewertungsstichtag oder zum Erfüllungszeitpunkt herrschenden Verhältnisse abzustellen ist. Für die Berücksichtigung von Preis- und Kostensteigerungen müssen allerdings entsprechend dem Gebot der Willkürfreiheit, objektive Hinweise bzw hinreichend sichere Erwartungen für deren Eintritt vorhanden sein.

1.1. Wertsicherungsvereinbarungen

Um Gläubiger vor der inflationären Entwertung ihrer Forderungen zu schützen, können bei langfristigen Verbindlichkeiten sogenannte Wertsicherungsklauseln zur Anwendung kommen. Diese wirken einer erwarteten Geldentwertung (Inflation) entgegen, indem die Forderung mit Bezug auf einen maßgeblichen Index (zB VPI der Statistik Austria, Baukostenindex etc) in Folgejahren angepasst wird. Die Forderung soll ihren ökonomischen Wert dadurch auch in den Folgejahren beibehalten.

Im Rahmen der Bilanzierung ist auf die jeweilige Ausgestaltung der Wertsicherungsklausel zu achten:

Sachverhalt	**Wertsicherungsklausel mit Mindestspanne**	**Wertsicherungsklausel ohne Mindestspanne**
Tatsächliche Erhöhung des Index zum Bilanzstichtag im Vergleich zum VJ	Erhöhung des Erfüllungsbetrages **erst**, wenn der Index die festgelegte Grenze überschreitet zB +/- 5 %. Erhöhung des Index am Bilanzstichtag, der die festgelegte Mindestspanne nicht überschreitet, ist im Ausmaß der im abgelaufenen Geschäftsjahr verursachten zukünftigen betraglichen Erhöhung der offenen Verpflichtung aus zukünftigen Wertanpassungen durch eine **Rückstellung** für ungewisse Verbindlichkeiten abzubilden. Bei späterem Überschreiten der Mindestspanne ist die Rückstellung mit der Erhöhung der Verbindlichkeit zu verrechnen.	Indexerhöhung führt zu einer entsprechenden **Erhöhung** der **Verbindlichkeit**
Nach dem Bilanzstichtag zu erwartende (künftige) Erhöhungen	**Weder** Erhöhung der Verbindlichkeit **noch** Ansatz einer Rückstellung	**Weder** Erhöhung der Verbindlichkeit **noch** Ansatz einer Rückstellung
Tatsächliches Sinken des Index zum Bilanzstichtag im Vergleich zum VJ	Ist in Vorjahren die Mindestspanne nicht überschritten, jedoch eine **Rückstellung** gebildet worden, ist die Rückstellung anteilig **aufzulösen**. Eine Indexverringerung nach erfolgter Erhöhung des Erfüllungsbetrages ist zu berücksichtigen, wobei der fortgeschriebene ursprüngliche Verbindlichkeitsbetrag nicht unterschritten werden darf.	Eine Indexverringerung nach erfolgter Erhöhung des Erfüllungsbetrages ist zu berücksichtigen, wobei der fortgeschriebene ursprüngliche Verbindlichkeitsbetrag nicht unterschritten werden darf.

Beispiel:

Im Jahr X0 wird eine Verbindlichkeit mit einem Erfüllungsbetrag von € 100.000,- erfasst. Vereinbart wird eine Wertsicherungsklausel, gekoppelt an den VPI 2010 ohne Mindestspanne (Variante 2: Mindestspanne von 5 %).

Die Indexentwicklung stellt sich wie folgt dar:

- Jahr X1: + 3 % Punkte (seit X0)
- Jahr X2: + 6 % Punkte (seit X0)

Jahr	Variante 1 (ohne Mindestspanne)	Variante 2 (Mindestspanne 5 %)
X0	Verbindlichkeit € 100.000,-	Verbindlichkeit € 100.000,-
X1	Verbindlichkeit € 103.000,-	Verbindlichkeit € 100.000,- Rückstellung € 3.000,- bei Erfüllen der Voraussetzungen
X2	Verbindlichkeit € 106.000,-	Verbindlichkeit € 106.000,- Rückstellung € 0,-

1.2. Auswirkungen in der Steuerbilanz

Verbindlichkeiten sind auch nach ertragsteuerlichen Grundsätzen mit den Anschaffungskosten, dh dem Rückzahlungsbetrag zum Zeitpunkt der Begründung, zu bewerten. Der Ansatz eines niedrigeren Teilwertes ist so lange unzulässig, als nicht einwandfrei feststeht, dass die Verbindlichkeit ganz oder teilweise erloschen ist.

Steigt der Teilwert allerdings (zB aufgrund einer Wertsicherungsklausel), so muss bei der Gewinnermittlung gem § 5 Abs 1 EStG mit Verweis auf § 211 Abs 1 UGB iVm § 201 Abs 2 Z 4 UGB der höhere Wert im Jahr der Entstehung angesetzt werden (Höchstwertprinzip). Die Bewertung erfolgt somit analog zu den unternehmensrechtlichen Vorschriften und führt zu keiner steuerlichen Mehr-Weniger-Rechnung.

2. Rückstellungen

Gemäß der Definition des § 198 Abs 8 Z 2 UGB sind Rückstellungen für ungewisse Verbindlichkeiten oder für drohende Verluste aus schwebenden Geschäften zu bilden. Die Bewertung erfolgt, gleich wie im Fall der Verbindlichkeiten, mit dem Erfüllungsbetrag, welcher im Falle von Rückstellungen jedoch bestmöglich zu schätzen ist. Dabei sind die tatsächlichen Verhältnisse zum Abschlussstichtag sowie verfügbare Informationen im Wertaufhellungszeitraum zu berücksichtigen. Sofern ausreichend objektive Hinweise oder sogar sichere Erwartungen für deren Eintritt vorliegen, sind auch zukünftige Preis- und Kostensteigerungen in die Bewertung einzubeziehen.

Je nach Art der Rückstellung ergeben sich dabei spezielle Einflussfaktoren für die Bewertung.

Rückstellungs-art	Definition	Bewertung	Berücksichtigung von Preissteigerungen
Aufwandsrückstellungen	Rückstellungen für künftige, mit ausreichender Sicherheit absehbare Aufwendungen, wobei keine direkte Verpflichtung gegenüber Dritten besteht	Erfüllungsbetrag	**JA:** Preissteigerungen von künftigen Aufwendungen sind absehbar und müssen für den Erfüllungsbetrag berücksichtigt werden.
Verbindlichkeits-rückstellungen	• „Klassische“ Rückstellungen bei Vorliegen einer rechtlichen oder tatsächlichen Außenverpflichtung, einer Verursachung im abgelaufenen Wirtschaftsjahr sowie der Wahrscheinlichkeit einer Inanspruchnahme • Besonderheit Ansammlungsrückstellung mit langer Laufzeit – siehe Punkt 2.1.	Erfüllungsbetrag	**JA:** Preissteigerungen von künftigen Aufwendungen sind absehbar und müssen für den Erfüllungsbetrag berücksichtigt werden.
Drohverlust-rückstellungen	Überwiegt der voraussichtliche Wert der eigenen Leistungsverpflichtung gegenüber den eigenen Leistungsansprüchen, ist mittels Drohverlustrückstellung Vorsorge zu treffen.	Negativer Unterschiedsbetrag aus (künftigen) Leistungsansprüchen und Leistungsverpflichtungen	**JA:** Drohende Verluste aus schwebenden Geschäften können insbesondere durch die Vereinbarung langfristiger Fixpreise, zB in der Bauwirtschaft, entstehen.
Sozialkapital-rückstellungen	Rückstellungen für künftige Verpflichtungen des Unternehmens gegenüber Arbeitnehmern (Pension, Abfertigung, Jubiläumsgeld)	• Pension: nach versicherungsmathematischen Grundsätzen • Abfertigung, Jubiläumsgeld: nach finanz- oder versicherungsmathematischen Grundsätzen	**JA:** Die Änderung des Valorisierungszinssatzes bzw des Rechnungszinssatzes sowie die Entwicklung der Gehaltstrends haben Auswirkung auf die Höhe der Rückstellungen.

2.1. Verbindlichkeitsrückstellungen – Sonderform Ansammlungsrückstellungen

Ansammlungsrückstellungen stellen eine Sonderform der Verbindlichkeitsrückstellungen dar. Im Gegensatz zur regulären Verbindlichkeitsrückstellung erfolgt die Bildung ratierlich über einen längeren Zeitraum und nicht mittels Einmalbetrag. Unterschieden wird hierbei zwischen unechten Ansammlungsrückstellungen (auch Anwachsungsrückstellung) und echten Ansammlungsrückstellungen (auch Verteilungsrückstellung).

	Unechte Ansammlungsrückstellung (Anwachsung)	**Echte Ansammlungsrückstellung (Verteilung)**
Definition	Rechtliche als auch wirtschaftliche Verpflichtung wächst sukzessive aufgrund realökonomischer Vorgänge von Stichtag zu Stichtag an.	Rechtliche Verpflichtung entsteht bereits unmittelbar mit Verwirklichung des auslösenden Ereignisses. Die wirtschaftliche Verursachung erstreckt sich jedoch über mehrere Jahre.
Beispiel	Kosten für Deponie-Rekultivierung nach der tatsächlichen Inanspruchnahme der Deponie	Abbruchkosten für ein Gebäude, das auf fremden Grund errichtet wird und nach Ablauf einer definierten Zeitspanne auf Kosten des Erbauers entfernt werden muss. Die Abbruchkosten sind über die Zeitspanne zu verteilen.
Abzinsung langfristiger Rückstellungen	ja	ja

Bei der Ermittlung des zu bilanzierenden Erfüllungsbetrages sind die zu erwartenden Kosten bestmöglich zu schätzen. Dabei können jährlich Kostenvoranschläge als Orientierungshilfe eingeholt sowie auf Vergangenheitsdaten und Indizes (zB Baukostenindex) zurückgegriffen werden.

Derartige Schätzungen gestalten sich durch die jüngsten Ereignisse (Ukraine Krieg → sprunghafter Kostenanstieg) äußerst schwierig. Bei der Ermittlung des Erfüllungsbetrages ist daher zu beachten, dass das aktuelle Inflationsniveau (voraussichtlich) nicht nachhaltig sein wird und in den nächsten Jahren eine Stabilisierung zu erwarten ist. Daher erscheint eine uneingeschränkte Fortschreibung der derzeitigen Preisentwicklung bis zum voraussichtlichen Anfall der Aufwendungen bei langfristigen Verpflichtungen als nicht sachgerecht.

2.2. Sozialkapitalrückstellungen

Auch im Bereich der Sozialkapitalrückstellungen, also den Rückstellungen für Verpflichtungen des Unternehmens gegenüber seinen Arbeitnehmern, können die aktuellen Entwicklungen, insbesondere durch eine Änderung des Valorisierungszinssatzes bzw des Rechnungszinssatzes, zu teilweise wesentlichen Veränderungen führen.

Daneben müssen (je nach Rückstellungsart) zusätzlich Annahmen über die Wahrscheinlichkeit des Verbleibs von Mitarbeitern, aber auch hinsichtlich der Entwicklung von Bezügen, getroffen werden. Diese Annahmen müssen die bestmögliche Schätzung unter Berücksichtigung geeigneter, verlässlicher, statistischer Grundlagen, darstellen. Es ist jedoch vertretbar, einen Durchschnittswert aus der Vergangenheit zu ermitteln, da verlässliche Annahmen über die Zukunft oft nicht verfügbar sind. Insbesondere unter dem Umstand, dass derartige Zahlungen oftmals sehr weit in der Zukunft liegen, haben die für die Berechnung relevanten Parameter wesentliche Auswirkungen auf die Höhe der zu bildenden Rückstellung.

- **Gehaltstrends**

Von grundlegender Bedeutung für die Ermittlung der Rückstellungen ist die Höhe der jeweiligen Zahlungsansprüche zum Auszahlungszeitpunkt. Diese Ansprüche sind zumeist von der Gehaltsentwicklung der Anspruchsberechtigten abhängig.

Auf den Gehaltstrend haben viele Faktoren wie Wirtschaftslage, Arbeitsmarkt und Inflation wesentlichen Einfluss. Gerade in den letzten 3 Jahren (Corona-Pandemie, Lieferengpässe, Personalknappheit in vielen Branchen, Preissteigerungen etc) lag ein außergewöhnliches Umfeld vor. So sind zwar umfangreiche Prognosen verfügbar, allerdings weichen diese teils deutlich voneinander ab und erfahren regelmäßig hohe Anpassungen, weshalb eine ausreichende Verlässlichkeit in Frage zu stellen ist.

Bei Annahmen über Gehaltstrends fordert die AFRAC-Stellungnahme 27 jedoch Verlässlichkeit und schließt im Umkehrschluss Auswirkungen durch außergewöhnliche Ereignisse aus. Zur Festlegung verlässlicher Gehaltstrends bieten sich folgende Ansätze an:

- Berücksichtigung vergangener Gehaltstrends nur bis zum Beginn der Corona-Pandemie
- Berücksichtigung aller Gehaltstrends über einen längeren Zeitraum, um außergewöhnliche Ereignisse geringer zu gewichten
- Ausschluss von außergewöhnlichen Datensätzen
- Temporäre Berücksichtigung von abweichenden Annahmen

Im Ergebnis muss mit aktuellem Wissensstand nicht davon ausgegangen werden, dass die hohen Gehaltstrends der Gegenwart auch langfristig ein wahrscheinliches Szenario darstellen. Dieser Sicht folgend, sollte bloß eine temporäre Berücksichtigung eines höheren Gehaltstrends für das Jahr 2022 (von zumindest 5 bis 10 % Steigerung) angenommen werden. Ab dem Jahr 2023 wäre aus aktueller Sicht bereits ein geringerer Trend gerechtfertigt.

- **Zinssatz**

  Sind die zuvor erwähnten Gehaltstrends für zukünftige Ansprüche ermittelt, stellt sich die Frage nach dem korrekten Zinssatz für die Diskontierung auf den Barwert. Durch die Einführung der AFRAG-Stellungnahme 27 im Jahr 2016 stehen für die UGB-Bilanzierung seit damals zwei Zinssätze zur Verfügung, nämlich der Stichtagszinssatz (gem IFRS) oder der Durchschnittszinssatz über die vergangenen fünf bis zehn Jahre. Die Anwendung des einmal gewählten Zinssatzes hat dabei stetig zu erfolgen, außer es liegen wesentliche Gründe für eine Änderung vor.

  Im aktuellen Marktumfeld haben sich die Stichtagszinssätze seit dem Jahr 2020 stark erhöht. So lag der Stichtagszinssatz für eine durchschnittliche Restlaufzeit (duration) von 15 Jahren am 31.12.2020 bei nur 0,39 % und liegt aktuell (31.12.2022) bei 3,49 %, also dem rund 10-fachen Wert.

  Die Durchschnittszinssätze haben sich, bedingt durch den längeren Zeitraum und somit durch die Vermischung verschiedener Zinsniveaus, nur gering verändert. Der 10-Jahres-Durchschnittszinssatz der Stichtage 31.12.2013 bis 31.12.2022 liegt bei einer durchschnittlichen Restlaufzeit (duration) von 15 Jahren aktuell bei 1,78 %.

  Der ursprünglichen Wahl des Zinssatzes (Stichtag: 3,49 %, Durchschnitt: 1,78 %) kommt somit eine große Bedeutung zu. Ein Wechsel des Zinssatzes ist aufgrund der bilanziell geforderten Stetigkeit grundsätzlich nicht möglich. In der Literatur wird die Frage, ob die aktuelle Krisensituation (Krieg in der Ukraine, Rohstoffkrise etc) ein Abgehen vom Stetigkeitsgrundsatz rechtfertigt, kontroversiell diskutiert.

  Im Sinne der AFRAG-Stellungnahme 27 ist bei der Wahl des Zinssatzes (Stetigkeit) sicherlich wesentlich weniger Spielraum, als bei der Annahme von Gehaltsentwicklungen, wo Verlässlichkeit eingefordert wird.

Auch wenn Jahresabschlüsse nach dem Nominalwertprinzip, ohne Berücksichtigung von Inflationseffekten, erstellt werden, ergeben sich für einzelne Bilanzpositionen wesentliche Auswirkungen von Preissteigerungen und Zinssatzänderungen.

Verbindlichkeiten müssen demnach bei Vorliegen von Wertsicherungsklauseln entsprechend erhöht werden. Bei Rückstellungen können sich zukünftige Erfüllungsbeträge oder Drohverluste durch Preissteigerungen wesentlich erhöhen und im Bereich der Sozialkapitalrückstellungen ergeben sich durch steigende Gehaltstrends und sprunghaft ansteigende Zinsniveaus geänderte Rahmenbedingungen.

Finanzierungsinstrumente Wandeldarlehen und SAFE

Kriterien für die Bilanzierung als Eigen- oder Fremdkapital

Fachgutachten KFS/RL 13, Bilanzierung von Genussrechten und Hybridkapital;
Geweßler/Gloser/Puchner, SWK 34/2022

Start-ups

Die beiden Finanzierungsinstrumente stammen aus der Familie des Mezzanin- bzw Hybridkapitals. Sie sind insbesondere bei Start-ups beliebte Formen der Kapitalbeschaffung. Das Wandeldarlehen ist ein herkömmliches Instrument der Mezzaninfinanzierung, das SAFE = „Simple Agreement for Future Equity", ist eine jüngere Entwicklung aus den USA, die sich zu einem führenden Standard der Start-up-Finanzierung in den USA entwickelt hat und auch in Österreich immer häufiger zum Einsatz kommt.

Zur Klärung der Frage, wie die Investorengelder des Wandeldarlehens bzw des SAFE im Jahresabschluss eines Start-up-Unternehmens zu bilanzieren sind, ist zu untersuchen, ob es sich um Eigen- oder Fremdkapital handelt.

1. Begriffe Wandeldarlehen und SAFE-Finanzierung

Die Zielsetzung und der grundsätzliche Regelungsgehalt von Wandeldarlehen und SAFE sind ähnlich: Die Gesellschaft und der Investor schließen einen Vertrag, wonach der Investor der Gesellschaft einen Geldbetrag zur Verfügung stellt. Die Finanzierung wird/kann zu einem späteren Zeitpunkt in Eigenkapital umgewandelt werden.

Beide Finanzierungsformen sind insbes bei Start-ups sehr beliebt, da es sich um eine idR einfache und rasche Form der Kapitalbeschaffung handelt. Der Vorteil besteht ua darin, dass für den Abschluss der Finanzierung keine Unternehmensbewertung benötigt wird. Diese wird üblicherweise in die erste Eigenkapital-Finanzierungsrunde verschoben.

Exkurs: Start-up
Darunter wird laut Wikipedia ein junges Unternehmen verstanden, das eine innovative Geschäftsidee hat. Die Unternehmensgründung erfolgt mit dem Ziel, schnell zu wachsen.

Oft sind Start-ups auf einem jungen oder noch nicht existierenden Markt tätig und müssen erst ein funktionierendes Geschäftsmodell finden. Haben sie dieses gefunden und etabliert, gelten sie allgemein nicht mehr als Start-up.

1.1. Wandeldarlehen = Convertible Loans

Das Wandeldarlehen ist ein **klassisches Darlehen** verbunden mit einem schuldrechtlich vereinbarten **Wandlungsrecht**. Das Darlehen hat eine **bestimmte Laufzeit** und vereinbarte **Zinsen**.

Am Ende der Laufzeit hat der Darlehensgeber die Wahl:

- **Rückzahlung** des Darlehens: Der Darlehensgeber hat einen Rückzahlungsanspruch. Wenn er diesen geltend macht, dann wird das Darlehen am Ende der Laufzeit zurückbezahlt, ohne dass eine Wandlung in Eigenkapital stattfindet.
- **Wandlung**: Erfolgt bis zum Ende der Darlehenslaufzeit keine Rückzahlung, findet je nach vertraglicher Ausgestaltung eine Wandlung des Darlehens in Eigenkapital statt. Der Zeitpunkt der Wandlung wird vertraglich festgelegt. Die Wandlung kann entweder zum Zeitpunkt einer Kapitalerhöhung oder am Ende der Laufzeit des Darlehens erfolgen.

Beim Wandeldarlehen kann der Vorteil des Investors darin liegen, dass er anlässlich einer Kapitalerhöhung die Anteile am Start-up zu vergünstigten Konditionen erwerben kann.
Siehe dazu unten bei SAFE.

1.2. SAFE = Simple Agreement for Future Equity

Bei der SAFE-Finanzierung stellt der Investor dem Start-up einen Geldbetrag zur Verfügung und erhält das **Versprechen, dass dieser Geldbetrag zu einem späteren Zeitpunkt gegen Anteile getauscht** wird. Es handelt sich um Eigenkapital. Das Umtauschen in eine Kapitalbeteiligung erfolgt bei Eintreten eines vordefinierten Ereignisses (= „trigger event"), das ist üblicherweise die erste Eigenkapital-Finanzierungsrunde, dh eine Kapitalerhöhung beim Start-up-Unternehmen.

Im Unterschied zu einem Wandeldarlehen hat ein SAFE eine **unbestimmte Laufzeit** und ist **zinslos**. Bei der SAFE-Finanzierung ist **kein Rückzahlungsanspruch** vorgesehen.

Man sollte sich vom Namen „SAFE" nicht täuschen lassen. Es handelt sich dabei um eine keineswegs „sichere" Investitionen, sondern um Hochrisikokapital. Die Unsicherheit bzw das Risiko besteht nicht nur in der wirtschaftlichen Entwicklung des Start-ups, sondern in der Durchsetzung des Rechtsanspruchs des Investors, dass seine Investition bei einer Kapitalerhöhung in Anteile am Start-up getauscht werden. Denn anders als im US-Recht ist nicht die Geschäftsführung für die Durchführung einer Kapitalerhöhung zuständig, sondern die Gesellschafter des Start-ups müssen dieses Versprechen in Syndikatsverträgen zusagen.

Der Vorteil des SAFE-Investors liegt darin, dass er die Kapitalbeteiligung zu besseren Konditionen zeichnen kann als andere neu hinzukommende Investoren. Daher ist dieses Instrument bei der Finanzierung von Start-ups sehr beliebt.

Die **Vergünstigung** für den Investor kann sich beispielsweise orientieren an einem

- Cap = Höchstpreis, zu dem der Investitionsbetrag in Anteile an der Gesellschaft gewandelt werden soll oder
- Discount = Bewertungsabschlag auf den Anteilspreis, den die übrigen Investoren bei Umwandlung ihres Investitionsbetrages in Geschäftsanteile zahlen.

1.3. Vergleich SAFE mit Wandeldarlehen

	Wandeldarlehen = Convertible Loans	**SAFE = Simple Agreement for Future Equity**
Finanzierungsfunktion	Zwischenfinanzierung	Zwischenfinanzierung
Verzinsung	ja	nein
Nachrangigkeit	ja	ja
Rückzahlungsanspruch	ja	nein
Laufzeit	bestimmt	unbestimmt
Wandlung in Eigenkapital	ja oder nein (wenn am Ende der Darlehenslaufzeit eine Rückzahlung des Darlehens erfolgt)	ja

2. Kriterien für den Ausweis in der Bilanz als Eigen- oder Fremdkapital

Die Finanzierung der Investoren ist auf der Passivseite des Unternehmens auszuweisen, wobei zu klären ist, ob es sich dabei um Eigen- oder Fremdkapital handelt.

Nach allgemeinen Grundsätzen des UGB liegt **materielles Eigenkapital** dann vor, wenn das bereitgestellte Kapital dem **Haftungsfonds der Gläubiger** zur Verfügung steht. Dafür erforderliche Kriterien finden sich in einer Stellungnahme des Fachsenats für Unternehmensrecht und Revision der KSW zur Bilanzierung von Genussrechten und von Hybridkapital, KFS/RL 13 vom 23.7.1997, zuletzt überarbeitet im Juni 2016.

Das Fachgutachten kann über nebenstehenden QR-Code abgerufen werden.

2.1. Ausweis als Eigenkapital

Ein Ausweis als **Eigenkapital** ist dann geboten, wenn nachstehende **drei Kriterien kumulativ** erfüllt sind.

- **Nachrangigkeit**

  Im Falle der Liquidation oder der Insolvenz des Unternehmens kann der Investor erst dann einen Rückzahlungsanspruch geltend machen, **nachdem alle (anderen) Gläubiger befriedigt** worden sind. Das investierte Kapital steht voll als Haftungssubstanz zur Verfügung.

- **Erfolgsabhängigkeit der Vergütung und Teilnahme am Verlust bis zur vollen Höhe**

  Erfolgsabhängigkeit der Vergütung bedeutet, dass **nur solche Beträge als Vergütung** gewährt werden, die auch als **ausschüttbarer Bilanzgewinn** dargestellt werden könnten. Ein Zahlungsrückfluss an den Investor erfolgt aus dem Bilanzgewinn in Form von Gewinnausschüttungen bzw im Fall der Veräußerung.

  Unschädlich ist, wenn eine Mindestvergütung, die mangels Voraussetzungen in einem Geschäftsjahr nicht gewährt werden konnte, in späteren Geschäftsjahren nachgeholt wird.

  Die Beteiligung des Investors am Verlust darf nicht ausgeschlossen werden. Der Investor muss **bis zur Höhe seiner Einlage am Verlust des Unternehmens teilnehmen**. Damit wird das unternehmerische Risiko des Investors zum Ausdruck gebracht.

- **Keine Befristung der Kapitalüberlassung**

  Das Kapital des Investors muss grundsätzlich unbefristet zur Verfügung gestellt werden. Ein Recht des Investors, vor Beendigung des Unternehmens eine Rückzahlung, insbesondere in Form eines ordentlichen Kündigungsrechts, zu verlangen, muss vertraglich ausgeschlossen sein.

2.2. Ausweis als Fremdkapital bzw als Hybridkapital

Werden oben angeführte Bedingungen nicht erfüllt, dann ist **Fremdkapital** auszuweisen.

Ein Ausweis als **Hybridkapital,** dh zwischen Eigenkapital und Fremdkapital, kommt dann zur Anwendung, wenn

- das Kapital nachrangig ist,
- die Vergütung erfolgsabhängig ist und der Investor an Verlusten bis zur vollen Höhe teilnimmt,
- die Kapitalüberlassung zwar langfristig, aber dennoch befristet ist.

2.3. Ausweis von Wandeldarlehen und SAFE in der Bilanz

Das **Wandeldarlehen** ist idR – je nach Vertragsausgestaltung - als **Fremdkapital** auszuweisen.

Das **SAFE** hingegen erfüllt alle drei genannten Kriterien und ist daher als **Eigenkapital** des Unternehmens auszuweisen. Der SAFE-Investor ist zwar zum Zeitpunkt der Zurverfügungstellung des Kapitals (noch) nicht Gesellschafter des Unternehmens, die fehlende Gesellschafterstellung ändert aber nichts daran, dass das Investorengeld als Eigenkapital auszuweisen ist. Dafür ist ein gesonderter Posten innerhalb des Eigenkapitals anzuführen.

→ Aus Sicht des Unternehmens ist ein SAFE attraktiver als ein Wandeldarlehen, weil bei einem SAFE kein Rückzahlungsanspruch geltend gemacht werden kann, die Investorengelder unverzinst und auf unbestimmte Laufzeit zur Verfügung stehen.

Für Investoren hingegen hat das SAFE-Kapital keine nennenswerten Vorteile gegenüber einem Wandeldarlehen.

Aus Sicht des Investors ist es auch gleichgültig, ob das Unternehmen den Investitionsbetrag im Eigen- oder im Fremdkapital auszuweisen hat: Entwickelt sich das Unternehmen gut, können sowohl SAFE-Investoren als auch Wandeldarlehensgeber am Erfolg des Unternehmens partizipieren. Wird das Unternehmen insolvent, ist der Investitionsbetrag für beiden Arten der Investoren verloren.

Virtuelle Mitarbeiterbeteiligungen bei Start-ups
Vorteile gegenüber direkten Beteiligungen an Unternehmen

Kernbichler/Mitschka, ecolex 2022, 107; Fellmair, RdW 10/2022; Mitterecker, GES 3/2020

Neuer Trend

Virtuelle Mitarbeiterbeteiligungen oder Phantom Shares sind in den letzten Jahren insbesondere bei Start-up-Unternehmen sehr beliebt geworden, weil sie dem Start-up in der Anfangsphase nichts kosten, aber den Mitarbeitern finanzielle Anreize liefern, weil diese am künftigen Unternehmenserfolg beteiligt werden.

Bei der Ausgestaltung solcher virtueller Mitarbeiterbeteiligungen sind ua gesellschaftsrechtliche, inhaltliche und steuerliche Aspekte zu beachten.

Start-up-Unternehmen, die in der Anfangsphase keine bzw geringe Umsätze und schon gar nicht Gewinne erzielen, haben hohen Kapitalbedarf. Mangels ausreichend liquider Mittel sind Start-ups nicht in der Lage, kompetente Fachkräfte, Schlüsselarbeitskräfte und Manager mit Spitzengehältern zu ködern. Um trotzdem gute Mitarbeiter für Start-ups gewinnen zu können, bieten diese **andere finanzielle Anreize in Form von Mitarbeiterbeteiligungsprogrammen** an.

Die Bandbreite reicht von direkten Beteiligungen am Stammkapital der GmbH, über Stock Option-Programmen bis hin zu virtuellen Mitarbeiterbeteiligungen. Alle Beteiligungsformen lassen Mitarbeiter **am wirtschaftlichen Erfolg des Unternehmens partizipieren** kombiniert mit der zusätzlichen Motivation, den Unternehmenserfolg durch eigenen effizienten Arbeitseinsatz zu steigern.

Vor allem virtuelle Beteiligungen erfreuen sich besonderer Beliebtheit, weil sie zB im Vergleich zu direkten Beteiligungen am Stammkapital erhebliche Vorteile bieten.

	Wie kann ein Unternehmen Mitarbeiter am Kuchen beteiligen? Am einfachsten durch virtuelle Mitarbeiterbeteiligungen.

1. Gesellschaftsrecht

Eine **direkte bzw „reale“ Beteiligung** von Mitarbeitern an einem Start-up würde eine Änderung des Gesellschaftsvertrages bzw eine **Abtretung von Gesellschaftsanteilen** der Gründungsgesellschafter notwendig machen. Die damit verbundenen Kosten, zB Verträge, Notariatsakt, etc, sind erheblich. Zusätzlich wären mit der **Gesellschafterstellung von Mitarbeitern** andere Nachteile für die Gründungsgesellschafter verbunden, zB Stimmrechte sowie Auskunfts- und Kontrollrechte der Mitarbeiter.

Die Vorteile der direkten Mitarbeiterbeteiligung, nämlich Partizipation der Mitarbeiter am Unternehmenserfolg, zusätzliche Motivation zur Erbringung besondere Arbeitsleistungen, usw können auch durch virtuelle Mitarbeiterbeteiligungen erreicht werden.

2. Inhaltliche Ausgestaltung einer virtuellen Mitarbeiterbeteiligung

Bei einer virtuellen Mitarbeiterbeteiligung erhalten Mitarbeiter **fiktive Anteile** oder Phantom Shares am Start-up. Die Vergabe virtueller Anteile wird durch eine **schuldrechtliche Vereinbarung**, „Phantom Share Agreement" zwischen den Mitarbeitern und dem Start-up realisiert. Bei der Gestaltung dieser Vereinbarung sind Unternehmen weitgehend frei. Phantom Shares unterliegen keinen gesellschaftsrechtlichen Beschränkungen und können individuell auf einzelne Mitarbeiter zugeschnitten werden.

Der begünstigte Mitarbeiter wird vermögensrechtlich so behandelt, als ob er Gesellschaftsanteile erworben hätte. Der Mitarbeiter erhält aber eben keine Kapitalbeteiligung, sondern nur einen imaginären Anteil am Unternehmen. Beim **Exit**, zB Verkauf der Gesellschaftsanteile, **wird der virtuelle Gesellschafter einem realen Gesellschafter wirtschaftlich gleichgestellt**.

Folgende Punkte sind wesentliche Bestandteile eines Phantom Share Agreements:

- **Höhe des virtuellen Anteils**

  Prozentuelles Ausmaß, zu dem der Mitarbeiter am Unternehmenserfolg im Exit-Szenario partizipiert. Die zugrundeliegende Formel für die Zahlung sollte im Vertrag detailliert festgelegt werden.

- **„Vesting-Period" = Ansparperiode**

  Virtuelle Anteile werden üblicherweise nicht von Anfang an in voller Höhe gewährt, sondern schrittweise innerhalb der Vesting-Periode erhöht, dh der Mitarbeiter muss seine Arbeitskraft dem Start-up über einen bestimmten Zeitraum zur Verfügung stellen. Der Auszahlungsanspruch des Mitarbeiters entsteht erst nach Ablauf der Vesting-Periode. Dadurch soll eine längerfristige Bindung des Mitarbeiters an das Start-up gewährleistet sein.

- **Good bzw Bad Leaver**

  Dieser Punkt regelt, ob bzw inwiefern ein ausscheidender Mitarbeiter seine virtuellen Anteile behalten kann.

  Unter Good Leaver ist zB ein Mitarbeiter zu verstehen, mit dem eine einvernehmliche Lösung des Dienstverhältnisses vereinbart wurde.

  Ein Bad Leaver könnte zB ein entlassener Mitarbeiter sein oder auch ein Mitarbeiter, der Konkurrenzverbote missachtet.

  Auf detaillierte arbeitsrechtliche Aspekte iZm Good bzw Bad Leavers sowie dem arbeitsrechtlichen Gleichbehandlungsgrundsatz wird hier nicht eingegangen, Siehe dazu zB Fellmaier, RdW 10/2022.

- **Exit-Events**

  zB IPO, Verkauf des gesamten Unternehmens oder Unternehmensanteile

  Sobald ein Exit-Event ausgelöst wird, hat der Mitarbeiter aufgrund seiner virtuellen Anteile einen schuldrechtlichen Anspruch auf Zahlung gegenüber dem Start-up.

3. Steuerrechtliche Aspekte

Die vertragliche Vereinbarung **zum Erwerb virtueller Anteile löst noch keine Steuerpflicht aus**, weil diese lediglich einen Anspruch auf eine mögliche spätere Vergütung im Exit-Fall darstellt.

Erst die **Exit-Vergütung**, zB aufgrund des Verkaufs des gesamten Unternehmens oder der Anteile am Unternehmen, löst eine Steuerpflicht aus. Es handelt sich dabei um **Einkünfte aus nichtselbständiger Arbeit**, die zum Zuflusszeitpunkt besteuert werden.

4. Vorteile virtueller Mitarbeiterbeteiligungen gegenüber realen Beteiligungen

- Einfache Gestaltung durch schuldrechtlichen Vertrag, lösgelöst vom Dienstvertrag
- Mitarbeiter muss kein Kapital einsetzen
- Liquiditätsschonend für das Start-up
- Keine Gesellschafterstellung, dh keine Anteilsabtretung notwendig
- Mitarbeiter haben keine Stimm-, Auskunfts- und Kontrollrechte. Das ist auch aus Sicht der Gründungsgesellschafter idR erwünscht.
- Starke und nachhaltige Motivation der Schlüsselarbeitskräfte
- Finanzieller Anreiz: Gehälter in Start-ups sind oftmals aufgrund knapper Liquidität nicht allzu hoch. Dieses Vergütungsdefizit kann durch eine entsprechende Partizipation am Unternehmenserfolg im Exit-Szenario ausgeglichen werden.

5. Nachteile virtueller Mitarbeiterbeteiligungen gegenüber realen Beteiligungen

- Beim Exit-Szenario fließt der Veräußerungserlös direkt an die realen Gesellschafter, diese müssen sicherstellen, dass die virtuellen Mitarbeiter ihre Vergütungen erhalten und daher die Gesellschaft ausreichend Liquidität hat.
- Mitarbeiter haben keine Stimm-, Auskunfts- und Kontrollrechte. Das ist aus Sicht der virtuell Beteiligten nachteilig.

6. Mitarbeitergewinnbeteiligung gem § 3 Abs 1 Z 35 EStG

Die Mitarbeitergewinnbeteiligung gewährt Steuerfreiheit für Gewinnbeteiligungen bis € 3.000,- pro Arbeitnehmer und Kalenderjahr. Allerdings ist die Befreiung für Start-ups wenig brauchbar, weil Start-ups in der Aufbauphase idR keinen Gewinn erwirtschaften. Die Inanspruchnahme ist zudem an enge Voraussetzungen geknüpft und der Freibetrag von € 3.000,- klingt in diesem Zusammenhang eher niedrig. Zusätzlich ist keine Befreiung für Sozialversicherungsbeiträge vorgesehen.

→ Virtuelle Mitarbeiterbeteiligungen sind in der Start-up-Szene von Bedeutung. Sie binden Mitarbeiter an das Unternehmen und bieten mitunter hohe finanzielle Anreize, sobald das gesamte Start-up oder Anteile davon veräußert werden. Der Vorteil für das Start-up liegt insbes darin, dass dieses Modell in der Aufbauphase liquiditätsschonend ist.

Voraussetzungen für den Energiekostenzuschuss

Ermittlung der Energieintensität

Unternehmens-Energiekostenzuschussgesetz UEZG idF BGBl I 117/2022; Förderrichtlinie „Energiekostenzuschuss für energieintensive Unternehmern“ idF vom 11.1.2023; AWS, FAQs EKZ, 27.1.2023; BMAW, Medieninformation „EKZ 2 sichert österreichische Wettbewerbsfähigkeit“, 12/2022; Mitterlehner/Panholzer, Linde SWK News, 3.2.2023

Energiekostenzuschuss 1 **Energiekostenzuschuss 2**

Die österreichische Bundesregierung hat zur Abfederung der hohen Energiepreise umfangreiche Maßnahmen gesetzt, um ihre Bevölkerung und die Wirtschaft zu entlasten. Für energieintensive Unternehmen wurde das Instrument des Energiekostenzuschusses geschaffen, mit dem Mehrkosten für Strom, Erdgas und Treibstoffe abgefedert werden sollen.

Der diesbezügliche Fördertopf ist aktuell mit beachtlichen € 7 Mrd dotiert. Der ursprüngliche Förderzeitraum des Energiekostenzuschusses (1.2.2022 bis 30.9.2022) wurde in der Phase 1 bis 31.12.2022 verlängert und um eine Phase 2, die das komplette Jahr 2023 umfassen wird, erweitert. Das Kriterium der Energieintensität erfordert als Voraussetzung für den Energiekostenzuschuss in vielen Fällen besondere Aufmerksamkeit.

1. Rechtliche Grundlagen des EKZ 1 und des EKZ 2

Der Energiekostenzuschuss (kurz „EKZ“) für Unternehmen wurde von der Bundesregierung eingeführt, um die durch den russischen Angriffskrieg erhöhten Preise bei Strom, Erdgas und Treibstoffen für energieintensive Unternehmen und gewerbliche Vereine (teilweise) abzufedern. Die Maßnahme in Form eines einmaligen, nicht rückzahlbaren Zuschusses soll den Wirtschaftsstandort in der aktuellen Krise sichern und die Wettbewerbsfähigkeit bestmöglich erhalten.

Nationale Gesetzesgrundlage für den Energiekostenzuschuss ist das Unternehmens-Energiekostenzuschussgesetz (UEZG), welches mit 19.11.2022 erstmals in Kraft getreten ist.

Das UEZG gliedert sich in drei Abschnitte und enthält die grundsätzlichen Antragsvoraussetzungen für den jeweiligen EKZ:

- Abschnitt 1 (§§ 1 bis 6): Energiekostenzuschuss 1 (Zeitraum Feb – Sept 2022)
- Abschnitt 2 (§§ 7 bis 9): Energiekostenzuschuss 1 (verlängert für Okt - Dez 2022)
- Abschnitt 3 (§§ 10 bis 13): Energiekostenzuschuss 2 für 2023

Subsidiär zum UEZG gelten auch die Allgemeinen Rahmenrichtlinien für die Gewährung von Förderungen aus Bundesmitteln (ARR 2014). Für die Abwicklung des Energiekostenzuschusses wurde der Bundesminister für Arbeit und Wirtschaft (BMAW) gemäß § 5 UEZG ermächtigt, entsprechende Förderrichtlinien für die Abwicklung des Energiekostenzuschusses zu erlassen. Diese Richtlinien wurden am 23.11.2022 erstmalig veröffentlicht und zuletzt mit Fassung vom 11.1.2023 aktualisiert. Die Förderrichtlinien enthalten die detaillierten Voraussetzungen für die Inanspruchnahme des EKZ 1. Die Förderrichtlinie für den EKZ 2 lag bis zur Drucklegung des Arbeitsbuches nicht vor, wodurch sich diesbezüglich noch Änderungen ergeben könnten.

Wie aus dem Förderwesen der Covid-19-Pandemie bekannt, wird auch die Rechtsansicht des Richtliniengebers im Hinblick auf den EKZ in der Sammlung von Fragen und Antworten (FAQ, derzeitiger Stand: 27.1.2023) dargelegt.

Die Abwicklung wird, wie bereits schon zuvor die Investitionsprämie, von der Austria Wirtschaftsservice GmbH (AWS) abgewickelt.

2. Voraussetzungen für antragstellende Unternehmen beim EKZ 1

Welche Unternehmen förderungsfähig sind, wird in Punkt 8 der Richtlinie wie folgt definiert (kumulative Erfüllung notwendig):

Richt-linie	Voraussetzung	Erläuterung
8.1	Bestehende Unternehmen	• Gründung vor dem 1.1.2022 • Im Fall von Umgründungen, Erwerb und Veräußerung von Betrieben und Teilbetrieben, unentgeltlichen Übertragungen und gemischten Schenkungen sowie Erwerbe von Todes wegen → Abstellen auf die jeweilige vergleichbare wirtschaftliche Einheit (siehe Beilage 3 der Richtlinie)
	Energieintensive Unternehmen	• Energie- und Strombeschaffungskosten ≥ 3 % des Produktionswertes • Ausnahmen: Unternehmen, deren Umsatz 2021 ≤ € 700.000,- war (Wegfall der Voraussetzung **energieintensives Unternehmen**)
	Betriebsstätte in Österreich	Betriebsstättendefinition gem BAO
	Unternehmerisch im eigenen Namen und auf eigene Rechnung tätig	Wenn Umsätze sowohl im fremden als auch im eigenen Namen bzw Rechnung vorliegen, ist zur Ermittlung des Produktionswertes nur der eigene Umsatz heranzuziehen.
	Gewerblich oder industriell tätig	Nicht förderungsfähig sind zB: • Freie Berufe • Politische Parteien • Gemeinnützige Vereine (Ausnahme: Unternehmereigenschaft iSd UStG)
8.2	Selbstverpflichtung zu Energiesparmaßnahmen	Schriftliche Verpflichtung zur Einhaltung folgender Energiesparmaßnahmen für den Zeitraum ab Gewährung der Förderung: • Unterlassung von Beleuchtung im Innen- und Außenbereich (inkl Fassaden, Schaufenster etc) zwischen 22.00 Uhr abends und 06.00 Uhr morgens. Wenn Öffnungszeiten in diesen Zeitraum fallen, dann gilt die Verpflichtung erst eine halbe Stunde nach Geschäftsschluss. • Unterlassung des Betreibens von Heizungen im Außenbereich vulgo „Heizschwammerl“ (Ausnahme: Heizsystem für Warmwasser und Notwendigkeit für die sichere Ausübung des Betriebszwecks) • Verbot des dauerhaften Offenhaltens von Eingangsbereichen zu beheizten, öffentlich zugänglichen Betriebsstätten

Richtlinie	Voraussetzung	Erläuterung
8.3	Steuerliches Wohlverhalten	• Kein rechtskräftig festgestellter Missbrauch iSd § 22 BAO in den letzten 3 veranlagten Jahren vorliegend, der zu einer Änderung der steuerlichen Bemessungsgrundlage von mindestens € 100.000,- im jeweiligen Veranlagungszeitraum geführt hat. • Das förderungswerbende Unternehmen ist in den letzten 5 veranlagten Jahren nicht mit einem Betrag von insgesamt mehr als € 100.000,- vom Abzugsverbot (§ 12 Abs 1 Z 10 KStG) oder von den Bestimmungen des § 10a KStG betroffen gewesen. • Das förderungswerbende Unternehmen darf keinen Sitz/Niederlassung in einem auf der Liste (EU-Definition) der nicht kooperativen Länder haben (und dort überwiegend Passiveinkünfte gem § 10a Abs 2 KStG erzielen). • In den letzten 5 Jahren vor der Antragstellung wurde über das förderungswerbende Unternehmen oder dessen geschäftsführende Organe in Ausübung ihrer Organfunktion keine rechtskräftige Finanzstrafe oder entsprechende Verbandsgeldbuße auf Grund von Vorsatz verhängt, wobei Finanzordnungswidrigkeiten oder den Betrag von € 10.000,- nicht übersteigende Finanzstrafen oder Verbandsgeldbußen nicht zu berücksichtigen sind.
8.4	Kein Verstoß gegen bestimmte Ausschlusskriterien	Nicht förderfähig sind zB: • Unternehmen mit der Kennung (Statistik Austria) Staatliche Einheit • Gebietskörperschaften • Unternehmensgründung ab dem 1.1.2021 für die Förderstufen 2 bis 4 • Unternehmensgründungen ab dem 1.1.2022 generell • Unternehmen der energieproduzierenden und mineralölverarbeitenden Sektoren, im Bereich Gewinnung und Dienstleistung für die Gewinnung von Erdöl- und Erdgas, Banken, Versicherungen, Unternehmen des Realitätenwesens sowie LuF Urproduktion, Fischerei und Aquakulturen • Freie Berufe • Doppelförderung von Energiekosten • Unternehmen, gegen die ein Insolvenzverfahren anhängig ist oder die gesetzlich vorgesehenen Voraussetzungen dafür erfüllt sind

3. Energieintensität

Ein Unternehmen gilt als energieintensiv, wenn sich die Energie- und Strombeschaffungskosten (siehe Punkt 3.2.) auf mindestens 3 % des Produktionswertes (siehe Punkt 3.1.) belaufen. Da in den Förderrichtlinien die Schwelle mit einer Nachkommastelle angegeben wird, ist davon auszugehen, dass eine kaufmännische Aufrundung auf ganze Prozent nicht zulässig ist.

Die Feststellung der Energieintensität erfolgt auf Grundlage des Jahresabschlusses des Kalenderjahres 2021, wenn dieser nicht verfügbar ist, auf Grundlage des letzten verfügbaren Jahresabschlusses. Im Falle eines abweichenden Wirtschaftsjahres ist der Jahresabschluss für das Wirtschaftsjahr 2021/2022 heranzuziehen.

Förderwerber, die bei der Antragstellung die Basisstufe (Stufe 1) wählen, können alternativ zur zuvor erwähnten Grundlage der Energieintensität die Werte des Zeitraums 1.1.2022 bis 30.9.2022 heranziehen.

In jenen Fällen, in denen der Förderungswerber keine Verpflichtung zur Erstellung eines Jahresabschlusses hat bzw diesen auch nicht freiwillig erstellt, können der Produktionswert und die Energie-, Strom- und Treibstoffbeschaffungskosten nach Zu- und Abflussprinzip iSd § 4 Abs 3 EStG ermittelt werden.

3.1. Produktionswert

Bei der Definition des Produktionswertes verweisen die Förderrichtlinien auf Artikel 17 Absatz 1 lit a der Richtlinie 2003/96/EG des Rates vom 27.10.2003 zur Restrukturierung der gemeinschaftlichen Rahmenvorschriften zur Besteuerung von Energieerzeugnissen und elektrischem Strom.

	Rechenschema	Erläuterung
	Umsatz einschließlich der unmittelbar an den Preis des Erzeugnisses geknüpften Subventionen	• Konten 400-449 (Umsatzerlöse und Erlösschmälerungen) gem Einheitskontenrahmen (KFS/BW 6)
+/-	Vorratsveränderungen bei fertigen und unfertigen Erzeugnissen (Bestandsveränderung)	• Konten 450-457 (alle Bestandsveränderungen, ausgenommen Wertänderungen infolge unüblicher Abschreibungen) gem Einheitskontenrahmen (KFS/BW 6)
+/-	Vorratsveränderungen bei zum Wiederverkauf erworbenen Waren und Dienstleistungen	• Konten 500-509 (Wareneinsatz) gem Einheitskontenrahmen (KFS/BW 6) • **Achtung: ausschließlich Kauf von Waren und Dienstleistungen, die im Wesentlichen unverändert an Kunden weiterverkauft werden, ohne dass eine Ware/ Dienstleistung eigener Verkehrsgängigkeit entsteht** • Beispiel Gastronomie: - Einkauf Fleisch für Schnitzel ≠ Wareneinkauf, da durch Zubereitung eine wareneigene Verkehrsgängigkeit entsteht - Einkauf Schokoriegel für Jause = Wareneinkauf, da keine Bearbeitung erfolgt
-	Käufe von Waren und Dienstleistungen zum Wiederverkauf	
=	Produktionswert	

Im Falle der Gewinnermittlung nach § 4 Abs 3 EStG ist keine Vorratsveränderung zu berücksichtigen.

3.2. Energie- und Strombeschaffungskosten

Zur Feststellung der Energieintensität sind die Energie- und Strombeschaffungskosten in Relation zum Produktionswert zu setzen (Energieintensität). Welche Kosten unter den Begriff der Energie- und Strombeschaffungskosten fallen, sind taxativ in Beilage 1 der Förderrichtlinie gelistet.

Im Wesentlichen handelt es sich dabei um Strom, Heizstoffe, Energieerzeugnisse für den Betrieb von ortsfesten Motoren sowie den Betrieb von technischen Einrichtungen und Maschinen im Hoch- und Tiefbau und bei öffentlichen Bauarbeiten und Treibstoffe für mobile Maschinen und Transportmittel.

Wichtig: Die vorstehenden Energie- und Strombeschaffungskosten zur Feststellung der Energieintensität sind **nicht ident** mit den förderbaren Kosten bzw Energieträgern.

3.3. Ausnahmen / Erleichterungen

Eine Feststellung der Energieintensität ist in jenen Fällen nicht erforderlich, in denen das antragstellende Unternehmen einen Jahresumsatz von nicht mehr als € 700.000,- aufweist. Diese, von der Nachweispflicht befreiten Unternehmen, können allerdings nur Förderungen der Basis-Stufe 1 in Anspruch nehmen.

Der Energiekostenzuschuss soll die dramatischen Preisanstiege im Energiebetrieb für bestimmte Betriebe abfedern. Die Notwendigkeit, mit dieser staatlichen Hilfe schnell zu unterstützen, hat für die erste Phase des Energiekostenzuschusses einige Unklarheiten und Kritikpunkte hervorgerufen.

Die für das Jahr 2023 vorgesehene Phase 2 wurde hinsichtlich der Voraussetzungen zur Inanspruchnahme der Förderung überarbeitet, was die Anwendung leichter machen wird. Insgesamt zeigt sich der Fördergeber beim Energiekostenzuschuss weniger großzügig als es die österreichische Wirtschaft aus der Covid-19-Pandemie gewohnt war.

Förderstufen des Energiekostenzuschusses

Antragstellung, Verpflichtungen, bilanzielle und steuerliche Behandlung

Unternehmens-Energiekostenzuschussgesetz UEZG idF BGBl I 117/2022; Förderrichtlinie „Energiekostenzuschuss für energieintensive Unternehmern" idF vom 11.1.2023; AWS, FAQs EKZ, 27.1.2023; BMAW, Medieninformation „EKZ 2 sichert österreichische Wettbewerbsfähigkeit", 12/2022; Mitterlehner/Panholzer, Linde SWK News, 3.2.2023; Arbeitsbuch Herbst 2022, 6

Energiekostenzuschuss 1 | **Energiekostenzuschuss 2**

Der Energiekostenzuschuss ist als Förderinstrument auf mehrere Stufen verteilt. Die einzelnen Stufen haben unterschiedliche Voraussetzungen und teilweise unterschiedliche Förderinhalte. Für die Ermittlung der Bemessungsgrundlage ist ein intensives Auseinandersetzen mit den jeweiligen Energieverbräuchen erforderlich. Die Antragstellung darf nur durch den Förderwerber selbst und erst nach entsprechender elektronischer Voranmeldung im Portal der AWS erfolgen. Für die bilanzielle Erfassung ist zu bedenken, dass es für den Energiekostenzuschuss keinen Rechtsanspruch und nur limitierte Budgetmittel gibt.

1. Antragszeitraum für Energiekostenzuschüsse

Am 22.12.2022 hat die Bundesregierung den Energiekostenzuschuss 2 (EKZ 2) für Unternehmen und Betriebe präsentiert, welcher von 1.1.2023 bis 31.12.2023 gilt. Weiters wurde der Förderzeitraum des Energiekostenzuschuss 1 (EKZ 1) bis Ende Dezember 2022 verlängert. Die Fördermöglichkeiten des EKZ beginnen somit am 1.2.2022 und enden (vorläufig) am 31.12.2023.

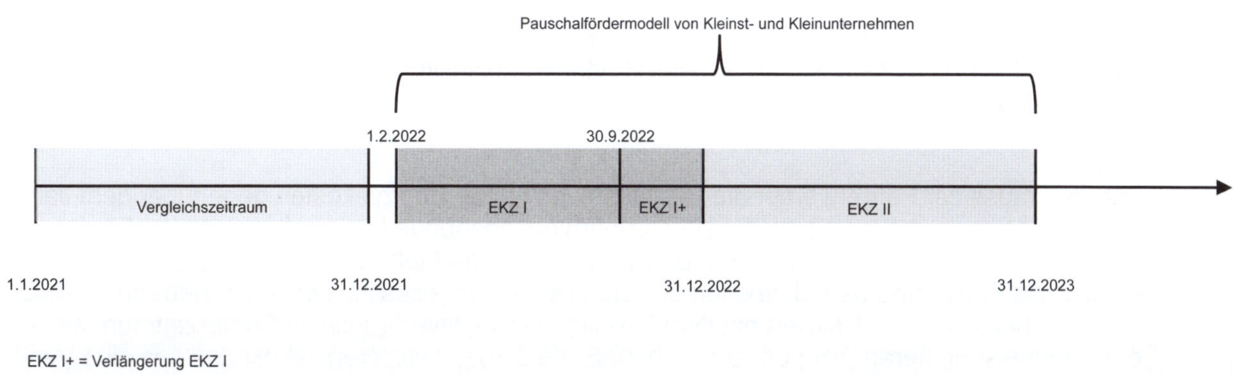

2. Förderstufen EKZ 1

Der Energiekostenzuschuss 1 sieht insgesamt 4 verschiedene Förderungsstufen (Stufe 1 bis Stufe 4) vor, welche sich sowohl in der Höhe des Zuschusses als auch hinsichtlich der förderfähigen Kosten unterscheiden.

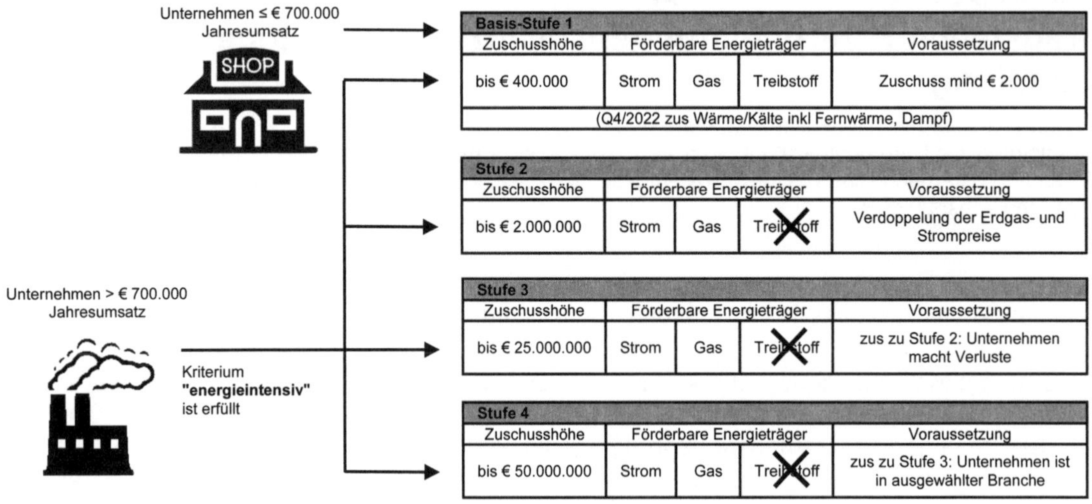

Basis-Stufe 1
In dieser Stufe werden bei Strom, Erdgas und Treibstoffen 30 % der Preisdifferenz (= Mehrkosten) zum Durchschnittswert des Jahres 2021 als Förderung vergeben. Für die Ermittlung der Mehrkosten ist bei Strom und Erdgas jeweils der Arbeitspreis pro kWh und bei Treibstoffen der Nettopreis (exklusive Steuern und Nebenkosten) zu verstehen. Besteht kein Vorsteuerabzug, so gilt die nicht abzugsfähige Vorsteuer als Teil des Nettopreises. Ist beim Förderungswerber keine gesetzliche Verpflichtung zum Einbau eines Lastprofilzählers vorhanden oder ist mangels Lastprofilzähler oder eines intelligenten Messgeräts eine monatliche Abrechnung nicht möglich, so kann die Bemessungsgrundlage auch mittels Aliquotierung der Jahreskosten auf die für die Förderung relevanten Monate errechnet werden.

Eine Antragstellung ist nur dann möglich, wenn die Förderhöhe mindestens € 2.000,- (somit förderbare Mehrkosten von mind € 6.666,-) beträgt. Weiters wird für Förderungen, deren Zuschusshöhe maximal € 20.000,- beträgt, ein pauschaler Kostenersatz in Höhe von € 500,- (für zB Steuerberaterkosten iZm Antragstellung) gewährt.

Stufe 2
In Stufe 2 muss der Förderwerber die Verdoppelung seiner Energiekosten gegenüber dem Jahr 2021 selbst tragen und erhält nur für die darüberhinausgehende Preissteigerung eine Förderung im Ausmaß von 30 % der Mehrkosten. Es werden somit die Mehrkosten, also die Differenz der Monatspreise 2022 und dem doppelten des Durchschnittspreises im Vergleichszeitraum (Jänner bis Dezember 2021), multipliziert mit dem jeweiligen Monatsverbrauch im Förderzeitraum als Förderbemessung herangezogen. Um sich für Stufe 2 zu qualifizieren, ist mindestens eine Verdoppelung der Preise für Strom und Erdgas zum Vergleichsmonat des Vorjahres erforderlich. Die geförderte Verbrauchsmenge beträgt ab Stufe 2 nur noch 70 % des Verbrauchs des Jahres 2021.

Stufe 3
Die Formel für die Berechnung der förderfähigen Kosten ist gleich wie jene der Stufe 2. Der Zuschuss in Stufe 3 beträgt allerdings 50 % jener Kosten. Anders als in Stufe 2, ist für die Inanspruchnahme der Stufe 3 Voraussetzung, dass ein Betriebsverlust (negatives EBITDA) im jeweiligen Förderungsmonat vorliegt. Die förderungsfähigen Kosten müssen mindestens 50 % des Betriebsverlustes im jeweiligen Monat betragen. Zudem ist der Zuschuss mit 80 % des Betriebsverlustes im förderungsfähigen Zeitraum (Februar bis September 2022), maximal jedoch € 25 Mio begrenzt.

Stufe 4
Sind die Voraussetzungen der Förderstufe 3 erfüllt, und ist der Förderungswerber ein Unternehmen, dessen Hauptbranche der in der Beilage 2 der Förderrichtlinien (besondere betroffene Sektoren oder Teilsektoren) gelisteten Branchen entspricht, erhöht sich der Fördersatz auf 70 % sowie die maximale Zuschusshöhe auf € 50 Mio.

Pauschalförderung
In Ergänzung zum Energiekostenzuschuss 1 wurde bereits im September 2022 ein Pauschalfördermodell angekündigt. Dieses soll auch jenen Unternehmen einen Zuschuss ermöglichen, deren Energiemehrkosten im Zeitraum 1.2.2022 bis 30.9.2022 nicht mehr als € 6.666,- ausmachten, und deren potentielle Förderhöhe daher unter der Mindestgrenze von € 2.000,- lag. Das detaillierte Fördermodell war bei Drucklegung des Arbeitsbuches noch in Ausarbeitung.

Der bisher bekannte Stand der Förderbedingungen sieht folgende Pauschalförderung vor:

- Energiekosten eines Unternehmens im Jahr 2022 sollen halbiert werden.
  Von dieser Hälfte werden pauschal 30 % gefördert.
- Der Mindestzuschuss beträgt € 300,- (entspricht € 2.000,- Energiekosten).
- Der Maximalzuschuss beträgt € 2.000,- (entspricht € 12.000,- Energiekosten).
- Abwicklung der Förderung durch die FFG

Ein Kombinieren mehrerer Förderstufen (zB Stufe 1 für Treibstoffkosten und Stufe 2 für Strom) ist nicht zulässig. Erfüllt der Förderungswerber die Voraussetzungen für mehr als eine Förderstufe, so hat er bei der Antragstellung zu wählen, für welche Stufe er den Energiekostenzuschuss beantragt.

Zahlreiche Beispiele finden sich auf der Website des **aws** ►

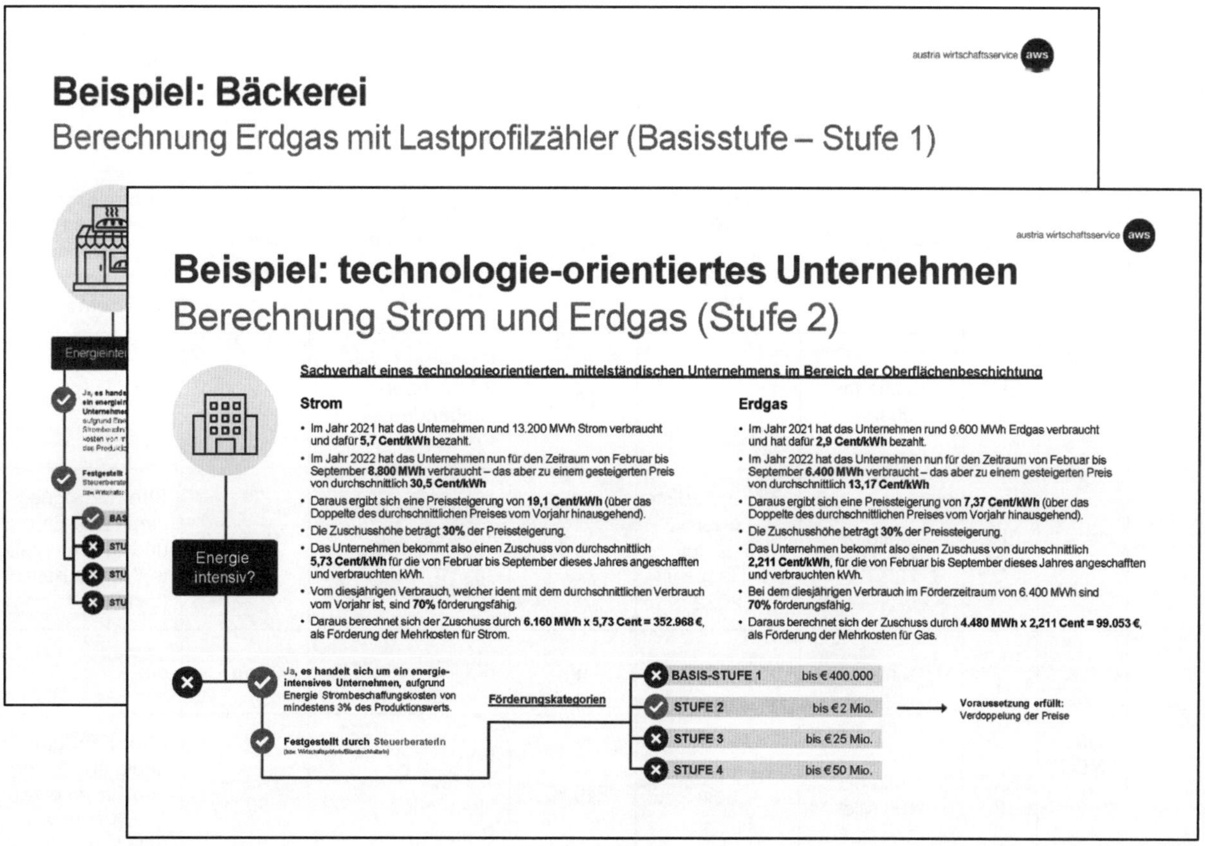

3. Förderstufen EKZ 2 im Vergleich zum EKZ 1

Stufe	Art	Unter- und Obergrenze in €/Jahr	Energie-intensität Kriterium	Förder-intensität	Berechnungs-formel	Ver-brauchs-menge (gefördert)	Energiearten
1	EKZ 1	2.000,- bis 400.000,-	nur wenn Jahres-umsatz > 700.000,-	30 %	Förderung der Mehrkosten	100 % von 2021	Treibstoffe, Strom, Erdgas
	EKZ 2	3.000,- bis 2 Mio	nein	60 %	Förderung der Mehrkosten	100 % von 2021	Treibstoffe, Strom, Erdgas, Wärme/Kälte (inkl Fernwärme), Dampf, Heizöl, Holzpellets und Hackschnitzel etc
2	EKZ 1	400.000,- bis 2 Mio	ja	30 %	Förderung des 2-fach übersteigenden Preises	70 % von 2021	Strom, Erdgas
	EKZ 2	2 Mio bis 4 Mio	nein	50 %	Förderung des 1,5-fach übersteigenden Preises	70 % von 2021	Strom, Erdgas, direkt aus Erdgas und Strom erzeugte Wärme/Kälte (inkl Fernwärme)
3	EKZ 1	2 Mio bis 25 Mio	ja	50 %	Förderung des 2-fach übersteigenden Preises	70 % von 2021	Strom, Erdgas
	EKZ 2	4 Mio bis 50 Mio	3 % auf 2021 **oder** 6 % auf 1. Halbjahr 2022	65 %	Förderung des 1,5-fach übersteigenden Preises	70 % von 2021	Strom, Erdgas, direkt aus Erdgas und Strom erzeugte Wärme/Kälte (inkl Fernwärme)
4	EKZ 1	25 Mio bis 50 Mio	ja	70 %	Förderung des 2-fach übersteigenden Preises	70 % von 2021	Strom, Erdgas
	EKZ 2	50 Mio bis 150 Mio	3 % auf 2021 **oder** 6 % auf 1. Halbjahr 2022	80 %	Förderung des 1,5-fach übersteigenden Preises	70 % von 2021	Strom, Erdgas, direkt aus Erdgas und Strom erzeugte Wärme/Kälte (inkl Fernwärme)
5 NEU	EKZ 1	n/a	n/a	n/a	n/a	n/a	n/a
	EKZ 2	4 Mio bis 100 Mio	nein	40 %	Förderung des 1,5-fach übersteigenden Preises	70 % von 2021	Strom, Erdgas, direkt aus Erdgas und Strom erzeugte Wärme/Kälte (inkl Fernwärme)

4. Abwicklung der Förderungsmaßnahme

4.1. Voranmeldung

Für den EKZ 1 war im Zeitraum von 7.11.2022 bis 28.11.2022 eine Voranmeldung, wo einige Unternehmensdaten und Informationen zu vertretungsbefugten Personen anzugeben waren, auf der Einreichplattform der AWS erforderlich. Im Zeitraum von 16.1.2023 bis 20.1.2023 wurde ein zweites Zeitfenster (Nachfrist) für diese Voranmeldung freigeschalten. Ein Antrag auf Gewährung eines Energiekostenzuschusses setzt die Voranmeldung zwingend voraus.

4.2. Antragstellung

Die AWS weist jenen Förderungswerbern, die eine fristgerechte Voranmeldung vorgenommen haben, einen Antragszeitraum zu. Dieser startete frühestens am 29.11.2022 und endete für alle Förderungswerber am 15.2.2023.

Der Antrag war im vorgegebenen Zeitfenster vorbehaltlos und vollständig – bei sonstigem Verlust der Förderungsmöglichkeiten – samt allen vom Förderungswerber vorzunehmenden Bestätigungen, Zusicherungen sowie den am Antragsformular angegebenen Hinweis auf die vom WP/StB/BiBu getroffenen Feststellungen und den darüber erstellten Bericht über den AWS-Fördermanager einzubringen.

Für die Verlängerung des EKZ 1 um das 4. Quartal 2022 wird es eine eigene Möglichkeit zur Antragstellung geben. Die Details dazu sowie zur Antragstellung für den EKZ 2 waren bei Drucklegung des Arbeitsbuches noch nicht bekannt.

Zu beachten ist, dass nur ein einzelner Antrag pro Förderungswerber eingebracht werden kann. Dieser muss somit alle förderbaren Kosten (Strom, Erdgas, Treibstoffe) umfassen.

> Die AWS bietet auf ihrer Homepage neben den aktuellen Förderrichtlinien und FAQs auch Berechnungs- und Ausfüllhilfen für den Energiekostenzuschuss an. Diese Hilfen ermöglichen eine strukturierte Datenerfassung sowie eine Vorberechnung der Förderhöhe. Des Weiteren können die darin eingetragenen Daten über eine Importfunktion in den AWS-Fördermanager iZd Antragstellung eingelesen werden.

Der FS für Steuerrecht hat in der KSW-Info vom 13.1.2023 darüber berichtet, dass die Antragstellung durch Steuerberater technisch über den Fördermanager-Account zwar möglich ist, jedoch ausdrücklich davon abgeraten wird. Steuerberater sollten Anträge für den Energiekostenzuschuss deshalb nicht für ihre Klienten einreichen, da das Antragsformular eindeutig nicht auf die Erledigung durch Parteienvertreter ausgelegt ist. Demnach sind haftungsrechtliche Aspekte einer solchen Tätigkeit nicht hinreichend geklärt. Weiters hat die AWS darauf verwiesen, dass die im Antrag anzuführende Ansprechperson jedenfalls der Förderungswerber selbst bzw eine vertretungsbefugte Person sein sollte und keinesfalls ein Parteienvertreter allein.

5. Auflagen und Verpflichtungen

Im Rahmen der Beantragung des Energiekostenzuschusses muss der Förderungswerber mehrere Auflagen und zukünftige Verpflichtungen eingehen:

- **Verbot für Boni**: Ab dem Zeitpunkt der erstmaligen Veröffentlichung der Richtlinie (21.11.2022) dürfen keine Bonuszahlungen an Vorstände oder Geschäftsführer für das laufende Geschäftsjahr iHv mehr als 50 % ihrer Bonuszahlungen für das Wirtschaftsjahr 2021 ausgezahlt werden. Eine Ausnahme besteht für Bonuszahlungen, die bereits davor ausgezahlt oder gewährt wurden. Rechtzeitig zugesagte Boni, die der Höhe nach unklar sind, weil sie zB vom Unternehmensergebnis abhängig sind, sind laut FAQ vom Verbot der Bonuszahlungen nicht betroffen.

- **Verpflichtung zum steuerlichen Wohlverhalten**: Der Umstand, dass die laut Richtlinie gelisteten Tatbestände nicht verwirklicht wurden, müssen im Rahmen der Antragstellung vom Förderungswerber bestätigt werden.

- **Selbstverpflichtung zu Energiesparmaßnahmen**: Der Förderungswerber verpflichtet sich die unter Punkt 8.2 der Förderrichtlinien gelisteten Energiesparmaßnahmen einzuhalten.

6. Bilanzierung im Jahresabschluss

Aufgrund der Tatsache, dass sich der Energiekostenzuschuss 1 sowie die Verlängerung des Energiekostenzuschuss 1 für das 4. Quartal 2022 auf einen Zeitraum beziehen, der im abgelaufenen Kalenderjahr liegt, stellt sich die Frage hinsichtlich der korrekten Bilanzierung dieser Förderung.

Hinsichtlich der Bilanzierung des Energiekostenzuschusses ist einerseits auf die AFRAC-Stellungnahme 6 betreffend Zuschüsse im öffentlichen Sektor (nach UGB) sowie auch auf die Ausführungen zum Thema „Aufwandszuschüsse iZm Covid-19 in Jahresabschluss und Steuererklärung" (siehe Arbeitsbuch Herbst 2022, 6 ff) hinzuweisen.

6.1. Bilanzierung einer Forderung im Jahresabschluss nach UGB

Beim Energiekostenzuschuss handelt es sich um einen Aufwandszuschuss zur teilweisen Abdeckung von Mehraufwendungen für den Energieverbrauch im Förderungszeitraum. Weiters besteht gemäß Punkt 11.6 der Förderrichtlinien ausdrücklich kein Rechtsanspruch auf eine Förderung, was den Energiekostenzuschuss von den bisherigen Aufwandszuschüssen iZm Covid-19 unterscheidet.

Demnach müssen für die Aktivierung einer Forderung in Höhe des Energiekostenzuschusses die sachlichen Voraussetzungen zum Bilanzstichtag erfüllt sein. Des Weiteren muss (mangels Rechtsanspruchs) die Bewilligung der AWS bis zur Bilanzerstellung vorliegen, welche darüber hinaus keinen Auszahlungsvorbehalt enthalten darf. Der tatsächliche Zeitpunkt des Zuflusses des Energiekostenzuschusses ist nicht relevant.

Da es sich bei beim Energiekostenzuschuss um limitierte Budgetmittel (first-come-first-serve-Prinzip) handelt, wird für eine mögliche Berücksichtigung des Energiekostenzuschusses im Jahresabschluss die Vorlage einer verbindlichen Zusage unabdingbar sein.

Erfolgten bis zum Bilanzstichtag bereits Auszahlungen des Energiekostenzuschusses, deren Rückforderung gewiss ist (zB nachträgliche Erkenntnis, dass Voraussetzungen nicht erfüllt sind), ist für den Rückzahlungsbetrag eine Verbindlichkeit einzustellen. Ist eine Rückforderung nicht gewiss, aber wahrscheinlich, ist eine Rückstellung zu bilden.

6.2. Darstellung in der Gewinn- und Verlustrechnung

Zuschüsse zur Abdeckung von Aufwendungen sind nach Maßgabe des Aufwandsanfalles ergebniswirksam zu erfassen, wobei entweder ein Ausweis als übrige sonstige betriebliche Erträge oder eine offene Absetzung vom jeweiligen Aufwand (in einer Vorspalte) zulässig ist. Eine Kürzung des durch Zuschuss gedeckten Aufwands ist aufgrund des Saldierungsverbots gemäß § 196 Abs 2 UGB nicht zulässig.

Bei Förderungswerbern mit abweichendem Wirtschaftsjahr ist weiters darauf zu achten, dass die Aufwandszuschüsse periodenrichtig abgegrenzt werden.

Die zeitliche Zuordnung aus steuerlicher Sicht deckt sich bei Bilanzierern mit der unternehmensrechtlichen Gewinnermittlung.

6.3. Exkurs Einnahmen-Ausgabenrechner

Die Erfassung hat gem § 19 Abs 1 Z 2 EStG stets im anspruchsbegründenden Jahr zu erfolgen.

7. Steuerliche Behandlung des Energiekostenzuschusses

Der gewährte Energiekostenzuschuss erhöht den ertragsteuerlichen Gewinn, da keine Befreiungstatbestände im Gesetz vorgesehen sind. Demnach sind auch die damit in Zusammenhang stehenden Aufwendungen gänzlich (Energie- und Strombeschaffungskosten) abzugsfähig.

→ Unternehmen, die alle Voraussetzungen zur Inanspruchnahme der Förderung erfüllen, müssen im nächsten Schritt prüfen, welche Förderstufen für sie überhaupt in Frage kommen und welche den optimalen Zuschuss gewährleisten.

Bei der Antragstellung ist auf die notwendige Voranmeldung und die knappen Fristen zu achten.

Berater dürfen ihren Klienten in der Förderabwicklung des Energiekostenzuschusses tatsächlich nur mit Rat und kaum mit Tat zur Seite stehen.

Zahlungen im Rahmen eines Sozialplans

unbeschränkte Abzugsfähigkeit ab 2023

§ 20 Abs 1 Z 8 iVm § 124b Z 418 EStG idF BGBl I 194/2022;
Rz 4852m EStR idF Wartungserlass 2023 (Entwurf); SWK 32-33/2022, 1246;
VfGH 16.6.2022, G228/2021; SWK 6/2023, 351;

Gesetzesreparatur

Mit Erkenntnis vom 16.3.2022 hat der Verfassungsgerichtshof die Geltung der ertragsteuerlichen Bestimmung, die freiwillige Abfertigungen nur teilweise zum Abzug als Betriebsausgabe zulässt, als verfassungswidrig aufgehoben. Dabei hat er dem Gesetzgeber eine Reparaturfrist bis 31.12.2022 gewährt.

Diese wurde genützt und die Bestimmung dahingehend angepasst, dass Sozialplanzahlungen ab 1.1.2023 voll zum Abzug zugelassen werden.

Rechtslage bis 31.12.2022 – Abzugsverbot

Freiwillige Abfertigung aufgrund Betriebsschließung

Freiwillige Abfertigungen dürfen nicht als Betriebsausgabe abgezogen werden, soweit sie beim Empfänger nicht mit dem Steuersatz von 6 % zu besteuern sind, § 20 Abs 1 Z 8 EStG idF <u>vor</u> BGBl I 194/2022.

Die Regelung gilt auch für Körperschaften, § 12 Abs 1 Z 8 KStG.

Gemeint sind dabei laut Rechtsprechung des VwGH (nur) die **betraglichen Grenzen** des § 67 Abs 6 EStG. Es ist nicht erforderlich, dass die Zahlung beim Empfänger auch tatsächlich mit 6 % besteuert wird. Damit sind auch Fälle der „Abfertigung neu", in denen eine freiwillige Abfertigung dem progressiven ESt-Tarif unterliegt, mitumfasst; VwGH 7.12.2020, Ro 2020/13/0013.

Unter das Abzugsverbot fallen auch **„freiwillige" Abfertigungen im Rahmen von Sozialplänen,** die zB als Folge der Schließung eines Betriebes, also einer Betriebsänderung iSd § 109 Abs 2 ArbVG, bezahlt werden. Diese sind aber im Gegensatz zu einem „Golden Handshake", der mit einem zu kündigenden Dienstnehmer individuell vereinbart wird, nicht wirklich freiwillig. Sozialpläne können auch vor der Schlichtungsstelle erzwungen werden.

Vor allem dieser Umstand hat den VfGH dazu bewogen, die Bestimmung als dem Gleichheitssatz widersprechend mit 31.12.2022 aus dem Rechtsbestand zu entfernen. Im Umkehrschluss zum Gleichheitssatz dürfen wesentlich unterschiedliche Sachverhalte nicht ohne sachlichen Grund gleich behandelt werden. VfGH 16.3.2022, G 228/2021-8.

Siehe dazu im Detail Arbeitsbuch Herbst 2022, 122 ff.

Rechtslage ab 1.1.2023

Für Zahlungen ab 1.1.2023 wurde § 20 Abs 1 Z 8 EStG neu gefasst und um einen Satz erweitert.

Dem Abzugsverbot als Betriebsausgabe beim Auszahlenden unterliegen...

§ 20 Abs 1 Z 8 EStG	
(Fassung vor BGBl I 194/2022) ... bei allen **bis 31.12.2022** geleisteten Zahlungen...	(Fassung BGBl I 194/2022) ...bei allen **ab 1.1.2023** geleisteten Zahlungen...
...Aufwendungen oder Ausgaben für Entgelte, die beim Empfänger sonstige Bezüge nach § 67 Abs 6 darstellen, soweit sie bei diesem nicht mit dem Steuersatz von 6 % zu versteuern sind.	...Aufwendungen oder Ausgaben für Entgelte im Sinne des § 67 Abs 6, soweit sie die Grenzen des § 67 Abs 6 Z 1 bis 3 übersteigen. **Davon ausgenommen** sind Entgelte, die bei oder nach Beendigung des Dienstverhältnisses im Rahmen von **Sozialplänen** als Folge von Betriebsänderungen im Sinne des § 109 Abs 1 Z 1 bis 6 des Arbeitsverfassungsgesetzes oder vergleichbarer gesetzlicher Bestimmungen anfallen.

Durch den geänderten Gesetzeswortlaut sind somit freiwillige Abfertigungen im Rahmen von Sozialplänen unabhängig von ihrer Höhe als Betriebsausgabe abzugsfähig.

Auch im Entwurf des EStR Wartungserlass 2023 findet sich bereits eine dahingehend geänderte Rz 4852m.

Besteuerung freiwilliger Abfertigungen außerhalb eines Sozialplans

Hier gelten für die Abzugsfähigkeit beim Dienstgeber nach dem Gesetzeswortlaut nun eindeutig die **betraglichen Grenzen** des § 67 Abs 6 EStG, wie dies bereits zuvor der VwGH in verfassungskonformer Interpretation der Vorgängerregelung erkannt hat.

Diese Grenzen schränken die Anwendbarkeit des begünstigten Steuersatzes von 6 % beim Arbeitnehmer im System „Abfertigung alt“ hinsichtlich der Höhe der Zahlungen ein.

Die **betragliche Einschränkung** besteht dabei in **zweierlei** Hinsicht:

1. Der zugrunde gelegte **Monatsbezug** darf höchstens das **3-fache der ASVG-Höchstbeitragsgrundlage** betragen, ds in 2023 höchstens € 17.550,- (3 x € 5.850,-).

2. Zusätzlich gilt die sogenannte „Viertel- und Zwölftelregelung“ für die Ermittlung der **Anzahl der mit 6 % begünstigten Monatsbezüge** nach folgender Maßgabe:
   - **jedenfalls ein Viertel** der laufenden Bezüge der letzten 12 Monate (Viertelregelung)
   - **zuzüglich** und **abhängig von der Dienstzeit** eine bestimmte weitere Anzahl an Monaten, wobei auch Dienstzeiten bei anderen Arbeitgebern dazu zählen (Zwölftelregelung).

Konkret bedeutet das:

	Begünstigt zu besteuernde Bezüge						**höchstens**
Jedenfalls	ein Viertel (also 3/12) der laufenden Bezüge der letzten 12 Monate						€ 52.650,- (3 x 17.550,-)
zuzüglich für	3 Jahre	5 Jahre	10 Jahre	15 Jahre	20 Jahre	25 Jahre	
	2/12	3/12	4/12	6/12	9/12	12/12	
	…der laufenden Bezüge der letzten 12 Monate						€ 210.600,- (12 x 17.550,-)
In Summe	5/12	6/12	7/12	9/12	12/12	15/12	€ 263.250,- (15 x 17.550,-)

Ergänzend sei erwähnt, dass Abgangsentschädigungen und Vergleichszahlungen keine sonstigen Bezüge iSd § 67 Abs 6 EStG darstellen. Sie unterliegen daher nicht dem Abzugsverbot. Rz 4852n EStR idF Wartungserlass 2023 (Entwurf).

Was den Nachweis von zu berücksichtigenden Vordienstzeiten betrifft, bleibt es dem Arbeitnehmer überlassen, bis zu welchem Zeitpunkt zurück die Dienstverhältnisse nachgewiesen werden. Der Nachweis muss beim aktuellen Dienstverhältnis beginnen und hat in zeitlicher Hinsicht so weit zurück zu erfolgen, wie es dem Arbeitnehmer möglich ist oder opportun erscheint. Ein Außerachtlassen einzelner Jahre bzw Dienstverhältnisse kommt dabei nicht in Betracht, vgl VwGH 29.6.2022, Ro 2021/15/0007, Rz 1089 LStR idF Wartungserlass 2022.

Die Bundesregierung hat die vom VfGH gesetzte Reparaturfrist ausgenutzt und die verfassungswidrige Bestimmung fristgerecht durch eine Regelung ersetzt, die nun verfassungskonform sein soll.

Zahlungen im Rahmen von Sozialplänen unterliegen demnach ab 1.1.2023 keinem Abzugsverbot beim Arbeitgeber mehr, unabhängig davon, wie hoch sie ausfallen.

Bei freiwilligen Abfertigungen abseits von Sozialplänen gilt hinsichtlich der Abzugsfähigkeit nach wie vor eine betragliche Einschränkung.

Investitionsfreibetrag bis 15 % ab 1.1.2023

Neuauflage einer bereits bis 2001 bewährten Investitionsbegünstigung

§ 11 EStG idF ÖkoStRefG 2022 Teil I, Öko-IFB-VO (Entwurf); Rz 3801 ff EStR idF Wartungserlass 2023 (Entwurf); Hirschler ua, SWK-Spezial Einkommensteuer 2022, 32 ff; Hirschler/Petutschnig, ÖStZ 10/2022, 268; Hirschler, RWZ 10/2022, 289; Anfragebeantwortung vom 27.9.2022 betreffend KFZ, LexisNexis Rechtsnews 33145; Reisinger betreffend Photovoltaikanlagen, RdW 12/2022, 868; Arbeitsbuch Oberlaa 2022, 11

Investitionsbegünstigung

Für bestimmte Investitionen ab 1.1.2023 kann zusätzlich zur Normalabschreibung bis zu 15 % der Anschaffungs- oder Herstellungskosten eines Wirtschaftsgutes in Form eines Investitionsfreibetrages als Betriebsausgabe gewinnmindernd geltend gemacht werden.

Der EStR-Wartungserlass 2023 enthält nunmehr die Auffassung der Finanzverwaltung zu zahlreichen Detailfragen, wie zu Höhe und Deckelung, zu begünstigungsfähigen Wirtschaftsgütern, zur Konkurrenz mit anderen Begünstigungen, zum Zeitpunkt der Geltendmachung, zu allfälliger Nachversteuerung und zu den Modalitäten der Geltendmachung. Diese Details werden nachfolgend **für die Praxis in komprimierter Weise** dargestellt.

1. **Allgemeines und Funktionsweise,** § 11 Abs 1 EStG

Der Investitionsfreibetrag (IFB) führt zu einer zusätzlichen Betriebsausgabe im Jahr der Anschaffung oder Herstellung eines Wirtschaftsgutes des abnutzbaren Anlagevermögens. Die AfA gem §§ 7 und 8 EStG wird dadurch nicht berührt.

Beispiel:

Anschaffungskosten eines Wirtschaftsgutes im Jahr 2023	€ 100.000,-
Nutzungsdauer 5 Jahre, daher jährliche AfA 2023 bis 2027	- € 20.000,-
zusätzlich IFB im Jahr 2023 zB 10 %	- € 10.000,-
AfA insgesamt daher 5 x € 20.000,- =	- € 100.000,-
zuzüglich IFB 2023	- € 10.000,-
Summe	- € 110.000,-
Einkommensteuerersparnis bei zB 50 % Progression	€ 55.000,-
Kosten der Investition hingegen	- € 100.000,-
Kosten der Investition daher netto	€ 45.000,-

Der Steuerpflichtige muss – wie für die Geltendmachung der AfA – zumindest **wirtschaftlicher Eigentümer** des Wirtschaftsgutes sein, für welches ein IFB geltend gemacht wird.

Das Wirtschaftsgut muss einer **inländischen** Betriebsstätte zuzurechnen sein, die der Erzielung **betrieblicher Einkünfte** dient und muss der Gewinn durch **Bilanzierung** oder **vollständige E/A-Rechnung** ermittelt werden; daher **kein IFB bei pauschalierter** Gewinnermittlung gem § 17 EStG oder einer darauf gestützten VO.

Entsteht oder erhöht sich durch die Inanspruchnahme des IFB ein Verlust, ist dieser nach den allgemeinen ertragsteuerlichen Regelungen ausgleichs- und vortragsfähig; keine „IFB-Wartetaste"! Der Grund für diese „Großzügigkeit" liegt in der vorgesehenen Deckelung – siehe Punkt 4. – wodurch missbräuchliche Konstruktionen nicht mehr möglich sein sollen.

2. **Begünstigungsfähige Wirtschaftsgüter** müssen gem § 11 Abs 2 EStG …

- zum **abnutzbaren Anlagevermögen** gehören und
- mindestens **vier Jahre betriebsgewöhnliche Nutzungsdauer** aufweisen.

Wirtschaftsgüter, für die ein 5 %-Zuschlag zum IFB bzw ein erhöhter IFB von insgesamt 15 % in Anspruch genommen werden kann, müssen außerdem dem Bereich der Ökologisierung zuzuordnen sein; Näheres dazu siehe nachfolgend Punkt 4.

3. **Vom IFB ausgeschlossen, sind folgende Wirtschaftsgüter,** § 11 Abs 3 EStG

- **geringwertige** Wirtschaftgüter gem § 13 EStG,
- Wirtschaftsgüter, die für den investitionsbedingten **Gewinnfreibetrag** herangezogen werden. Um IFB und GFB optimal auszuschöpfen, sollte vorrangig der IFB in Anspruch genommen werden; für den GFB könnten bei Bedarf auch geeignete Wertpapiere angeschafft werden.
- **PKW und Kombi** mit CO_2-Emissionswert > 0 Gramm pro km (aber nur wenn kein Fahrschulfahrzeug und nicht zu mindestens 80 % der gewerblichen Personenbeförderung dienend)
- **Gebäude**, auch Mieterinvestitionen die im Eigentum des Mieters nach den Grundsätzen des § 8 EStG abgeschrieben werden.
- **Firmenwerte**
- **Bergbauunternehmen**, Steinbruch etc
- **Gebrauchte** Wirtschaftsgüter
- **Unkörperliche** Wirtschaftsgüter, die nicht den Bereichen Digitalisierung, Ökologisierung oder Gesundheit/Life-Science zuzuordnen sind (aber jedenfalls ausgenommen sind alle unkörperlichen Wirtschaftsgüter, die zur entgeltlichen Überlassung bestimmt sind oder von konzernzugehörigen Unternehmen bzw beherrschendem Gesellschafter erworben werden)
- **Bestimmte Anlagen**, die der Förderung, dem Transport oder der Speicherung fossiler Energieträger dienen und Anlagen, die fossile Energieträger direkt nutzen. Eine Präzisierung für Zwecke des IFB bleibt einer „Fossile Energieträger-Anlagen-VO“ der „UmweltMinisterin“ vorbehalten, die zum Zeitpunkt der Drucklegung dieses Arbeitsbuches erst im Entwurf vorlag. ▶

4. Höhe und Deckelung des Investitionsfreibetrages, § 11 Abs 1 EStG

10 % der Anschaffungs- oder Herstellungskosten begünstigungsfähiger Wirtschaftsgüter im Allgemeinen, siehe Punkte 2. und 3.

15 % der Anschaffungs- oder Herstellungskosten von Wirtschaftsgütern, die dem Bereich **Ökologisierung** zuzuordnen sind. Eine **Öko-IFB-VO** legt fest, welche Wirtschaftsgüter diese Anforderung erfüllen.

Die Verordnung ist alles andere als anwenderfreundlich, da sie sich nicht etwa an der Liste in Anhang 1 der Richtlinie zur Covid-19-Investitionsprämie orientiert, in welcher begünstigungsfähige Wirtschaftsgüter konkret aufgezählt werden. Hingegen werden nur einige wenige Wirtschaftsgüter konkret angeführt und wird darüber hinaus weitgehend auf das Umweltförderungsgesetz (UFG) und auf das Klima- und Energiefondsgesetz verwiesen.

Demnach steht für folgende [ungebrauchte] Wirtschaftsgüter ein IFB von 15 % zu:

- **Emissionsfreie Fahrzeuge** ohne Verbrennungsmotor sowie E-Ladestationen .....
- **Fahrräder**, Transporträder, Spezialfahrräder jeweils mit und ohne Elektroantrieb und Fahrradanhänger.
- Wirtschaftsgüter, die der **Verlagerung von Güterverkehr auf die Schiene** dienen .....
- Wirtschaftsgüter zur **Erzeugung von Strom aus erneuerbaren Quellen** gem § 5 Abs 1 Z 13 des Erneuerbaren-Ausbau-Gesetzes (EAG) .....
- **Anlagen zur Speicherung von Strom** in Form eines stationären Systems, das elektrische Energie (auf elektrochemischer Basis) aus erneuerbaren Quellen gem § 5 Abs 1 Z 13 EAG Akkumulatoren aufnimmt .....
- ... und alle Wirtschaftsgüter, auf die das **Umweltförderungsgesetz** (UFG) oder das **Klima- und Energiefondsgesetz** (KLI.EN-FondsG) anwendbar ist und für die von der zuständigen Förderstelle Kommunalkredit Public Consulting GmbH (KPC) eine Förderung nach den genannten Rechtsgrundlagen gewährt wird oder plausibilisiert wird, dass die inhaltlichen Voraussetzungen für die Zuerkennung einer Förderung vorliegen.

Der volle der Text der Öko-IFB-VO (Entwurf) kann mit diesem QR-Code/Link abgerufen werden. Die Verweise auf das UFG und das KLI.EN-FondsG verlangen mE laut nach einer erlassmäßigen Präzisierung bzw Präzisierung in den EStR.

€ 1 Mio betragen die maximalen Anschaffungs- oder Herstellungskosten, für die ein IFB geltend gemacht werden kann, dh IFB max € 150.000,- bzw € 100.000,-, je nachdem ob die Wirtschaftsgüter der Ökologisierung dienen oder nicht. In Wirtschaftsjahren < 12 Monate ist für jeden Monat ein Zwölftel des Höchstbetrages von € 1 Mio anzusetzen.

5. Verhältnis zu anderen Begünstigungen, Rz 3805 EStR

- Degressive Afa und IFB für ein- und dasselbe Wirtschaftsgut sind möglich.
- Forschungsprämie und IFB können ebenfalls gleichzeitig beansprucht werden.
- Übertragung stiller Reserven (nur bei natürlichen Personen) und IFB sind zulässig; BMG für den IFB sind jedoch die um die übertragenen stillen Reserven reduzierten AK/HK.
- Covid-19-Investitionsprämie (befristet) und IFB sind möglich; keine Kürzung der AK/HK.

Jedoch: IFB und GFB schließen einander aus (siehe oben Pkt 4.) und kein IFB bei pauschalierter Gewinnermittlung gem § 17 EStG oder einer darauf gestützten Verordnung.

6. Zeitpunkt der Geltendmachung eines IFB,
§ 11 Abs 4 EStG und Rz 3819 ff EStR

- **im Jahr der Anschaffung oder Herstellung** (dh bei Fertigstellung und nicht erst bei Inbetriebnahme); auch für nachträgliche Anschaffungs- oder Herstellungskosten ist der IFB im Jahr der Anschaffung/Herstellung geltend zu machen; nachträgliche Änderungen der AK/HK stellen rückwirkende Ereignisse iSd § 295a BAO dar.
- **von aktivierten Teilanschaffungs-/Herstellungskosten wahlweise** jedoch bereits früher, dh im Jahr in dem diese anfallen und aktiviert werden. Achtung: Die Behaltefrist – siehe nachfolgend Punkt 7. – beginnt in diesen Fällen jedoch erst am Tag nach der Fertigstellung zu laufen.

  Für die AK/HK eines im Jahr 2023 fertig gestellten Wirtschaftsgutes kann ein IFB auch geltend gemacht werden, wenn Teilbeträge der AK/HK bereits vor dem 1.1.2023 angefallen sind und aktiviert wurden.
- Wird im Zuge einer **späteren abgabenbehördlichen Prüfung** die betriebsgewöhnliche Nutzungsdauer auf weniger als vier Jahre reduziert, bleibt ein geltend gemachter IFB trotzdem bestehen, Rz 3816 EStR.

  Die Geltendmachung des IFB ist – anders als ein Antrag auf investitionsbedingten GFB, Rz 3834, – nicht an den Eintritt der (ersten) Rechtskraft des Bescheides gebunden zB Geltendmachung eines IFB nach Aktivierung eines Wirtschaftsgutes durch eine Betriebsprüfung; für Änderungen nach Eintritt der Rechtskraft gelten die allgemeinen Regeln der BAO, Rz 3829 EStR.

7. Nachversteuerung, § 11 Abs 5 EStG

Die Nachversteuerung eines als Betriebsausgabe geltend gemachten IFB erfolgt, wenn das betreffende Wirtschaftsgut innerhalb von **vier Jahren** aus dem Betriebsvermögen ausscheidet oder ins Ausland verbracht wird, Rz 3823 EStR. Keine Nachversteuerung jedoch, wenn das Ausscheiden infolge höherer Gewalt oder aufgrund eines behördlichen Eingriffs erfolgt.

Diese „Behaltefrist" ist **taggenau** zu berechnen und beginnt an dem der Anschaffung/Herstellung folgenden Tag zu laufen. Dies gilt auch dann, wenn ein IFB bereits früher von aktivierten Teilanschaffungs- oder Teilherstellungskosten geltend gemacht wurde, Rz 3827 EStR.

Im Falle der **Übertragung eines Betriebes** läuft die Behaltefrist beim Rechtsnachfolger weiter und hat eine Nachversteuerung gegebenenfalls bei diesem zu erfolgen. Betreffend Umgründungen siehe Rz 3828 EStR,

Bei **Betriebsaufgabe** innerhalb der Behaltefrist von vier Jahren ist ein geltend gemachter IFB nachzuversteuern und erhöht den allenfalls begünstigungsfähigen Aufgabegewinn.

8. Wie bzw wo ein Investitionsfreibetrag ab 2023 geltend zu machen ist,
§ 11 Abs 6 EStG

Anders als beim „alten" IFB bis 2001 erfolgt **keine Buchung** des IFB im Jahresabschluss, sondern ausschließlich im Rahmen der Mehr-Weniger-Rechnung, da im UGB-Jahresabschluss keine unversteuerten Rücklagen mehr vorgesehen sind.

Die formalen Anspruchsvoraussetzungen sind der Ausweis im **Anlageverzeichnis** und der Ausweis in der **Steuererklärung** 2023 an der dafür vorgesehenen Stelle.

→ Der ab 2023 wiederauferstandene Investitionsfreibetrag ist als Investitionsbegünstigung sehr zu begrüßen und wird in der Praxis einfach umzusetzen sein.

Die meisten Fragen werden mE die Zuordnung eines Wirtschaftsgutes zum Bereich der Ökologisierung betreffen. Dies umso mehr, als die diesbezügliche Öko-IFB-VO aufgrund der umfangreichen Verweise auf andere Gesetze alles andere als anwenderfreundlich ist.

Öffi-Tickets für Selbständige

Glaubhaftmachung oder Pauschalregelung

§ 4 Abs 4 Z 5 EStG idF AbgÄG 2022 BGBl I 108/2022; Rz 1700a, 1528, 1567, 4127a, 4139i EStR idF Wartungserlass 2023 (Entwurf); Arbeitsbuch Herbst 2022, 125; uvm

AbgÄG 2022

Seit 1.7.2022 besteht die Möglichkeit unter sehr großzügig gestalteten Voraussetzungen, einem Arbeitnehmer steuer- und sozialversicherungsfrei ein Öffi-Ticket zur Verfügung zu stellen. Hintergrund der Regelung ist ein vom Gesetzgeber intendierter Anreiz, auf den öffentlichen Verkehr umzusteigen, vgl Arbeitsbuch Herbst 2022, S 125 und Arbeitsbuch Herbst 2021, S 152.

Bei Selbständigen wird hingegen mit anderem Maß gemessen. Für diese Gruppe ist lediglich ein 50-prozentiger Abzug vorgesehen, wenn nicht eine darüber hinausgehende Glaubhaftmachung der betrieblichen Nutzung erfolgt. Die beiden Regelungen haben auch inhaltlich wenig gemeinsam. Dieser Beitrag widmet sich ausschließlich dem Öffi-Ticket für Selbständige und hat den Zweck, die Regelung hinsichtlich ihrer Attraktivität und der daraus folgenden praktischen Bedeutung zu durchleuchten.

	Wochen-, Monats- oder Jahreskarten für Massenbeförderungsmittel, vulgo **Öffi-Tickets als Betriebsausgabe** § 4 Abs 4 Z 5 EStG Rz 1700a EStR idF Wartungserlass 2023 (Entwurf)
Geltendmachung nach den allgemeinen Grundsätzen des EStG	Ermittlung und **Glaubhaftmachung des betrieblichen Anteils**, es besteht kein Aufteilungsverbot. Freie Wahl des Verkehrsmittels. Dh insbesondere kein Abstellen auf das billigste. Erste Klasse oder Business-Class sind ebenso abzugsfähig. Fahrten zwischen Wohnort und Arbeitsstätte sind Betriebsausgabe.
Alternative ab 2022: Pauschalregelung	**50 % der Kosten ohne weiteren Nachweis**, wenn glaubhaft gemacht wird, dass die Karte auch für betrieblich veranlasste Fahrten verwendet wird. Auch 1. Klasse-Tickets sind mitumfasst. Nicht unter die Pauschalregelung fallen Aufpreise für Familienkarten, für eine Mitbenutzung durch andere Personen, die Mitnahme von Hunden oder Fahrrädern, sowie Nutzung der 1. Klasse bei Einzelfahrten.
Zusammenspiel mit Pauschalierungen	Im Rahmen der Basispauschalierung und der Kleinunternehmerpauschalierung sind die pauschal ermittelten 50 % zusätzlich zum Pauschale abzugsfähig; siehe oben. Ein Ansatz im tatsächlichen betrieblichen Ausmaß kommt nur dann in Betracht, wenn ein Kostenersatz in gleicher Höhe gegenüber steht; § 17 Abs 3 lit a EStG, Rz 4127a und Rz 4139i EStR idF Wartungserlass 2023 (Entwurf). Wenn Fahrtkosten bereits von einem Pauschale abgegolten sind, besteht keine zusätzliche Abzugsfähigkeit, zB bei Inanspruchnahme des Mobilitätspauschales iRd Gastgewerbepauschalierung.

Fortsetzung	Öffi-Tickets als Betriebsausgabe
Körperschaften	Keine Anwendung der Pauschalregelung bei der Körperschaft selbst möglich. Wird einem Gesellschafter-Geschäftsführer ein Öffi-Ticket zur Verfügung gestellt, besteht volle Abzugsfähigkeit bei der Gesellschaft. Der selbständig tätige Geschäftsführer kann die als Einnahme bei ihm zu erfassende Fahrkarte wiederum im Rahmen seiner Gewinnermittlung als Ausgabe (je nach Gewinnermittlung pauschal oder im glaubhaft gemachten betrieblichen Anteil) geltend machen.
Vorsteuerabzug	Bei mehr als 10-prozentiger unternehmerischer Verwendung Vorsteuerabzug möglich, für den privaten Anteil ist ein Eigenverbrauch zu versteuern. Die in den EStR angeführte Möglichkeit des Verzichts auf den Vorsteuerabzug durch vollständige Zuordnung zum Privatbereich erscheint für die Praxis nur bei geringfügigen Beträgen aus verwaltungsökonomischer Sicht sinnvoll.

Beispiel
in Anlehnung an Rz 1700a EStR idF Wartungserlass 2023 (Entwurf).

A erzielt Einkünfte aus selbständiger Arbeit. Sie kauft sich für das Kalenderjahr 2022 ein KlimaTicket Classic Familie, das sie auch betrieblich nutzt. Dazu gönnt sie sich ein Upgrade für die 1. Klasse bei Fahrten mit den ÖBB und ein Businessplatz-Abo für 50 Fahrten, wobei 35 betrieblich genutzt werden.

A verzichtet in Analogie zu Rz 1700a auf die Geltendmachung des Vorsteuerabzuges.

	Bruttopreis inkl 10 % USt	unter Anwendung der Pauschalregelung ohne weiteren Nachweis absetzbar		
KlimaTicket Classic	€ 1.095,00	50 %	→	€ 547,50
Familienaufschlag	€ 110,00	--	→	0,00
Upgrade für ÖBB 1. Klasse	€ 1.355,00	50 %	→	€ 677,50
nicht von der Pauschalregelung erfasst, somit im betrieblichen Anteil absetzbar: Businessplatz-Abo für 50 Fahrten, 35 davon betrieblich glaubhaft gemacht	€ 450,00	70 % (entspricht 35/50)	→	€ 315,00
Summe Betriebsausgabe:				€ 1.540,00
davon Steuerersparnis, zB 50 %				**€ 770,00**

Variante - Günstigkeitsvergleich unter Zugrundelegung der **allgemeinen steuerlichen Reglungen**

A nützt ihr Öffi-Ticket samt den Upgrades zu durchschnittlich 70 % betrieblich. Sie nimmt auch den Vorsteuerabzug in Anspruch.

	Bruttopreis inkl 10% USt	VSt	Netto
Klimaticket Classic	€ 1.095,00	€ 99,55	€ 995,45
Familienaufschlag	€ 110,00	--	--
Upgrade für ÖBB 1. Klasse	€ 1.355,00	€ 123,18	€ 1.231,82
Businessplatz-Abo für 50 Fahrten	€ 450,00	€ 40,91	€ 409,09
Summe		€ 263,64	€ 2.636,36
Eigenverbrauch / Privatanteil 30 %		€ -79,09	€ -790,91
Gewinnminderung			€ 1.845,45
Steuerersparnis, ESt zB 50 %		€ 184,55	€ 922,73
Steuerersparnis gesamt		**€ 1.107,28**	

Es zeigt sich im konkreten Beispiel, dass sich der Günstigkeitsvergleich gelohnt hat. Mit nur unwesentlich höherem Rechenaufwand beträgt die Steuerersparnis um € 337,28 mehr.

Voraussetzung der Anerkennung ist die Glaubhaftmachung bzw der Nachweis des betrieblichen Anteils, zB durch entsprechende Aufzeichnungen.

Steuererklärungen

In den Beilagen E1a, E1a-k und E6a sind die pauschal geltend gemachten Aufwendungen für Öffi-Tickets in einer eigens dafür vorgesehen Kennzahl 9165 einzutragen. Dabei gilt zu beachten, dass hier bereits die zu 50 % gekürzten Aufwendungen einzutragen sind, was sich als praxisfern darstellt.

Wird nämlich, wie in der Praxis üblich, im Rahmen der Buchhaltung der ausgeschiedene Privatanteil über ein Eigenverbrauchskonto im Bereich der übrigen betrieblichen Erträge verbucht, ist hierauf besonders zu achten.

Um unrichtige Eintragungen in der Praxis zu vermeiden, wird es im Fall der Anwendung der Pauschalregelung sinnvoll sein, überhaupt nur 50 % auf einem eigenen Aufwandskonto zB „Pauschale Öffi-Ticket 50 %", abseits der sonstigen Reisekosten auszuweisen.

Pauschale von 50% der Kosten einer Wochen-, Monats- oder Jahreskarte für Massenbeförderungsmittel	**9165**	

Ergänzende Gedanken

Die Regelung enthält eine eindeutige Schlechterstellung von Einzel- und Mitunternehmern im Vergleich zu nichtselbständig Tätigen. Es mag nicht wirklich einleuchten, warum bei Selbständigen und Gewerbetreibenden hinsichtlich der steuerlichen Behandlung von Öffi-Tickets mit anderem Maß gemessen wird.

Das scheint System zu haben. Denn ähnlich und noch deutlicher erscheint die Ungleichbehandlung bei der Privatnutzung von E-Autos. Dort ist es noch unverständlicher, da mittlerweile auch für selbständige Gesellschafter-Geschäftsführer eine diesbezügliche Sachbezugsbefreiung greift. Nur Einzel- und Mitunternehmer müssen ihren „E-Privatanteil" regulär versteuern.

Es ist wohl nur eine Frage der Zeit, dass die beiden Selbständige benachteiligenden Regelungen mangels erkennbarer sachlicher Rechtfertigung vor dem VfGH landen werden.

Letztendlich wird der erwünschte Lenkungseffekt des Gesetzgebers, auch Selbständige hin zu umweltfreundlicher Mobilität zu bewegen, durch diese halbherzige und daher nur wenig attraktive Regelung zu hinterfragen sein.

→ Die Anwendung der Pauschalregelung im Rahmen der normalen Gewinnermittlung wird in der Praxis wohl eher die Ausnahme bleiben. Ein Unternehmer, der ein Öffi-Ticket kauft und betrieblich nutzt, wird in der Regel einen höheren betrieblichen Anteil als 50 % glaubhaft machen können. Zumal auch die Fahrten zwischen Wohnort und Betrieb betriebliche Fahrten darstellen.

Die praktische Bedeutung der Pauschalregelung wird überwiegend im Anwendungsbereich der Basispauschalierung und Kleinunternehmerpauschalierung liegen, da dort nur die zu 50 % pauschal ermittelten Aufwendungen als zusätzliche Betriebsausgabe zugelassen sind.

Trotz anhaltender Verluste keine Liebhaberei

Ex ante erfolgversprechende Bemühungen schließen Liebhaberei aus bis Aussichtslosigkeit des Erfolges erkennbar ist

BFG 2.6.2022, RV/3100321/2019; Dirnbacher, BFGjournal 10/2022, 303;
LVO idF BGBl II Nr 358/1997 insbesondere §§ 1 und 2 LVO; Rz 48 ff LRL;
Meusburger/Muck, SWK-Spezial Einkommensteuer 2022, 108

BFG

In einem Erkenntnis vom 2.6.2022, RV/3100321/2019 wurde vom BFG das Betreiben einer Pferdepension als Einkunftsquelle für die Dauer von sechs Jahren anerkannt, obwohl durchgehend und auch darüber hinaus Verluste in beträchtlichem Ausmaß erzielt wurden.

Interessant sind dabei zwei Punkte:

- Die vom BFG angewendete und in Anlehnung an ältere Erkenntnisse des VwGH eingeforderte **ex-ante-Betrachtung** für die Prüfung der Gewinnerzielungsabsicht gem § 2 LVO und
- die besondere Berücksichtigung der Bemühungen des Steuerpflichtigen, durch strukturverbessernde Maßnahmen eine Verbesserung der Ertragslage herbeizuführen.

Im vom BFG behandelten Sachverhalt wurde vom Beschwerdeführer **von 2005 bis 2016** eine Pferdepension betrieben, die im Wesentlichen aus der **Verpachtung von Pferdeeinstellplätzen** bestand.

1. **Das Finanzamt** betrachtete die Betätigung zwar als Einkunftsquelle gem § 1 Abs 1 LVO (Einkunftsquellenvermutung), veranlagte die **Verluste der Jahre 2005 bis 2010 jedoch nur vorläufig** und ungeachtet einer 2007 vorgelegten Prognoserechnung sowie einer Sachverhaltsdarstellung und neuen Prognoserechnung des Steuerpflichtigen im Jahr 2011. Diese wurden vom Finanzamt unmittelbar nicht in Zweifel gezogen.

   Erst aufgrund eines Ergänzungsersuchens in 2017 und einer Nachschau in 2018 wurden die Bescheide für den verlustbringenden Anlaufzeitraum 2005 bis 2007 mehr als 10 Jahre später in 2018 für endgültig erklärt, jedoch die Verluste ab 2008 aufgrund der Annahme von Liebhaberei aberkannt.

   Die – bekannt vorkommende – **Begründung des Finanzamtes** dafür umfasste nur wenige Zeilen und lautete sinngemäß:

   Da über den gesamten Zeitraum 2005 bis 2016 kein positives Gesamtergebnis erwirtschaftet wurde, beurteilt das Finanzamt die Betätigung [ex post - nachträglich] als Liebhaberei. Auch eine objektive Kriterienprüfung gem Rz 48 ff LRL lässt eine Beurteilung des Betriebes als Einkunftsquelle nicht zu [„schmecks"].

   Wie häufig, erließ das Finanzamt auch in diesem Fall vorerst über viele Jahre vorläufige Bescheide, um dann im Nachhinein (ex post) mit der dann vorhandenen Kenntnis der negativen wirtschaftlichen Entwicklung, eine Beurteilung der Gewinnerzielungsabsicht des Steuerpflichtigen, anhand der Kriterien des § 2 LVO vorzunehmen.

2. **Das Bundesfinanzgericht** hält dazu – nach einer mE großartig formulierten Beschwerde des Steuerpflichtigen bzw seines Steuerberaters – fest:

- Typisch erwerbswirtschaftliche Betätigungen, wie im gegenständlichen Fall, sind nur **ausnahmsweise** Liebhaberei.

- Die Gewinnerzielungsabsicht muss anhand **objektiver** Umstände nachvollziehbar sein; dies wurde im Anlassfall vom BFG bejaht. Dabei kommt es auf die objektive Eignung der Betätigung an, einen Gesamtgewinn zu erzielen und **nicht** darauf, ob tatsächlich ein solcher Gewinn erzielt wird.

- **Bereits nach Ablauf des Anlaufzeitraumes** von drei Jahren ist nach dem Gesamtbild der Verhältnisse (von Jahr zu Jahr) zu beurteilen, ob in der Zukunft vom Vorliegen von Einkünften auszugehen ist, und nicht erst nach vielen Jahren ex post.

- Ergreift ein Steuerpflichtiger **ernsthaft und rechtzeitig** auf Gewinnsteigerung angelegte Maßnahmen, geht die Eigenschaft als Einkunftsquelle selbst dann nicht verloren, wenn diese Maßnahmen tatsächlich nicht zum beabsichtigten Erfolg führen, was erst ex post erkennbar wird.

  Im gegenständlichen Fall stand für das BFG außer Zweifel, dass der Beschwerdeführer jedenfalls bis 2011 **entsprechende Bemühungen** gesetzt hat; unter anderem vermehrte Werbeeinschaltungen in lokalen Printmedien, Postwurfsendungen zur Erhöhung der Auslastung, Ausbau des Leistungsangebotes durch Reitunterricht und Ausritte, das Einstellen einer Reitlehrerin sowie die Kooperation mit verschiedenen Hotels, die Reitstundenkontingente ordern konnten etc. Demensprechend geht das BFG auch für die Jahre **2008 bis 2011** vom Vorliegen einer Einkunftsquelle aus.

  Diesem Bemühen des Steuerpflichtigen hat das BFG offenbar besonderes Gewicht zuerkannt. In diesem Sinne halten die LRL in Rz 48 fest: *„Spricht ein Kriterium in besonderem Maße für das Vorliegen einer Einkunftsquelle, kann eine Einkunftsquelle auch dann anzunehmen sein, wenn eine Mehrzahl anderer Kriterien – in geringerem Maße – gegen die Annahme einer Einkunftsquelle spricht.“* Daraus könnte folgen, dass ein ernsthaftes Bemühen Liebhaberei ausschließt, sa Dirnbacher in BFGjournal 10/2022, 303.

- Stellt sich bei einer Tätigkeit nach § 1 Abs 1 LVO objektiv nach mehreren Jahren heraus, dass sie **niemals erfolgbringend** sein kann, kann sie dennoch bis zu diesem Zeitpunkt als Einkunftsquelle anzusehen sein. Erst wenn sie dann nicht eingestellt wird, ist sie für Zeiträume ab diesem Zeitpunkt als Liebhaberei zu qualifizieren.

  Erst ab 2012 änderte sich im konkreten Fall das Gesamtbild des Unternehmens dahingehend, dass der Abgabepflichtige sein Leistungsangebot einschränkte, um Kosten zu sparen. Nunmehr **hätte der Steuerpflichtige die Aussichtslosigkeit erkennen müssen**, Gewinne zu erzielen, da mit einer Einschränkung des Leistungsangebotes jedenfalls auch Umsatzrückgänge und damit eine Schrumpfung des Gewinnpotentials verbunden sind.

→ Die Entscheidung des BFG erteilt der Praxis des Finanzamtes eine Absage, über viele Jahre Veranlagungen nur vorläufig vorzunehmen und dann im Nachhinein aufgrund der tatsächlich erzielten Verluste, Liebhaberei anzunehmen.

Vielmehr ist die Gewinnerzielungsabsicht anhand der Kriterien des § 2 Abs 1 LVO ex ante zu prüfen, wobei der Art und dem Ausmaß der Bemühungen zur Verbesserung der Ertragslage durch strukturverbessernde Maßnahmen im Rahmen des Gesamtbildes besonderes Gewicht zukommt.

Einkünfte aus Land- und Forstwirtschaft
Pauschalierungsgrenzen, Nebenerwerbe

§ 1 LuF-PauschVO 2015 idF BGBl II 449/2022; § 22 UStG idF BGBl I 163/2022; Rz 4203 ff, 5073 EStR idF Wartungserlass 2023 (Entwurf); Rz 2851 ff UStR idF Wartungserlass 2022; Jilch, SWK 3/2023, 72 ff; Jilch, Die Besteuerung pauschalierter Land- und Forstwirte, 6. Auflage; uvm

Geänderte VO **EStR-Wartung**

Neben der Basispauschalierung zählt die Pauschalierung der Einkünfte aus Land- und Forstwirtschaft zu den wichtigsten Methoden der „vereinfachten“ Gewinnermittlung. Diese ist für sich genommen aufgrund der vielen Sonderregelungen und der stark ausgeprägten Kasuistik eine Wissenschaft für sich, wovon alleine 100 Seiten Behandlung in den Einkommensteuerrichtlinien und viele hundert Seiten in Fachbüchern zeugen.

Der nachfolgende Beitrag behandelt wichtige Neuerungen, insbesondere die Anhebung von betraglichen Grenzwerten im Rahmen der land- und forstwirtschaftlichen Pauschalierungen und die Behandlung von Nebenerwerben.

1. Angehobene Pauschalierungsgrenzen

1.1. Einkommensteuerliche Gewinnpauschalierung - LuF PauschVO

Mögliche Gewinnermittlungsarten für Land- und Forstwirte
§ 17 Abs 5a Z 2 EStG iVm § 125 BAO bzw der LuF-PauschalVO idF BGBl II 449/2022:

Umsätze gem § 125 BAO	**Voll-pauschalierung** Gewinn entspricht im Wesentlichen 42 % des maßgeblichen Einheitswertes	**Teil-pauschalierung** Gewinn entspricht im Wesentlichen Einnahmen minus idR 70 % pauschale Ausgaben	**EA-Rechnung § 4 Abs 3 EStG** Gewinn entspricht Einnahmen minus Ausgaben	**Bilanzierung § 4 Abs 1 EStG** Gewinn entspricht Erträgen minus Aufwänden
≤ € 600.000,- bis 2022 € 400.000,-	**JA,** bei Einheitswert bis € 75.000,-, soweit keine freiwillige Buchführung erfolgt Sonderfälle: Bei mehr als 60 Ar weinbaulich genutzter Fläche dafür keine Vollpauschalierung; bei forstwirtschaftlichem Einheitswert bis € 15.000,-	**JA,** bei Einheitswert bis **€ 165.000,-** (bis 2022 € 130.000,-) soweit keine freiwillige Buchführung erfolgt bei forstwirtschaftlichem Einheitswert über € 15.000,-	**JA**	**JA**
> € 600.000,- ≤ € 700.000,-	NEIN	NEIN	**JA**	**JA**
> € 700.000,- in 2 aufeinanderfolgenden Jahren	NEIN	NEIN	NEIN	**JA**

Stichtag für den relevanten Einheitswert ist der 31.12. des Vorjahres.

Erlangt ein land- und forstwirtschaftlicher Betrieb aufgrund der Erhöhung der Teilpauschalierungsgrenze von € 165.000,- erstmals die Möglichkeit dazu, ist dies ab der Veranlagung 2023 möglich. Führt er freiwillig die vollständige Einnahmen-Ausgaben-Rechnung oder Bilanzierung fort, entsteht in diesem Fall mE **keine 5-jährige Bindungsfrist**, da § 16 LuF-PauschVO, der eine solche bei Abkehr von der Pauschalierung festlegt, gar nie zur Anwendung kommt. Er kann somit in den Folgejahren somit zur Pauschalierung übergehen.

Beispiel

Ein Land- und Forstwirt führt einen Ackerbaubetrieb mit einem Einheitswert von € 140.000,-. Bis zur Veranlagung 2022 ist er von der Pauschalierung ausgenommen. In 2023 kann er zur Teilpauschalierung wechseln. Tut er das nicht, kann er dies in den Folgejahren tun.

Zum Wechsel der Gewinnermittlungsart, insbesondere bei abweichenden Wirtschaftsjahren, siehe Rz 5018 EStR idF Wartungserlass 2023 (Entwurf).

1.2. Umsatzsteuerliche Pauschalierung

§ 22 UStG idF BGBl I 163/2022, Rz 2851 UStR idF Wartungserlass 2022

Im Rahmen des Teuerungsentlastungspakets II wurde die Umsatzgrenze für die Anwendung der land- und forstwirtschaftlichen Umsatzsteuerpauschalierung ebenfalls von € 400.000 auf **€ 600.000,-** angehoben. Die erhöhte Umsatzgrenze ist ebenfalls für Veranlagungszeiträume ab 2023 anzuwenden.

Die Pauschalierung sieht im Regelfall Vorsteuern in gleicher Höhe der Umsatzsteuern vor und führt daher meist zu keiner Zahllast.

Tipp: Die Anwendung der umsatzsteuerlichen Pauschalierung ist von der einkommensteuerlichen Pauschalierung unabhängig. Sie ist somit auch bei freiwilliger Buchführung und Einnahmen-Ausgaben-Rechnung anwendbar, vgl Rz 2852 UStR

Bei **Überschreiten** der Umsatzgrenze in zwei aufeinanderfolgenden Jahren, fällt die Durchschnittssatzbesteuerung ab dem darauf **zweitfolgenden** Jahr weg.

Beispiel

Umsätze 2023 € 640.000,-, Umsätze 2024 € 650.000,- → Wegfall der Pauschalierung ab **2026**.

Bei **Unterschreiten** der Umsatzgrenze in zwei aufeinanderfolgenden Jahren fällt der Land- und Forstwirt bereits ab Beginn des darauf **folgenden** Jahres automatisch in die Durchschnittssatzbesteuerung zurück, wenn er nicht bis zum Ablauf des folgenden Veranlagungsjahres eine Optionserklärung zur Regelbesteuerung zusammen mit der Umsatzsteuererklärung des Vorjahres abgibt, § 22 Abs 6 UStG.

Beispiel

Umsätze 2023 € 450.000,-, Umsätze 2024 € 500.000,- → Anwendung Pauschalierung ab **2025.**

Achtung: Beim Wechsel kann es zu einer Vorsteuerberichtigung gem § 12 Abs 12 UStG kommen.

2. Land- und Forstwirtschaftliche Nebenerwerbe

Die Abgrenzung land- und forstwirtschaftlicher Nebenerwerbe von anderen Einkunftsarten insbesondere jenen aus Gewerbebetrieb ist geprägt von der dazu ergangenen Judikatur und daher äußerst komplex und selbst einem Fachkundigen nicht auf Anhieb verständlich.

In der Folge werden zwei Bereiche mit aktuellen Änderungen herausgegriffen.

2.1. Erhöhte Unterordnungsgrenze für Direktvermarkter und Nebenerwerbe

Grundsätzlich ist eine wirtschaftliche Unterordnung nach dem Gesamtbild der Verhältnisse zu beurteilen. Insbesondere ist dabei auf das Verhältnis der Bruttoeinnahmen abzustellen.

Im Rahmen der Anwendung der LuF-PauschVO sind bestimmte Einnahmen aus **be- und verarbeiteten Produkten** sowie bestimmten land- und forstwirtschaftlichen **Nebentätigkeiten** bis zu einer bestimmten Einnahmengrenze untergeordnet und daher den Einkünften aus Land- und Forstwirtschaft zuzurechnen.

Diese Einnahmengrenze wurde ab dem Kalenderjahr 2023 von ursprünglich € 40.000,- auf **€ 45.000,-** (inklusive Umsatzsteuer) erhöht. Dabei sind Einnahmen aus reiner Zimmervermietung (siehe unten) und bäuerliche Nachbarschaftshilfe auf Selbstkostenbasis ausgenommen.

Werden hingegen einheitlich Zimmer und Appartements mit zusammen mehr als 10 Betten vermietet, sind diese nicht ausgenommen und daher auf die € 45.000,- Grenze anzurechnen.

Allgemeines zur Unterordnung von land- und forstwirtschaftlichen Nebenerwerben

Nebentätigkeiten sind zB bestimmte Dienstleistungen, wie Bauern- und Holzakkordanten, Fuhrwerksleistungen, organische Abfallverwertung oder Winterdienst.

Übersteigen die Einnahmen aus einem Nebenerwerb (ohne Be- und Verarbeitung und Almausschank) die € 45.000,- Grenze, ist eine Unterordnung jedenfalls gesondert nachzuweisen. Eine Unterordnung ist insbesondere dann anzunehmen, wenn die Einnahmen aus dem Nebenerwerb **weniger als 25 %** gemessen an den Gesamteinnahmen betragen. Rz 4203 EStR.

Bemerkenswert ist, dass im Fall der Ausübung reiner Nebentätigkeiten, also ohne Be- und Verarbeitung bzw Almausschank, die Unterordnung nicht automatisch bei Unterschreiten der € 45.000,- Grenze gegeben ist, sondern im Einzelfall auch noch durch einhalten der 25 %-Grenze nachzuweisen ist.

Erst ab einer gewissen Betriebsgröße von ≥ 5 ha Land- und Forstwirtschaft bzw ≥ 1ha Garten- oder Weinbau ist eine Unterordnung bei Unterschreitung der € 45.000,- Grenze laut Verwaltungsmeinung ohne weiteren Nachweis anzuerkennen, Rz 4203 EStR.

Liegen jedoch bei Be- und Verarbeitung in Verbindung mit Nebenerwerben Einnahmen von über € 45.000,- vor, liegt bei beiden Tätigkeiten jedenfalls ein Gewerbebetrieb vor.

Wirtschaftliche Unterordnung im pauschalierten LuF Betrieb – vulgo € 45.000,- Grenze § 7 Abs 4 LuF-PauschVO		
nur **Be- und Verarbeitung** eigener Produkte oder nur **Almausschank** 	nur **Nebentätigkeiten** zB Holzakkordanten oder Fuhrwerksdienste 	sowohl **Be- und Verarbeitung,** **Almausschank,** als auch **Nebentätigkeiten** 
≤ € 45.000,- Unterordnung > € 45.000,- Gewerbebetrieb Kein Nachweis mittels 25 %-Grenze bei Überschreitung möglich, Rz 4203 EStR.	Wenn ≥ 5 ha LuF Flächen oder ≥ 1 ha Garten- oder Weinbau bei Einhaltung der € 45.000,- Grenze kein Nachweis der Unterordnung erforderlich, sonst immer Nachweis mittels 25 %-Grenze, Rz 4203 EStR.	≤ € 45.000,- Unterordnung* > € 45.000,- Gewerbebetrieb *) Wenn ≥ 5 ha LuF Flächen oder ≥ 1 ha Garten- oder Weinbau Kein Nachweis mittels 25 %-Grenze bei Überschreitung möglich, Rz 4203 EStR.

2.2. Zimmervermietung im Rahmen der Land- und Forstwirtschaft

10-Bettengrenze, Urlaub am Bauernhof, Rz 5073 EStR idF Wartungserlass 2023 (Entwurf)

Bis zur Veranlagung 2020 war eine Vermietung bis zu 10 Fremdbetten bzw eine Vermietung von bis zu 5 Appartements mit Kochgelegenheit im Regelfall noch keine gewerbliche Betätigung und damit den Einkünften aus Land- und Forstwirtschaft zuzurechnen.

Im Rahmen der LuF Pauschalierung sind die Einnahmen aus Zimmervermietung mit Frühstück um pauschale Betriebsausgaben von 50 % zu kürzen, § 7 Abs 2 LuF-PauschVO.

Ab der Veranlagung 2021 ist zwischen Vermietung mit und ohne Zusatzleistungen wie folgt zu unterscheiden.

Zimmervermietung als Nebentätigkeit iRd Land- und Forstwirtschaft **mit Zusatzleistungen**

Nebenleistungen sind

- Frühstück und tägliche Reinigung,
- „Urlaub am Bauernhof", aktive Leistungen iRv zB Produktverkostungen, Mitarbeit der Gäste, Melkkurse, Traktorfahrten usw.

Die Zurechnung der Vermietungseinkünfte zu den Einkunftsarten erfolgt wie nachfolgend dargestellt:

nur Zimmervermietung	≤ 10 Betten: Einkünfte aus LuF > 10 Betten: Einkünfte aus Gewerbebetrieb
nur Appartementvermietung	≤ 10 Betten: Einkünfte aus LuF > 10 Betten: Unterordnungsprüfung (€ 45.000,- Grenze bzw 25 %-Grenze, siehe Pkt 2.1) bei Unterordnung: Einkünfte aus LuF keine Unterordnung: Einkünfte aus Gewerbebetrieb
gleichzeitig Zimmer- und Appartementvermietung	≤ 10 Betten: Einkünfte aus LuF > 10 Betten: Unterordnungsprüfung (€ 45.000,- Grenze bzw 25 %-Grenze, siehe Punkt 2.1) Bei Unterordnung: Einkünfte aus LuF Keine Unterordnung: Einkünfte aus Gewerbebetrieb Die Anzahl der Betten in Zimmern und Appartements sind dabei zusammen zu rechnen. Liegen dabei allein > 10 Betten in Zimmern vor, sind diese für sich bereits ein Gewerbebetrieb. Dh, Unterordnungsprüfung nur für die verbleibenden Appartements.

Beispiel

Es werden 4 Doppelzimmer und 2 Appartements mit jeweils 4 Betten, alles jeweils mit Frühstück vermietet.

Einnahmen aus Zimmervermietung	€ 30.000,-
Einnahmen aus Appartementvermietung	€ 35.000,-
Einnahmen des land- und forstwirtschaftlichen Hauptbetriebes	€ 100.000,-

Es liegen keine weiteren Nebentätigkeiten vor.

Da weniger als 10 Betten in Zimmern vermietet werden, sind Appartements und Zimmer gemeinsam zu beurteilen. Die gemeinsamen Umsätze von € 65.000,- liegen über der € 45.000,- Grenze. Daher ist eine Unterordnungsprüfung hinsichtlich der 25 %-Grenze vorzunehmen.

€ 65.000,- sind gemessen an den Gesamteinnahmen von € 165.000,- rund 39 %, also > 25 %. Es liegen sowohl hinsichtlich der Zimmer, als auch der Appartementvermietung Einkünfte aus Gewerbebetrieb vor.

Bei der Beherbergung in Zimmern und/oder Appartements **ohne Nebenleistungen** liegen idR Einkünfte aus Vermietung und Verpachtung vor. Im Einzelfall bei mehr als 10 Betten kann auch ein Gewerbebetrieb vorliegen.

Bei einer Kombination aus **Vermietung mit und ohne Nebenleistungen** liegen zwei unterschiedliche Bewirtschaftungsarten vor. Diese Tätigkeiten sind getrennt voneinander zu beurteilen.

Beispiel

Es werden 4 „Doppelzimmer mit Frühstück" und 3 Vier-Personen-Appartements ohne Nebenleistungen gleichzeitig vermietet:

4 Doppelzimmer mit Frühstück → 8 Betten < 10-Betten-Grenze	→ Einkünfte aus LuF.
3 Vier-Personen-Appartements ohne Nebenleistung → 12 Betten	→ Einkünfte aus VuV.

Für Land- und Forstwirte wurden inflationsbedingt einige Grenzwerte im Rahmen der Pauschalierung angehoben. Dadurch soll deren Anwendbarkeit auf die Zielgruppe auch bei steigenden Preisen gewährleistet sein.

Die laufende Rechtsprechung zu land- und forstwirtschaftlichen Nebenerwerben macht eine Anpassung der Rechtsauffassung der Finanzverwaltung erforderlich. Dadurch wird deren Behandlung insbesondere die Zimmervermietung bei Urlaub am Bauernhof nicht einfacher. Es gilt auf die genauen Gegebenheiten des Einzelfalles abzustellen, bevor eine entsprechende Beurteilung stattfindet.

Kleinunternehmerpauschalierung

Inflationsbedingte Erhöhung der Umsatzgrenze um € 5.000,- ab 2023

§ 17 Abs 3a EStG idF BGBl I 194/2022; § 124b Z 348 EStG idF BGBl I 112/2021; Rz 4139ea f EStR-Wartungserlass 2023 idf Begutachtungsentwurf; Dienstleistungsbetriebe-Verordnung, BGBl II 615/2020; Arbeitsbuch Oberlaa 2021, 92; Arbeitsbuch Herbst 2021, 122; Arbeitsbuch Oberlaa 2020, 13

Inflation

Ab der Veranlagung 2020 wurde durch das StRefG 2020 in § 17 Abs 3a EStG eine neue Betriebsausgabenpauschalierung für Kleinunternehmer vorgesehen, wonach diese ihre Betriebsausgaben pauschal ermitteln können. Bei Dienstleistungsbetrieben beträgt die Höhe 20 % der Betriebseinnahmen, sonst 45 %. Näheres dazu Arbeitsbuch Oberlaa 2020, 13.

Die diesbezüglichen Regelungen wurden mehrfach repariert und wurde die maßgebliche Umsatzgrenze nunmehr durch BGBl I 194/2022 inflationsbedingt ab 2023 valorisiert.

1. Die turbulente legistische Entwicklung in den letzten Jahren

Anwendungsvoraussetzungen 2020 bis 2023	Gewinnermittlung 2020 bis 2023
2020: Zur Anwendung der Pauschalierung enthielt § 17 Abs 3a EStG zunächst eine eigenständige vom UStG abweichende Definition der begünstigungsfähigen Kleinunternehmer. Diese misslungene Definition wurde durch das StRefG 2020 mit Wirkung … **… ab 2021** repariert. Die Reparatur bestand darin, dass der Kreis der pauschalierungsfähigen Unternehmer stärker an die Kleinunternehmereigenschaft des UStG anknüpft als noch 2020; siehe nächste Seite und Arbeitsbuch Oberlaa 2021,122. **Umsatzersatz als auch Ausfallsbonus** bleiben bei der Prüfung der Anwendungsvoraussetzungen sowohl 2020 als auch weiter bis 2023 außer Ansatz, da sie keine Umsätze iSd UStG darstellen, auf die in allen diesen Jahren Bezug genommen wird. **Ab 2023** wird durch BGBl I 194/2022 die für das Vorliegen der Kleinunternehmereigenschaft maßgebliche Umsatzgrenze des UStG von € 35.000,- nur für einkommensteuerliche Zwecke um € 5.000,- auf netto € 40.000,- angehoben. Jedoch erfolgte weder eine begleitende Anpassung der in § 6 Abs 1 Z 27 UStG enthaltenen Toleranzregelung, noch eine Valorisierung der in § 17 Abs 3a Z 4 EStG enthaltenen Höchstbeträge für die pauschal abzugsfähigen Betriebsausgaben (Deckelung).	**In 2020** war von Betriebseinnahmen aus **Umsätzen iSd UStG** auszugehen, mit der Folge, dass Umsatzersatz und Ausfallsbonus, die davon nicht erfasst werden, de facto steuerfrei blieben, obwohl sie eigentlich steuerpflichtig sein sollten. Erst **ab 2021** wurde diese ungewollte Konsequenz durch das Covid-19-StMG beseitigt, indem die Gewinnermittlung nunmehr von den „Betriebseinnahmen" ohne Einschränkung auf Umsätze iSd UStG auszugehen hat. Darunter fallen auch Umsatzersatz und Ausfallsbonus, die somit – wie gewollt – der Einkommensteuerpflicht unterliegen. **Für 2020** war dieses Ergebnis für die Finanzverwaltung jedoch so unerträglich, dass eine erste Sanierung in Rz 313g EStR versucht wurde, die jedoch nachträglich gesetzlich durch § 124 b Z 348 EStG idF BGBl I 112/2021 „eingeholt" wurde. Dort ist rückwirkend vorgesehen, dass Umsatzersätze im Rahmen der Veranlagung **2020 wie Umsätze iSd UStG zu behandeln sind** [obwohl sie keine sind]**, aber nur** wenn der dem Jahr 2020 zuzuordnende Umsatzersatz höher ist als die Betriebseinnahmen aus [echten] Umsätzen gem § 1 Abs 1 Z 1 UStG; Arbeitsbuch Herbst 2021, 122. **Ab 2022** sind neben den pauschalierten Betriebsausgaben nicht nur Sozialversicherungsbeiträge und der GFB-Grundfreibetrag als Betriebsausgabe abzugsfähig, sondern auch das Arbeitsplatzpauschale (BGBl I 227/2021) und das „Öffi-Ticket" für Selbständige (BGBl I 108/2022).

Dass in nur vier Jahren eine solche Vielzahl an Reparaturen und Adaptierungen vorgenommen wurde, stellt für Kleinunternehmer und deren Berater alles andere als eine Vereinfachung dar. Um die Gefahr eines unhöflichen Kommentars zu vermeiden, bleibt die Beurteilung der legistischen Qualität dem geschätzten Leser der obenstehenden Übersicht vorbehalten.

2. Zur Klarstellung nachfolgend die Rechtslage ab 2023 im Vergleich zu 2021/2022

	Betriebsausgabenpauschalierung für Kleinunternehmer	
	ab 2021 **§ 17 Abs 3a EStG idF Covid-19-StMG**	**ab 2023** **§ 17 Abs 3a EStG idF BGBl I 194/2022**
Gewinnermittlung	Einnahmen-Ausgaben-Rechnung gem § 4 Abs 3 EStG	
Einkunftsarten	Einkünfte bzw Tätigkeit gemäß § 22 oder § 23 EStG dh selbständige Arbeit oder Gewerbebetrieb	
Ausnahmen dh wer darf nicht	• Wesentlich beteiligte Gesellschafter gem § 22 Z 2 EStG dh GmbH-GF, AG-Vorstände und auch wesentlich Beteiligte ohne GF-Funktion • Aufsichtsratsmitglieder • Stiftungsvorstände	
Anwendungs-voraussetzung	• Unternehmereigenschaft liegt vor und USt-Befreiung für Kleinunternehmer ist im Veranlagungsjahr anwendbar **oder** • die USt-Befreiung ist nur deshalb nicht anwendbar ist, weil auch Umsätze außerhalb pauschalierungsfähiger Einkünfte erzielt werden zB Vermietung **oder** • auf eine mögliche USt-Befreiung gem § 6 Abs 3 UStG verzichtet wird	• Unternehmereigenschaft liegt vor und USt-Befreiung für Kleinunternehmer ist im Veranlagungsjahr anwendbar **oder** • **USt-Befreiung ist deshalb nicht anwendbar, weil die Umsatzgrenze von derzeit netto € 35.000,- im Veranlagungszeitraum um nicht mehr als € 5.000,- überschritten wurde, insgesamt somit netto € 40.000,-, oder** • die USt-Befreiung deshalb nicht anwendbar ist, weil auch Umsätze außerhalb pauschalierungsfähiger Einkünfte erzielt werden zB Vermietung **und die um € 5.000,- erhöhte Umsatzgrenze nicht überschritten wurde, oder** • auf eine mögliche USt-Befreiung gem § 6 Abs 3 UStG verzichtet wird
Toleranzregelung	Einmaliges Überschreiten der Umsatzgrenze um nicht mehr als 15 % innerhalb eines Zeitraumes von fünf Kalenderjahren ist unbeachtlich, ds € 40.250,-. § 6 Abs 1 Z 27 UStG	Einmaliges Überschreiten der Umsatzgrenze um nicht mehr als 15 % innerhalb eines Zeitraumes von fünf Kalenderjahren ist unbeachtlich, ds ebenfalls € 40.250,-. **Im Ergebnis wird diese Toleranzregelung gem § 6 Abs 1 Z 27 UStG vorerst von oben angeführter Regelung in § 17 Abs 3a EStG, die keine Einschränkungen wie „15 % einmalig innerhalb von fünf Jahren" enthält, überholt. Die Toleranzregelung im UStG führt zu keiner weiteren Erhöhung der Umsatzgrenze von € 40.000,-** bzw allenfalls um € 250,-.
Wechselwirkung mit USt	Keine Wechselwirkung, dh Pauschalierung kann unabhängig von USt-Befreiung für Kleinunternehmer vorgenommen werden, dh auch bei Verzicht auf USt-Befreiung. Allerdings ist zu beachten, dass Unternehmer, die zB auf die USt-Kleinunternehmerbefreiung verzichtet haben und Umsatzsteuer entrichten, ihre Betriebseinnahmen für Zwecke der Pauschalierung zwingend netto dh ohne USt anzusetzen haben, Rz 4139 EStR.	

	Betriebsausgabenpauschalierung für Kleinunternehmer ab 2021 § 17 Abs 3a EStG idF Covid-19-StMG	ab 2023 § 17 Abs 3a EStG idF BGBl I 194/2022
Gewinnermittlung	Betriebseinnahmen netto exkl USt (= zwingend Anwendung des Nettosystems dh mE nur bei USt-Pflicht bzw bei Verzicht auf die USt-Befreiung) abzüglich pauschale Betriebsausgaben abzüglich Pflichtversicherungsbeiträge in KV, UV, PV und AlV abzüglich Fahrt- und Reisekosten, soweit Kostenersatz erfolgt abzüglich **ab 2022 Arbeitsplatzpauschale** gem § 4 Abs 4 Z 8 EStG (nicht jedoch Kosten für ergonomisches Mobiliar) abzüglich **ab 2022 Öffi-Ticket für Selbständige gem § 4 Abs 4 Z 5 EStG** = Zwischensumme abzüglich Grundfreibetrag GFB = Gewinn Die zusätzliche Absetzbarkeit von Arbeitsplatzpauschale und Öffi-Ticket erfolgten durch Regelungen in BGBl I 227/2021 und BGBl I 108/2022.	
Höhe der pauschalen Betriebsausgaben	• bei Dienstleistungsbetrieben 20 % der Betriebseinnahmen (exklusive Fahrt-/Reisekostenersätze) **max € 8.400,-** das entspricht 20 % von € 42.000,-, d.i der Bruttobetrag von netto € 35.000,-, der bis 2022 zur Anwendung kommt, wenn auf die USt-Befreiung nicht verzichtet wird. • sonst 45 % der Betriebseinnahmen (exklusive Fahrt-/Reisekostenersätze) **max € 18.900,-** (= 45 % von € 42.000,-) § 1 der VO BGBl II 615/2020 enthält eine Aufzählung der Branchen, die zu den Dienstleistungsbetrieben gehören und deren Branchenkennzahlen.	
Mitunternehmer-schaften	• Maßgeblich sind die Umsätze, die von der Mitunternehmerschaft insgesamt erzielt werden. • Die Pauschalierung ist von der Mitunternehmerschaft einheitlich vorzunehmen und der so ermittelte Gewinn auf die Beteiligten aufzuteilen. • Sonderbetriebseinnahmen und -ausgaben zB SV-Beiträge sind beim jeweiligen Mitunternehmer in tatsächlicher Höhe anzusetzen. • Keiner der Mitunternehmer darf die Pauschalierung außerhalb der Mitunternehmerschaft in Anspruch nehmen.	
Aufzeichnungs-pflichten	Aufzeichnungspflicht betreffend Betriebseinnahmen besteht. Gem § 4 Abs 4 Z 1 EStG idF StRefG 2020 soll durch VO vorgesehen werden, dass SV-Beiträge direkt und automatisch an die Finanzverwaltung gemeldet werden, wie zB bereits Spenden; VO derzeit noch ausständig, sonst wäre die Kz 9028 des Formulars E1-a-K entbehrlich. Keine Verpflichtung zur Führung eines Wareneingangsbuches und einer Anlagenkartei.	
Bindungswirkung	Nach freiwilligem Abgehen von der Kleinunternehmerpauschalierung ist eine "Rückkehr" frühestens nach Ablauf von **drei** Wirtschaftsjahren zulässig. Wird von der Basispauschalierung zur Kleinunternehmerpauschalierung gewechselt und in der Folge die Umsatzgrenze überschritten, kann ohne Sperrfrist wieder die Basispauschalierung angewendet werden, Rz 4134 EStR idF Wartungserlass 2023.	

3. Beispiel: entnommen aus Rz 4139ea EStR idF Wartungserlass 2023

Ein Unternehmer erzielt in 2023 folgende Umsätze	**netto**	**brutto**
als Fitnesstrainer mit 20 % USt	€ 20.000,-	€ 24.000,-
als Fahrrad-Reparaturwerkstätte mit 10 % USt	€ 19.000,-	€ 20.900,-
als Wohnungsvermieter mit 10 % USt	€ 15.000,-	€ 16.500,-
Summen	€ 54.000,-	€ 61.400,-

In **umsatzsteuerlicher** Hinsicht kommt die Befreiung für Kleinunternehmer gem § 6 Abs 1 Z 27 UStG **nicht** zur Anwendung, da für die maßgebliche umsatzsteuerliche Umsatzgrenze von € 35.000,- die Vermietungsumsätze einzubeziehen sind, anders als etwa Umsätze als Arzt.

Aus **einkommensteuerlicher** Sicht „spielen" bei der Betrachtung nur jene Umsätze mit, die in grundsätzlich pauschalierungsfähigen Betrieben erzielt werden. Da Einkünfte aus Vermietung und Verpachtung nicht pauschalierungsfähig sind, sind nur die Umsätze als Fitnesstrainer und die im Rahmen der Reparaturwerkstatt erzielten Umsätze in Höhe von netto € 39.000,- heranzuziehen. Da diese zwar über der umsatzsteuerlichen Umsatzgrenze von € 35.000,-, jedoch unter der ab 2023 einkommensteuerlich anzuwendenden Grenze von € 40.000,- liegen, ist für die daraus erzielten Einkünfte die **Betriebsausgabenpauschalierung in 2023 anwendbar.**

4. Kleinunternehmerpauschalierung in der Steuererklärung

Bei Inanspruchnahme der Betriebsausgabenpauschalierung gem § 17 Abs 3a EStG ist zwingend das **Formular E1-a-K** für Kleinunternehmer zu verwenden. Darin sind neben den personenbezogenen Daten nur die Branchenkennzahl, die Betriebseinnahmen und die neben dem Betriebsausgabenpauschale zusätzlich absetzbaren Betriebsausgaben einzutragen. Für Arbeitsplatzpauschale und Öffi-Ticket sind eigene Kennzahlen vorgesehen, siehe unten.

Ob ein Dienstleistungsbetrieb vorliegt oder nicht, erkennt die IT der Finanzverwaltung über die Branchenkennzahl und ermittelt automatisch das zustehende Betriebsausgabenpauschale. Auch der Grundfreibetrag des GFB wird automatisch ermittelt, sofern nicht durch Ankreuzen ausdrücklich darauf verzichtet wird.

			Beträge in Euro und Cent
Betriebseinnahmen (ohne ausgewiesener Umsatzsteuer) ***Achtung:*** *Der Ersatz von Reise- und Fahrtkosten, denen Betriebsausgaben in gleicher Höhe gegenüberstehen, ist hier nicht zu erfassen.*		**9027**	
Betriebsausgaben gemäß § 4 Abs. 4 Z 1 (insbesondere Pflichtversicherungsbeiträge) ***Achtung:*** *Reise- und Fahrtkosten, denen ein in Kennzahl 9027 nicht zu erfassender Kostenersatz in gleicher Höhe gegenübersteht, sind hier nicht zu erfassen.*		**9028**	–
Kleines Arbeitsplatzpauschale (300 Euro für ein volles Wirtschaftsjahr) *Es darf keine Eintragung in **9217** erfolgen*	25	**9215**	–
Großes Arbeitsplatzpauschale (1.200 Euro für ein volles Wirtschaftsjahr) *Es darf keine Eintragung in Kennzahl **9215** erfolgen*	27	**9217**	–
Pauschale von 50% der Kosten einer Wochen-, Monats- oder Jahreskarte für Massenbeförderungsmittel	22	**9165**	–
Vorläufiger Gewinn/Verlust ohne Berücksichtigung des Betriebsausgabenpauschales und des Grundfreibetrages (Saldo aus Wert **9027** abzüglich der Werte aus **9028**, **9215**, **9217** und **9165**) *Bitte diesen Betrag in das Formular E 1 in den Punkt 11 Zeile 1. oder Punkt 12 Zeile 1. übernehmen. Das Betriebsausgabenpauschale wird bei Ermittlung der Einkünfte automatisch berücksichtigt, daher ist keine Eintragung erforderlich*			
Grundfreibetrag: Dieser wird **automatisch berücksichtigt**, sofern darauf nicht verzichtet wird. ☐ Auf den Grundfreibetrag wird verzichtet	35		

→ Die Möglichkeit für Kleinunternehmer, ihre Betriebsausgaben pauschal in Höhe von 20 % bzw 45 % von den Betriebseinnahmen gewinnmindernd abzusetzen, ist grundsätzlich erfreulich und positiv zu beurteilen.

Die diesbezügliche Legistik während der letzten vier Jahre lässt jedoch Kleinunternehmer und deren Berater verzweifeln und macht die beabsichtigte Vereinfachung weitgehend zunichte.

Covid-19 Zuschüsse

Ausweis in den Steuererklärungen, Mieten im Lockdown

Anfragebeantwortung des BMF vom 29.11.2022; Rz 313g EStR idF Wartungserlass 2023 (Entwurf); Edthaler/Geißler, SWK 32-33/2022, 1281; uvm

FKZ & Co

Die Erfassung der Covid-19 Zuschüsse in den Steuerklärungen via der Beilagen E 1a, E 6a und K 1, stellt den Praktiker vor Herausforderungen. Das BMF hat jüngst zu einigen Praxisfragen Stellung genommen. Darüber hinaus hat der OGH in einer Reihe von Erkenntnissen über die Pflicht zur Mietzinszahlung im Lockdown abgesprochen.

1. Steuererklärungen 2021 und 2022

Die Kennzahlen 9341 und 9342 haben keine Auswirkung auf die Steuerberechnung und dienen ua zum Abgleich mit der Transparenzdatenbank durch die Finanzverwaltung.

Eine/mehrere **steuerfreie COVID-19-Förderung(en)** wurde(n) bezogen, für die das Abzugsverbot des § 20 Abs. 2 bei der Veranlagung 20XX zu berücksichtigen ist/sind 2) ☐ nein ☐ ja falls ja, Höhe der Förderung(en):	**9341**	**v.a. FKZ I und 800.000, Verlustersatz I, II und III, Kurzarbeitsbeihilfe**
Eine/mehrere **steuerpflichtige COVID-19-Förderung(en)** wurde(n) bezogen, die bei der Veranlagung 20XX zu erfassen ist/sind 3) ☐ nein ☐ ja falls ja, Höhe der Förderung(en):	**9342**	**v.a. Umsatzersatz, Ausfallsbonus**

Die wichtigsten Förderungen, die in den beiden Kennzahlen abgebildet werden müssen sind:

KZ 9341 „Steuerfrei mit Abzugsverbot“	**KZ 9342 „Steuerpflichtig“**
▶ Fixkostenzuschuss I ▶ Fixkostenzuschuss 800.000 ▶ Verlustersatz I, II und III ▶ Kurzarbeitsbeihilfe ▶ NPO-Unterstützungsfonds ▶ Schutzschirm I u.II für Veranstaltungsbranche ▶ Comeback-Zuschuss für Film und TV ▶ Förderung nach dem betriebl. Testungsgesetz ▶ Sonderbetreuungszeitersatz an AG ▶ Verdienstentgang für Arbeitnehmer (EpiG) ▶ Verdienstentgang für Selbständige (EpiG) nur bei erhöhten Steuerberatungskosten	▶ Lockdown-Umsatzersatz I und II ▶ Ausfallsbonus I, II und III ▶ NPO-Lockdownzuschuss ▶ Lockdown-Umsatzersatz für LuF und Privatzimmervermieter

In den Kennzahlen im Rahmen der **steuerlichen Gewinnermittlung** findet sich keine gesonderte Kennzahl für Covid-19-Zuschüsse. Deshalb sind die entsprechenden Zuschüsse in der **Kennzahl 9090 „Übrige Erträge/Betriebseinnahmen“** zu erfassen.

Übrige Erträge/Betriebseinnahmen (z.B. Finanzerträge, Gewinnanteile aus einer stillen Beteiligung) – Saldo *(Bei USt-Bruttosystem: inkl. USt-Gutschrift, jedoch ohne Kennzahl **9093**)*	24	**9090**	

- ▶ Zur Steuerpflicht bzw -freiheit von Covid-19-Zuschüssen siehe Arbeitsbuch Herbst 2021, 63 ff,
- ▶ zur Abbildung in den Steuererklärungen siehe auch Arbeitsbücher Herbst 2022 S 8 f und Herbst 2021, 68 f.

Das BMF hat sich in einer Anfragebeantwortung des Kontaktkomitees zwischen KSW und BMF vom 29.11.2022 zu Fragen aus der Praxis geäußert. In diesem Sammelsurium finden sich teils redundante Aussagen. Die Antworten sind zum Teil ähnlich kryptisch formuliert, wie viele der zahlreichen zu diesem Thema ergangenen Vorhalte der Finanzverwaltung. Nachfolgend eine Zusammenstellung in vereinfachter Form:

Frage KSW	Antwort des BMF
Es wurden zu hohe Zuschüsse in Kz 9341 und 9342 ausgewiesen, weil sich entweder nachträglich die Förderrichtlinien geändert haben oder durch eine verzögerte Bearbeitung der COFAG. Erfolgt eine amtswegige Berichtigung? Kann das eine BP auslösen?	➔ Vom Finanzamt werden einzelfallbezogen die erforderlichen Schritte gesetzt.
Eintrag in Kz 9341 und 9342 auch bei Inanspruchnahme einer Pauschalierung erforderlich, zB bei der Gastgewerbepauschalierung?	➔ Ja, wenn der Zuschuss im Rahmen der Pauschalierung als Einnahme zu erfassen ist bzw eine Ausgabenkürzung zu erfolgen hat. Rz 313b und 313g EStR.
Eintrag in Kz 9341 beim FKZ 800.000 mit oder ohne anteiligem echt steuerfreiem Unternehmerlohn bzw frustrierten Aufwendungen? zB FKZ 800.000 von € 7.000,-, darin enthalten € 2.000,- fiktiver Unternehmerlohn, der keiner Aufwandskürzung unterliegt.	➔ Eintrag in voller Höhe, also € 7.000,- Der Teil des Zuschusses, der zu einer Aufwandskürzung führt, wird in Kz 9090 eingetragen, lt BMF € 5.000,-. Anmerkung: Antwort praxisfern, da idR der gesamte Zuschuss von € 7.000,- unter Kz 9090 erfasst wird; der steuerfreie Teil von € 2.000,- wird über KZ 9290 „Sonstige Änderungen – Saldo" gewinnmindernd korrigiert.
Zuschussbeantragung bzw -gewährung bei EA-Rechnung nach Veranlagung des anspruchsbegründenden Jahres. Was ist zu tun?	➔ Ein rückwirkendes Ereignis iSd § 295a BAO liegt vor, dh eine Bescheidänderung ist erforderlich. Bei Mehrfachänderungen (zB FKZ, Ausfallsbonus und KUA werden nach Veranlagung ausbezahlt) wird eine Kontaktaufnahme mit dem Finanzamt empfohlen um dies im Rahmen einer einmaligen Korrektur zu vollziehen.
Wie erfolgt der Eintrag jahresübergreifender Zuschüsse in Kz 9341, 9342 und 9090? zB bei FKZ 800.000 der sich anteilig auf 2020 und 2021 bezieht.	➔ Der Zuschuss ist „in voller Höhe" in Kz 9341 einzutragen. Anmerkung: Das wäre wohl der gesamte nicht aufgeteilte FKZ 800.000. Ergebniswirksame Verteilung auf die beiden betroffenen Jahre. Die Aufwendungen müssen in jenem Jahr gekürzt werden, in dem sie anfallen, Kz 9090.

Exkurs: Das BMF hat die geänderte Rechtslage **zur Kleinunternehmerpauschalierung** für das **Veranlagungsjahr 2020** in Rz 313g aufgenommen. Vgl Entwurf des EStR-Wartungserlass 2023.

Darin findet sich, dass Zahlungen zum Ersatz entgehender Umsätze bei Anwendung der Kleinunternehmerpauschalierung wie Umsätze zu behandeln sind, sofern der dem Jahr 2020 zuzuordnende Umsatzersatz höher ist als die Betriebseinnahmen aus Umsätzen. Siehe gesonderter Beitrag in diesem Arbeitsbuch.

2. Mietreduktion im Lockdown

Eine Reihe von höchstgerichtlichen Erkenntnissen hat mittlerweile bestätigt, dass insoweit kein Mietzins zu bezahlen ist, als Räumlichkeiten im Lockdown unbenutzbar waren. Das Ausmaß der jeweiligen Unbenutzbarkeit ist jedoch stets im Einzelfall zu beurteilen.

Eine Zusammenfassung einiger höchstgerichtlicher Judikate haben Edthaler/Geißler in SWK 32-33/2022 vorgenommen. Daraus lassen sich jedoch keine allgemein gültigen Schlüsse ziehen, etwa wann und in welchem Ausmaß Unbenutzbarkeit für bestimmte Branchen in den verschiedenen Lockdowns vorlag.

Einige Grundaussagen des OGH, um ein besseres Verständnis zu fördern:

- Der Geschäftszweck laut der **konkreten vertraglichen Vereinbarung** ist maßgeblich für die Beurteilung der Unbenutzbarkeit.
- Je nach vertragsgemäßem Restnutzen, erfolgt die **Mietzinsminderung anteilig** oder zur Gänze. Die Beweislast liegt beim Mieter.
- Es besteht keine Herausgabepflicht des Fixkostenzuschuss an den Vermieter.
- Pachtverträge sind nach anderen Gesichtspunkten zu beurteilen. Nur bei deren Dauer unter einem Jahr und des Wegfalls von mehr als der Hälfte des gewöhnlichen Ertrags kommt eine Zinsminderung in Betracht.

Auswirkungen auf Fixkostenzuschuss und Verlustersatz

- Bestandszinse sind nur im Ausmaß der tatsächlichen für die vertraglich bedungenen betrieblichen Zwecke gegebenen Nutzbarkeit berücksichtigbar.
- Das Ausmaß der Nutzbarkeit ist anhand geeigneter Aufzeichnungen nachzuweisen, entweder
  - durch eine fremdübliche, sachgerechte und endgültige Vereinbarung oder
  - anhand des zurechenbaren Umsatzausfalls, dh das anteilige Ausmaß der nicht ansetzbaren Mieten entspricht dem Umsatzausfall. Zudem gilt die Schadensminderungspflicht.

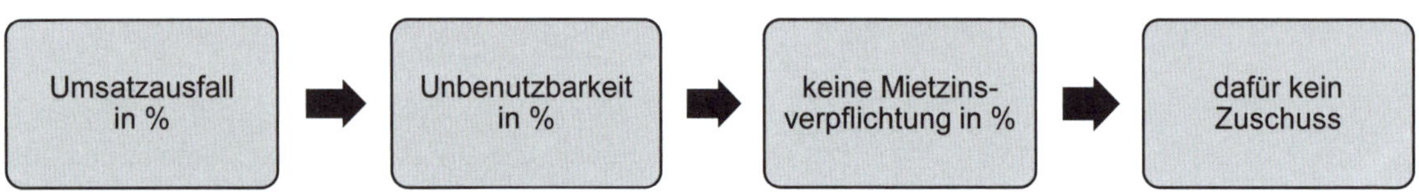

Rückforderungen bezogener COFAG-Zuschüsse erfolgen entweder

- bei gefördertem monatlichen Mietkostenanteil von mehr als € 12.500,- pro Monat oder
- wenn der Mieter vom Vermieter Geld zurückbekommt; hier besteht Mitteilungspflicht gegenüber der COFAG.

Weitere Details und Beispiele siehe Arbeitsbuch Herbst 2022, 80.

Auch wenn die Corona-Beschränkungen mittlerweile zur Vergangenheit gehören, gehört die Aufarbeitung der Zuschüsse weiterhin zum Arbeitsalltag.

Private Photovoltaikanlage

ESt-Befreiung, mehrere Eigentümer, Rechtsansichten, Förderungen

§ 3 Abs 1 Z 39 EStG idF AbgÄG 2022; Rz 313i EStR idF Wartungserlass 2023 (Entwurf); Photovoltaikerlass des BMF, BMF-010219/0488-VI/4/2013, 24.2.2014; Eßletzbichler, Steuer-Ratgeber für den Betrieb von Photovoltaikanlagen, 5. Auflage August 2022, www.pvaustria.at; Reisiger, RdW 12/2022, 868; Eversloh, RdW 11/2022, 808; Arbeitsbuch Herbst 2022, 134; Ruppe/Achatz zu § 12 UStG, UStG Kommentar 5. Auflage;

Einkünfte aus Sonnenstrom

Private Photovoltaikanlagen erleben derzeit einen Boom wie nie zuvor. Wird der nicht selbst benötigte Stromüberschuss in das Stromnetz eingespeist und an ein Energieversorgungsunternehmen verkauft, erheben sich Fragen nach der richtigen einkommensteuerlichen Behandlung der erzielten Einkünfte und nach allfälligen umsatzsteuerlichen Konsequenzen.

Besondere Aktualität genießen eine Steuerbefreiung für Einkünfte, die einer Einspeisung von bis zu 12.500 kWh entsprechen und die dazu von der Finanzverwaltung in Rz 313i EStR idF Wartungserlass 2023 geäußerten Rechtsansichten.

Mit Ausnahme der Steuerbefreiung in § 3 Abs 1 Z 39 EStG nehmen weder das EStG noch das UStG Bezug auf Photovoltaikanlagen. Das bedeutet, dass Einkünfte und Umsätze aus dem Betrieb von Photovoltaikanlagen den allgemeinen Besteuerungsgrundsätzen folgen.

Demnach führen Gewinne zu **Einkünften aus Gewerbebetrieb** und **Umsätze zur Umsatzsteuerpflicht**, sofern nicht die Befreiung für Kleinunternehmer angewendet wird. Das gilt grundsätzlich auch für kleinere Photovoltaikanlagen.

1. Einkommensteuer bei Überschusseinspeisung von erzeugtem Strom

Näheres zu Volleinspeisung und zu Inselbetrieben siehe Photovoltaikerlass und im Steuer-Ratgeber von Eßletzbichler unter www.pvaustria.at

1.1. Befreiung

Einkünfte aus der Überschusseinspeisung von Strom sind einkommensteuerpflichtig, sofern nicht der Veranlagungsfreibetrag von € 730,-/Jahr oder die Steuerbefreiung gem § 3 Abs 1 Z 39 EStG zur Anwendung kommt. Diese Befreiung sieht vor, dass

- Einkünfte **natürlicher** Personen
- aus der Einspeisung von bis zu **12.500 kWh** ab 2022 steuerfrei sind,
- sofern die **Engpassleistung** der Anlage nicht mehr als **25 kWp** (Kilowatt-Peak) beträgt; gem Rz 313i EStR ist darunter die sogenannte Modulspitzenleistung zu verstehen, während die Leistung des Wechselrichters nicht relevant ist.

Beispiel zur Veranschaulichung:

Der Eigentümer eines Einfamilienhauses betreibt eine PV-Anlage mit einer Engpassleistung von 24 kWp und verkauft 13.000 kWh Strom an ein Energieversorgungsunternehmen.

Da von der Anlage die **Freigrenze** von 25 kWp nicht überschritten wird, kann die Befreiung angewendet werden. Einkünfte sind insoweit befreit, als sie auf verkaufte 12.500 kWh pro Jahr entfallen **(persönlicher Freibetrag)**; Einkünfte aus der Einspeisung der darüber hinaus gehenden Strommenge im Ausmaß von 500 kWh sind steuerpflichtig.

Für **private Photovoltaikanlagen auf Einfamilienhäusern** stellen sowohl der Freibetrag für Einkünfte für bis zu 12.500 kWh eingespeisten Strom als auch die anlagenbezogene Freigrenze von 25 kWp eher hohe Werte dar, die in den meisten Fällen nicht überschritten werden, da üblicherweise die dafür benötigte Fläche gar nicht zur Verfügung steht. **Somit führen die meisten privaten PV-Anlagen zu keinen einkommensteuerlichen Konsequenzen.**

1.2. Alleineigentümer oder mehrere Eigentümer von PV-Anlagen

Beispiel: **Alleineigentum** an mehreren Objekten	**Haus am Hauptwohnsitz**	**Ferienhaus**
Engpassleistung jeweils unter der Freigrenze von 25 kWp, daher sind beide Anlagen begünstigungsfähig.	15 kWp	16 kWp
Eingespeiste (verkaufte) Strommenge/Jahr	6.000 kWh	8.000 kWh
Die **insgesamt verkaufte Strommenge** übersteigt den **persönlichen Freibetrag** für Einkünfte, die auf bis zu 12.500 kWh entfallen; diese bleiben anteilig steuerfrei.	14.000 kWh davon 12.500 kWh steuerfrei und 1.500 kWh steuerpflichtig	

Beispiel: beide Objekte und PV-Anlagen stehen im Miteigentum von (Ehe)Partnern im Verhältnis 50 % zu 50 %	**Haus am Hauptwohnsitz**	**Ferienhaus**
Engpassleistung jeweils unter der Freigrenze von 25 kWp, daher sind beide Anlagen begünstigungsfähig.	15 kWp	16 kWp
Eingespeiste (verkaufte) Strommenge/Jahr	6.000 kWh	8.000 kWh
Da der Freibetrag gem § 3 Abs 1 Z 39 EStG ein persönlicher Freibetrag ist, kommt dieser für jeden der beiden Eigentümer zur Anwendung, dh insgesamt 2 x 12.500 kWh.	14.000 kWh davon entfallen auf die beiden Eigentümer je 7.000 kWh, die bei beiden Eigentümern steuerfrei bleiben, da jeweils < 12.500 kWh	

Werden Einkünfte aus der Einspeisung im Rahmen einer gemeinsamen kommerziellen Anlage mehrerer Eigentümer erzielt, ist die Befreiung (noch) nicht im Rahmen des Feststellungsverfahrens gemäß § 188 BAO zu berücksichtigen, sondern **erst im Rahmen des Einkommensteuerverfahrens der Beteiligten**, Rz 313i EStR.

Benutzungsgebühren, die der Eigentümer einer PV-Anlage von einer Energiegemeinschaft für die Überlassung der PV-Anlage erzielt, werden vom Freibetrag gem § 3 Abs 1 Z 39 EStG derzeit nicht erfasst, da es sich bei der Überlassung an die Energiegemeinschaft um keine Einspeisung ins Stromnetz handelt.

Wird eine **PV-Anlage von einem (Ehe-)Paar** betrieben und ist das Vorliegen der Voraussetzungen der Steuerbefreiung bei allen Personen offensichtlich, bestehen keine Bedenken aus Vereinfachungsgründen kein Feststellungsverfahren durchzuführen. Es bleibt unklar, welche Fälle die EStR dabei im Fokus haben; mE jedenfalls alle Fälle, in denen bereits der Freibetrag einer der beiden Partner für 12.500 kWh zur Steuerfreiheit führen würde.

Ebenfalls offen ist die Frage, ob die personenbezogene Befreiung auch dann zweimal zur Anwendung kommen könnte, wenn zwar das Gebäude und die PV-Anlage im gemeinsamen Eigentum von (Ehe-)Partnern steht, jedoch der Stromliefervertrag zB aus Unbedachtheit nur von einem der beiden Partner abgeschlossen wurde, was in der Praxis immer wieder vorkommt.

1.3. Gewinnermittlung

Die Gewinnermittlung für die steuerpflichtige Einspeisung erfolgt idR durch Gewinnermittlung gem § 4 Abs 3 EStG (Zufluss-Abfluss-Prinzip); auch Basispauschalierung oder Kleinunternehmerpauschalierung sind möglich.

Ob eine Photovoltaikanlage zum steuerlichen Betriebsvermögen zählt oder nicht, hängt davon ab, ob mehr oder weniger als 50 % des produzierten Stroms verkauft bzw privat verwendet wird.

Bei Vorliegen von Betriebsvermögen stellt der auf die Privatnutzung entfallende Teil der Abschreibung eine Nutzungsentnahme dar, sodass letztlich nur der auf die betriebliche Nutzung entfallende Teil der AfA erfolgswirksam wird. Umgekehrt ist bei überwiegender Privatnutzung nur der betriebliche Anteil der AfA als Betriebsausgabe anzusetzen.

Beispiel[*)]

Anschaffungskosten € 50.000,-
Engpassleistung der Anlage **24 kWp** (das ist < 25 kWp-Grenze)
Eigener Stromverbrauch 9.000 kWh = 30 %

Einspeisung des Überschusses von 21.000 kWh = 70 % ► Erlös gerundet zB	€ 6.300,-
abzüglich AfA bei Nutzungsdauer 20 Jahre, 1/20 von € 50.000,-	- € 2.500,-
abzüglich Versicherung, Steuerberatung etc	- € 500,-
zuzüglich Privatanteil AfA 30 % von € 2.500,- gerundet	€ 750,-
Zwischensumme	€ 4.050,-
abzüglich 15 % Gewinnfreibetrag[**)]	- € 607,-
Gewinn aus Gewerbebetrieb entsprechend einer Einspeisung von 21.000 kWh	€ 3.443,-
abzüglich Freibetrag gem § 3 Abs 1 Z 39 EStG, dh dass jener Gewinnanteil steuerfrei bleibt, der auf die Einspeisung von 12.500 kWh entfällt, das sind bezogen auf 21.000 kWh (siehe oben) 59,52 % von € 3.443,- =	- € 2.049,-
steuerpflichtiger Gewinn nach Abzug des Freibetrages daher	€ 1.394,-

*) Das Beispiel dient nur der Veranschaulichung, auch wenn einzelne Relationen zB zwischen Verbrauch, Einspeisung, kWp und produzierter Menge nicht sehr praxisnah klingen.

**) ab 1.1.2023 stattdessen auch IFB möglich.

2. Umsatzsteuer bei Überschusseinspeisung von erzeugtem Strom

Steuerpflicht: Unabhängig von der einkommensteuerlichen Behandlung, sind Einnahmen aus Stromlieferungen grundsätzlich umsatzsteuerpflichtig. Der **Steuersatz beträgt 20 %**. Bei Lieferung an **Wiederverkäufer** kommt gem Umsatzsteuerbetrugsbekämpfungsverordnung (UStBBKV) das **Reverse-Charge-System** zur Anwendung, dh dass die Steuerschuld auf den Leistungsempfänger übergeht.

Die der Anlage für den Privatverbrauch entnommene Menge an Strom ist als Entnahme gem § 3 Abs 2 UStG zu besteuern. Bemessungsgrundlage sind die Selbstkosten im Zeitpunkt der Entnahme (§ 4 Abs 8 lit a UStG). Diese Selbstkosten setzen sich aus dem ertragsteuerlich auszuscheidenden Privatanteil der AfA und den anteiligen laufenden und sonstigen Aufwendungen (Betriebskosten, usw) der Anlage zusammen, s.a. Photovoltaikerlass Pkt 2.2.2.2.

Steuerfreiheit: Für **Kleinunternehmer** kommt gem § 6 Abs 1 Z 27 UStG eine Umsatzsteuerbefreiung in Frage, wenn die gesamten Umsätze gem § 1 Abs 1 Z 1 und 2 UStG im Veranlagungszeitraum netto € 35.000,- nicht überschreiten; dann allerdings auch kein Vorsteuerabzug.
Näheres dazu siehe Rz 994 ff UStR.

Beispiel wie oben unter Pkt 1.3. – Kz beziehen sich auf Formular U 1
falls Kleinunternehmerbefreiung nicht zutrifft oder darauf verzichtet wird

zB Erlöse aus Einspeisung – Wiederverkäufer	Kz 000	€	6.300,-	
zuzüglich Eigenverbrauch zB 30 % der Afa von € 2.500,-	Kz 001	€	750,-	
abzüglich Reverse-Charge-Umsätze gem § 19 1 d UStG	Kz 021	- €	6.300,-	
Summe		€	750,-	
davon sind zu versteuern mit 20 %	Kz 022	€	750,-	
		€	150,-	USt
abzüglich Vorsteuerabzug				
zB im Jahr der Anschaffung/Herstellung der Anlage	Kz 060	- €	8.333,-	VSt*)
andere Vorsteuern zB	Kz 060	- €	60,-	VSt
Gutschrift daher		- €	8.243,-	

Beachte: ESt-Pflicht und USt-Pflicht bzw ESt-Befreiung und USt-Befreiung sind vollkommen unabhängig voneinander zu beurteilen.

*) Entsprechend der vom BMF in Pkt 2.2.2.2 des Photovoltaikerlasses geäußerten Auffassung, soll ein Vorsteuerabzug unter Berufung auf § 12 Abs 2 **Z 2** lit a UStG nur zulässig sein, wenn der verkaufte Strom – wie in obigem Beispiel – **mehr als 50 %** der produzierten Strommenge beträgt, weil andernfalls die Ausgaben (insbesondere die AfA) überwiegend nicht abzugsfähig iSd § 20 Abs 1 Z 1 - 5 EStG sind und für diese ein Vorsteuerabzug nicht zusteht.

Hingegen sieht § 12 Abs 2 **Z 1** UStG vor, dass Lieferungen und sonstige Leistungen … als für das Unternehmen ausgeführt gelten, wenn sie für Zwecke des Unternehmens erfolgen und wenn sie zu **mindestens 10 %** unternehmerischen Zwecken dienen. Der Unternehmer kann solche Leistungen als für das Unternehmen ausgeführt behandeln und dementsprechend vom Vorsteuerabzug Gebrauch machen, BFG 25.2.2014, RV/5100681/2011 und VwGH 25.7.2013, GZ 2009/15/0143.

Es erhebt sich die Frage, wie das Verhältnis der sich scheinbar widersprechenden Bestimmungen in den angeführten Z 1 und Z 2 zu sehen sind. Während gem Z 1 ein Vorsteuerabzug bereits gegeben ist, wenn die unternehmerische Nutzung mindestens 10 % beträgt und der Unternehmer entsprechend von seinem Wahlrecht Gebrauch macht, verlangt Z 2 dass zu mindestens 50 % abzugsfähige Ausgaben vorliegen.

Dazu Ruppe/Achatz in Tz 151 zu § 12 UStG: Wäre Z 2 weit zu verstehen, so wäre das mit dem UStG 1994 gestrichene Überwiegensprinzip auf dem Umweg über Z 2 wieder anzuwenden. Die allgemeine Aussage des § 12 Abs 2 Z 1 hätte keine Bedeutung. Da dies dem Unionsrecht widerspräche, muss Z 2 (richtlinienkonform) **eng ausgelegt** werden. Das bedeutet, dass **bei Aufwendungen, die nur deswegen ertragsteuerlich überwiegend nicht abzugsfähig sind, weil die nicht betriebliche Nutzung überwiegt, kein Anwendungsfall der Z 2 vorliegt. Nur wenn es sich um betrieblich veranlasste Aufwendungen handelt, die ausdrücklich gem § 20 Abs 1 Z 1 - 5 EStG vom Abzug ausgeschlossen sind, ist auf das Überwiegen abzustellen.** Nach der Rechtsprechung des VwGH 28.5.2009, 2009/15/0100 hat Z 2 lit a nur dann Vorrang gegenüber § 12 Abs 2 Z 1 UStG, wenn **Wirtschaftsgüter typischerweise der Lebensführung dienen,** und für gemischt unternehmerisch-privat genutzte Gebäude.

In Bezug auf PV-Anlagen bleibt somit die Frage zu beantworten, ob diesbezügliche Ausgaben „den Haushalt des Steuerpflichten oder den Unterhalt seiner Familie betreffen“ oder [typischerweise] Ausgaben für die „Lebensführung“ darstellen. Nur wenn man diese Frage bejaht, ist auf das Überwiegen abzustellen, andernfalls kommt die 10 %-Grenze zur Anwendung. Zur einkommensteuerlichen Durchbrechung des Aufteilungsverbotes siehe Rz 4759 und 4760 EStR.

Eine einfache Lösung könnte die bereits diskutierte Abschaffung der Umsatzsteuer auf Photovoltaikanlagen bringen, welche durch EU-Richtlinie Nr 2022/542 den Mitgliedsstaaten ermöglicht wird, wodurch sich die Frage nach dem Vorsteuerabzug erübrigt. Deutschland nutzt dieses Angebot bereits seit 1. Jänner 2023 für Anlagen bis 30 kWp.

3. Sonderausgabe?

Die Kosten der Errichtung einer Photovoltaikanlage sind – enttäuschend – **<u>nicht</u>** sonderausgabenfähig.

Nur Ausgaben für die „thermisch-energetische Sanierung“ eines Gebäudes und für einen „Heizkesseltausch“ zB auf eine Wärmepumpe können ab 2022 zu Sonderausgaben gem § 18 Abs 1 Z 10 EStG führen. Die Errichtung einer Photovoltaikanlage ist „weder-noch“.

Selbst bei gleichzeitigem Heizkesseltausch wären allenfalls die Kosten für die Errichtung einer thermischen Solaranlage, die nicht nur Strom, sondern Wärme erzeugt, sonderausgabenfähig. Allerdings werden die Kosten dafür idR nicht für das Sonderausgabenpauschale erforderlich sein, da bereits die Kosten für die Wärmepumpe ausreichend hoch sein werden.

4. Bundesweite und bundesland-spezifische Förderungen

Eine umfassende Behandlung aller für eine PV-Anlage in Frage kommenden Förderungen, würde den Umfang und die thematischen Grenzen dieses Beitrages überschreiten. Dies umso mehr, als sich die Details laufend ändern und die praktische Abwicklung der Förderungen heftiger Kritik ausgesetzt ist; siehe dazu zB Die Presse, 15.2.2023, „Es gibt Geld wie nie, und niemand ist zufrieden“. ▶

Der Vollständigkeit halber werden jedoch nachfolgend Informationsquellen zu diesen Förderungen angeführt.

Bundes<u>weit</u> verfügbare Förderungen – Infos auch unter www.oem-ag.at – sind

- der **Investitionszuschuss** für PV-Anlagen und Stromspeicher ▶

- die **Marktprämie** für eingespeisten PV-Strom ▶

Bundes<u>land</u>-spezifische Förderungen:
Ein „Förderkompass“ des Bundesverbandes Photovoltaik Austria soll die Suche nach passenden bundesland-spezifischen Förderungen erleichtern ▶

5. Elektrizitätsabgabe

Betreffend die Elektrizitätsabgabe wurden zuletzt die Ausnahmen spürbar erweitert; nicht besteuert wird unter anderem die Lieferung elektrischer Energie an Wiederverkäufer, soweit sie zur Weiterlieferung bestimmt ist und soweit die erzeugte Menge selbst verbraucht wird. Überschreitet die verbrauchte Menge jedoch 25.000 kWh/Jahr entsteht Anzeigepflicht beim Finanzamt.

Näheres dazu siehe ElAbgG idgF, Erlass des BMF vom 23.3.2021 GZ 2021-0.178.440 und Eßletzbichler, Steuer-Ratgeber, 30 ff.

In **ertragsteuerlicher** Hinsicht bleiben die meisten privaten Photovoltaikanlagen ohne steuerliche Folgen, da die anlagenbezogene Freigrenze und der persönliche Freibetrag in § 3 Abs 1 Z 39 EStG so hoch angesetzt wurden, dass die Einkommensteuerbefreiung anwendbar ist.

Anders betreffend die **umsatzsteuerliche** Betrachtung: Wer nicht Kleinunternehmer ist, muss auch die Umsätze aus der Einspeisung von Strom in das Stromnetz als steuerpflichtige Umsätze in seine Umsatzsteuererklärung aufnehmen. Außerdem bleibt es kontrovers, wann für die Anschaffung/Errichtung einer PV-Anlage ein Vorsteuerabzug in Anspruch genommen werden kann oder nicht.

Abgesehen davon stellt die Erlangung von Förderungen für die Errichtung von PV-Anlagen für Betroffene einen unzumutbaren Hürdenlauf dar. Es kann folgender Schlagzeile in der Presse nur zugestimmt werden: **„Es gibt Geld wie nie, und niemand ist zufrieden“.**

Auslandseinkünfte

Progressionsvorbehalt auch bei Nichtansässigkeit, Steuerlast und Verwaltungsaufwand inklusive

§ 1 Abs 2 EStG; Art 23 A und 23 B, OECD-Musterabkommen; VwGH 7.9.2022, Ra 2021/13/0067; Rz 7583 bis 7597 EStR idF Wartungserlass 2023 (Entwurf); Rzeszut/Peter, SWK 1-2/2023, 26; Kerschner, ÖStZ 11/2022, 627; Deutsch, BFG-Journal 11-12/2022; 336; uvm.

VwGH-Erkenntnis **Änderung Verwaltungspraxis**

Der VwGH hat – entgegen der bisherigen Auffassung der Finanzverwaltung – erkannt, dass der Progressionsvorbehalt auch bei Nichtansässigkeit im Sinne eines DBAs, also im Quellenstaat der Einkünfte, anzuwenden ist. Das hat weitreichende Konsequenzen.

Bislang wurde der Progressionsvorbehalt in Österreich nur dann angewendet, wenn Österreich der Ansässigkeitsstaat, also im Regelfall der Mittelpunkt der Lebensinteressen war.

Die Systematik

Schritt 1: Nationales Steuerrecht - Entstehen der Steuerpflicht

Gemäß § 1 Abs 2 EStG besteht bei einem Wohnsitz in Österreich **unbeschränkte** Steuerpflicht. Diese umfasst das gesamte Welteinkommen. Wenn in mehreren Staaten Wohnsitze bestehen, kann es dazu kommen, dass das Welteinkommen in mehreren Staaten der vollen Besteuerung unterliegt.

Schritt 2: Doppelbesteuerungsabkommen - Einschränkung bei Steuerpflicht

Um zu vermeiden, dass mehrere Länder Einkünfte gleichzeitig und damit doppelt besteuern, existieren Verträge zwischen den einzelnen Staaten, sogenannte Doppelbesteuerungsabkommen, kurz DBAs. Ein Großteil der DBAs orientiert sich am OECD Musterabkommen, einer Art Blaupause, die eine Vertragsstruktur vorschlägt.

In diesen DBAs wird individuell vereinbart, welches Land welche Steuern auf welche Einkünfte einheben darf. Dabei unterscheidet man zwischen dem sogenannten

- **Ansässigkeitsstaat**, das ist im Regelfall jener Staat, wo der Mittelpunkt der Lebensinteressen liegt, und dem
- **Quellenstaat**, das ist der andere Staat in dem (auch) Einkünfte erzielt werden.

Häufig besteht die Vereinbarung darin, dass der Quellenstaat die dort erzielten Einkünfte (zB Einkünfte aus nichtselbständiger Arbeit oder aus einem Gewerbebetrieb) besteuern darf.

Um eine Doppelbesteuerung dieser Einkünfte im Ansässigkeitsstaat zu vermeiden, bestehen in den DBAs zwei unterschiedliche Möglichkeiten:

- **Anrechnungsmethode**, dh der Ansässigkeitsstaat darf die Einkünfte aus dem anderen Staat voll besteuern und rechnet die ausländische Steuer darauf an.
- **Befreiungsmethode**, dh der Ansässigkeitsstaat nimmt die ausländischen Einkünfte von der Besteuerung aus. Dabei darf er bei der Ermittlung des progressiven Steuersatzes für die Inlandseinkünfte die von der Besteuerung ausgenommenen ausländischen Einkünfte mit berücksichtigen, **Progressionsvorbehalt**.

Beispiel

Max Meier übt seine Arbeit im Rahmen eines Dienstverhältnisses je zur Hälfte im deutschen und im österreichischen Betrieb seines Arbeitgebers aus. Der Mittelpunkt der Lebensinteressen liegt am Familienwohnsitz in Österreich. In beiden Ländern bestehen Wohnsitze, da eine kleine Wohnung am deutschen Dienstort angemietet wurde.

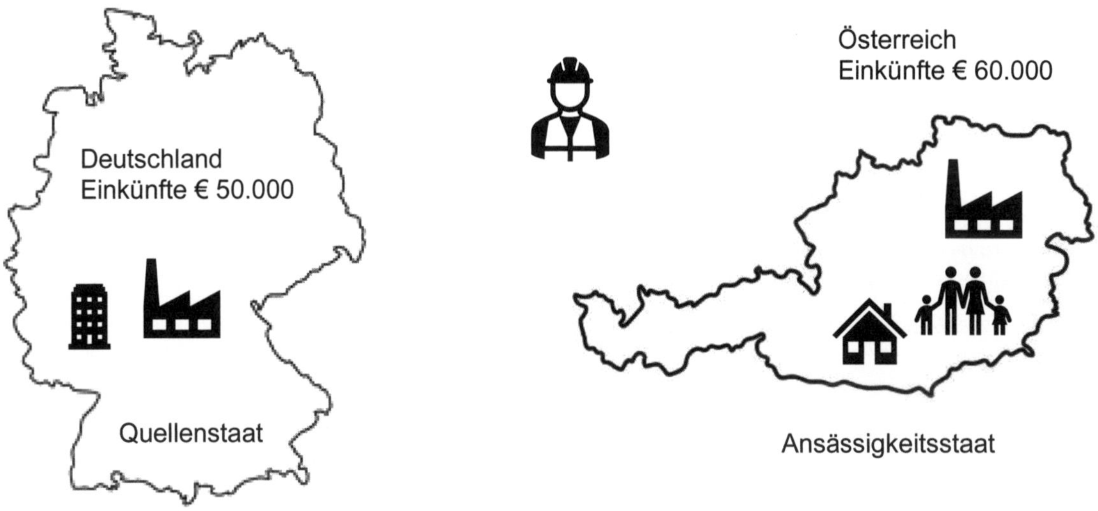

Deutschland darf als Quellenstaat die dort erzielten nichtselbständigen Einkünfte besteuern, vgl Art 15 DBA Deutschland.

Österreich ist aufgrund des hier bestehenden Mittelpunktes der Lebensinteressen Ansässigkeitsstaat und nimmt aufgrund der im DBA Deutschland in Art 23 vorgesehenen Befreiungsmethode die deutschen Einkünfte von der Besteuerung aus. Bei der Ermittlung der Steuersatzes für die österreichischen Einkünfte tut Österreich aber so, als wären auch die deutschen Einkünfte in Österreich erzielt worden, Progressionsvorbehalt.

Umgekehrter Fall

Gleiche Angabe wie oben, nur liegt der Mittelpunkt der Lebensinteressen von A nun in Deutschland.

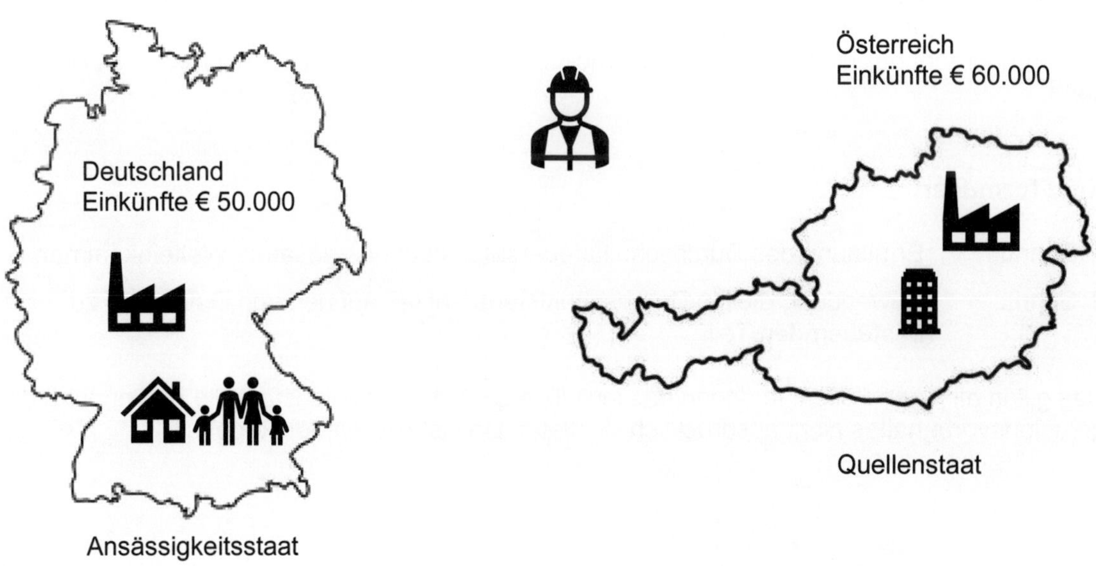

Österreich darf als Quellenstaat die hier erzielten nichtselbständigen Einkünfte besteuern, vgl Art 15 DBA Deutschland.

Welchen Steuersatz darf Österreich als Quellenstaat auf die Einkünfte anwenden?

Aufgrund des Wohnsitzes in Österreich besteht unbeschränkte Steuerpflicht. Dieses Recht wird durch das bestehende DBA mit Deutschland dahingehend eingeschränkt, dass Österreich als Quellenstaat kein Besteuerungsrecht an den Einkünften im Ansässigkeitsstaat hat.

Hinsichtlich der Ermittlung des Steuersatzes ist im DBA jedoch keine Regelung vorhanden, da dort zwar ein Progressionsvorbehalt geregelt ist, aber nur für den Ansässigkeitsstaat.

Praxis der Finanzverwaltung bislang: Österreich als Quellenstaat errechnet die Einkommensteuer so, als ob nur die österreichischen Einkünfte erzielt worden wären und ließ bei der Ermittlung des Steuersatzes das Welteinkommen außer Acht. Diese Praxis hat der VwGH verworfen:

Der Progressionsvorbehalt ist auch in dem Fall anzuwenden, wenn Österreich Quellenstaat ist.

VwGH 7.9.2022, Ra 2021/13/0067

Die Fachliteratur kommentiert das Erkenntnis, das konkret einen Fall zum DBA Österreich-Türkei betrifft, samt dessen Herleitung umfangreich, weshalb im vorliegenden Beitrag nur auf die praktischen Auswirkungen eingegangen wird. Siehe Rzeszut/Peter, SWK 1-2/2023, 26 ff, Kerschner, ÖStZ 21/2022, 627 sowie Deutsch, BFG-Journal 11-12/2022, 336 ff.

Österreich hat auch als Quellenstaat bei der Ermittlung des Steuersatzes für die österreichischen Einkünfte das gesamte Welteinkommen zu berücksichtigen. Die Anwendung des Progressionsvorbehaltes ergibt sich nicht etwa aus dem DBA, sondern aus dem EStG selbst.

Rangordnung

- Zuerst ist die Steuerpflicht laut einem nationalen Gesetz, hier dem EStG, zu prüfen.
- Ein DBA kann eine nationale Steuerpflicht nur einschränken, jedoch nicht begründen.

Laut § 1 Abs 2 EStG besteht aufgrund eines Wohnsitzes unbeschränkte Steuerpflicht hinsichtlich des Welteinkommens. Durch das DBA wird das Besteuerungsrecht insoweit eingeschränkt, als das Besteuerungsrecht nur hinsichtlich der ausdrücklich dem Quellenstaat zugesprochenen Einkünfte zusteht.

Kurz formuliert

1. Schritt:	Ermittlung des Durchschnittsteuersatzes auf das gesamte Welteinkommen
2. Schritt:	Anwendung dieses Durchschnittsteuersatzes auf den von Österreich zu besteuernden Teil

Das gilt in all jenen Fällen, in denen das jeweilige DBA dem Quellenstaat die Anwendung des Progressionsvorbehaltes nicht ausdrücklich verbietet. Das ist derzeit der Regelfall.

Weitreichende Auswirkungen auf die Praxis

Die Rz 7583 bis 7597 EStR werden bereits im Zuge des Wartungserlasses 2023 dahingehend angepasst. Somit ist von einer größtenteils **unmittelbaren Umsetzung** des VwGH-Erkenntnisses auf alle offenen Fälle durch die Finanzverwaltung auszugehen.

In der Folge wird der Entwurf des EStR-Wartungserlasses 2023 mit * gekennzeichnet.

> Rz 7591 EStR*:
>
> Generell sind bei unbeschränkt Steuerpflichtigen die Steuern, die Österreich aufgrund eines DBAs zur Einhebung überlassen werden, nach dem Satz zu ermitteln, der dem Welteinkommen entspricht.

Es sind daher immer, wenn es um die Ermittlung eines anzuwendenden österreichischen progressiven Steuersatzes geht, zwingend die ausländischen Einkünfte mitzuberücksichtigen.

Eine Anwendung auf den Fall von **Zweitwohnsitzen,** wenn dadurch unbeschränkte Steuerpflicht besteht, soll erst **ab der Veranlagung 2022** erfolgen, Rz 7595 EStR*. Lediglich im Anwendungsbereich der **Zweitwohnsitzverordnung**, die bis zu einer Nutzung von bis zu 70 Tagen pro Jahr eine unbeschränkte Steuerpflicht verhindert, erfolgt kein Progressionsvorbehalt. Es ist davon auszugehen, dass diese eine erhöhte praktische Bedeutung erlangen wird.

Beispiel

Ein Deutscher hat in Tirol zwei Ferienwohnungen, wovon er eine selbst an 100 Tagen pro Jahr bewohnt und eine an Feriengäste mit einem Jahresüberschuss von € 8.000,- vermietet. Sein Mittelpunkt der Lebensinteressen und sein Einzelunternehmen mit einem Jahresgewinn von € 300.000,- befinden sich in Deutschland.

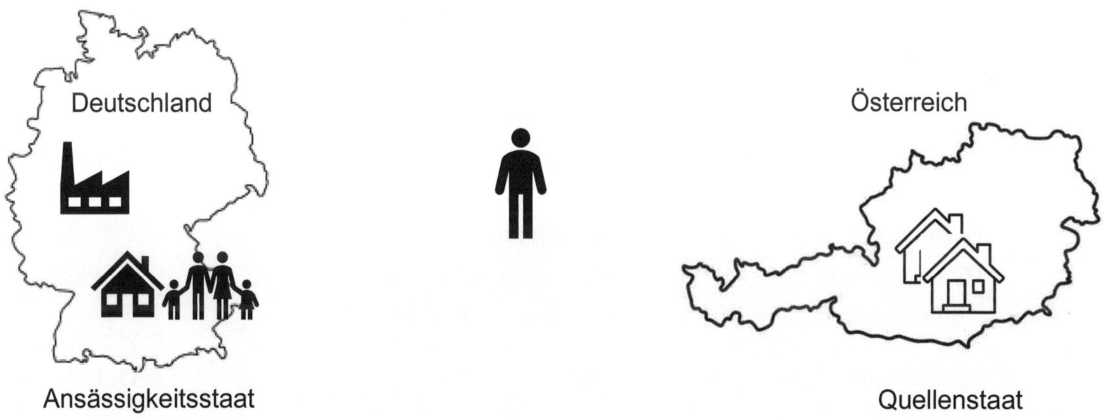

Es besteht aufgrund des Zweitwohnsitzes (> 70 Tage Nutzung) unbeschränkte Steuerpflicht in Österreich. Ab der Veranlagung 2022 muss er hinsichtlich der in Österreich zu erklärenden Einkünfte aus Vermietung und Verpachtung die Einkünfte aus seinem deutschen Gewerbebetrieb nach österreichischen Rechtsvorschriften (!) ermitteln und für die Ermittlung des Durchschnittssteuersatzes berücksichtigen. Mit diesem sind ab 2022 die Einkünfte aus der Vermietung zu versteuern.

Bis 2021 fiel auf die Einkünfte aus Vermietung gar keine ESt an, da diese unter € 11.000,- lagen und diese nach der bisherigen Rechtsauffassung der Finanzverwaltung ohne Progressionsvorbehalt zu veranlagen waren.

Die Auswirkungen der VwGH Rechtsprechung betreffen sämtliche Fälle von Auslandseinkünften von unbeschränkt steuerpflichtigen natürlichen Personen. Selbst jene, wo das DBA die **Anrechnungsmethode** anstatt der Befreiungsmethode vorsieht.

In diesen Fällen besteht eine Auswirkung auf die **Ermittlung des Anrechnungshöchstbetrages.** Das ist jener Betrag bis zu dem die ausländische Steuer auf die österreichische angerechnet wird. Dieser ist in der Regel mit der „in Österreich zu zahlenden Steuer" limitiert, Rz 7583* EStR.

Der Steuerbetrag der Anrechnung ist nun ebenfalls mit dem Durchschnittssteuersatz unter Berücksichtigung des Welteinkommens, also unter Progressionsvorbehalt zu ermitteln.

Besonders interessant wird es bei **Zusammentreffen von Anrechnungs- und Befreiungsmethode** bei mehreren Auslandseinkünften. Diesfalls sind alle gem DBA befreiten und anzurechnenden Einkünfte für die Berechnung des Durchschnittsteuersatzes heranzuziehen:

Beispiel – in Anlehnung an Rz 7583a EStR*:

Ein in Österreich ansässiger Einzelunternehmer betreibt in Österreich, Slowenien und Italien einen Gewerbebetrieb. Die in allen drei Ländern nach österreichischem Recht zu ermittelnden Einkünfte 2023 stellen sich nachfolgend dar. In Slowenien war dafür eine Steuer von € 6.000,-, und in Italien von € 12.500,- zu entrichten.

1. Schritt: Ermittlung Durchschnittsteuersatz

Einkünfte Stammhaus Österreich	€ 85.000,00
Einkünfte Betriebsstätte Italien - Anrechnungsmethode	€ 30.000,00
Einkünfte Betriebsstätte Slowenien - Befreiungsmethode	€ 25.000,00
Gesamtbetrag der Einkünfte	€ 140.000,00
abzüglich Sonderausgaben	- € 500,00
Welteinkommen	€ 139.500,00
Tarifsteuer auf das Welteinkommen (lt ESt-Tabelle 2023)	€ 55.762,00
Durchschnittsteuersatz	39,97 %

2. Schritt: Anwendung auf die in Österreich zu besteuernden Einkünfte

Stammhaus Österreich (85.000 x 39,97%)	33.974,50
Betriebsstätte Italien (30.000 x 39,97%)	11.991,82
Betriebstätte Slowenien (Befreiungsmethode lt DBA)	0,00
Einkommensteuer vor Anrechnung ausländischer Steuern	€ 45.966,32
Anrechnung der in Italien bezahlten Steuer von € 12.500.- im Höchstbetrag der in Österreich zu zahlenden Steuer	- € 11.991,82
Einkommensteuer somit gerundet	**€ 33.975,00**

→ Solange ein DBA kein konkretes Verbot der Anwendung des Progressionsvorbehaltes für Österreich vorsieht, ist dieser bei unbeschränkt Steuerpflichtigen zwingend anzuwenden.

Dies bedeutet vor allem höheren Verwaltungsaufwand für die Steuerpflichtigen und auch für die Finanzverwaltung, denn die für den Progressionsvorbehalt zu berücksichtigenden ausländischen Einkünfte sind nach österreichischen Rechtsvorschriften zu ermitteln.

Letztendlich wird sich daraus in vielen Fällen eine höhere Steuerbelastung ergeben.

Keine Betriebsstätte bei Mitbenützung eines Büros
Sonderfälle Home-Office und lohnsteuerliche Betriebsstätte

VwGH 22.6.2022, Ro 2020/13/0004 und andere; Art 5 OECD-MA; zahlreiche EAS-Auskünfte ua EAS 993 vom 18.12.1996 uva, § 29 BAO; § 81 EStG; Rz 7924 ff EStR; Rz 1205 ff LStR; Bendlinger/Bendlinger, SWI 2022, 436; Zorn, RdW 2022, 651; Bendlinger, SWI 2021, 450; Bodis, SWK 3/2023, 107; Bendlinger, swk 8/2020; 434; Ebner, Jakom EStG 15. Auflage, § 81; Arbeitsbuch Oberlaa 2021, 177; Kirchmayr/Schaunig, EStG Kommentar zu § 81 EStG

VwGH

In einem Erkenntnis vom 22.6.2022 präzisiert der VwGH einmal mehr, wie ausgeprägt die Verfügungsmacht über einen Arbeitsplatz oder andere räumliche Ressourcen gegeben sein muss, damit eine Betriebsstätte (feste Einrichtung) im **ertragsteuerlichen** Sinn vorliegt.

Nachfolgend wird versucht, die Grenzen zwischen einer bloßen Verfügungs**möglichkeit**, die nicht zur Annahme einer Betriebstätte führt und Verfügungs**macht** darzustellen und zu erörtern.

1. Grundsätzliches zur ertragsteuerlichen Betriebsstätte

§ 29 BAO definiert eine Betriebsstätte als feste örtliche Anlage oder Einrichtung, die der Ausübung eines (Geschäfts-)Betriebes **dient**. Das österreichische innerstaatliche Besteuerungsrecht knüpft unter anderem auch zB in § 98 Abs 1 Z 3 EStG am Vorliegen einer Betriebsstätte an.

Was unter fester Geschäftseinrichtung bzw einer festen Einrichtung zu verstehen ist, regeln die diesbezüglichen Artikel des OECD-Musterabkommens.

Demnach **dienen** nur solche Geschäftseinrichtungen dem Betrieb des Unternehmens, über die der Unternehmer **Verfügungsmacht** hat. Von der Ausgestaltung bzw der Ausprägung dieser Verfügungsmacht, hängt es letztendlich ab, ob eine Betriebsstätte vorliegt oder nicht.

2. **Erkenntnis des VwGH** vom 22.6.2022

Die Entscheidung des VwGH erging ungewöhnlicherweise zu einem Sachverhalt, in dem eine ungarische Übersetzerin die Annahme einer Betriebsstätte in Österreich durchsetzen wollte; die Beweggründe dafür sind nicht ganz klar, möglicherweise waren dafür sozialversicherungsrechtliche Überlegungen ausschlaggebend. In den meisten anderen Fällen ist es vielmehr die österreichische Finanzverwaltung, die eine Betriebsstätte annimmt und der Steuerpflichtige, der dagegen argumentiert.

Sachverhalt: Der Übersetzerin wurde von einem österreichischen Auftraggeber für das erste halbe Jahr ein Arbeitsplatz an dessen Standort kostenlos zur Verfügung gestellt. Sie war dort täglich ein bis zwei Stunden anwesend und konnte auch die Büroinfrastruktur mitbenützen.

In weiteren drei Jahren danach konnte die Beschwerdeführerin im Büro des Auftraggebers einen Schreibtisch mitbenützen und neben ihrem eigenen Laptop auch einen PC des Auftraggebers verwenden; die zeitliche Nutzung betrug täglich zwischen einer und fünf Stunden. Einen Firmenschlüssel erhielt sie nicht, sodass eine Benützung außerhalb der Bürozeiten nicht möglich war.

Nach Ablauf dieser drei Jahre mietete die Übersetzerin, deren Kunden (nunmehr) fast ausschließlich in Ungarn ansässig waren, ein unmöbliertes Büro im Ausmaß von 18,5 m² von der Gemeinde, das sie nur unregelmäßig bzw eher wenig benützte.

Der VwGH begründet sein Erkenntnis im Wesentlichen damit, dass die Mitbenützungsmöglichkeit eines Schreibtisches in Büroräumlichkeiten eines Geschäftspartners nicht ausreicht, um die erforderliche **Verfügungsmacht über eine feste Geschäftseinrichtung** als gegeben zu erachten.

3. Würdigung und Schlussfolgerungen daraus

Im Sinne des VwGH und des OECD-Musterabkommens kommt es nicht darauf an, ob eine feste Geschäftseinrichtung im Eigentum des Unternehmers steht oder gemietet wurde; vielmehr kommt es auf die Ausgestaltung

- der faktischen Nutzungsbefugnis (= Verfügungsgewalt),
- der Nutzungsdauer und
- der dort ausgeübten Tätigkeit an; demnach spricht die Ausübung bloßer Hilfstätigkeiten gegen das Vorliegen einer Betriebsstätte.

Anders als in Deutschland muss die Nutzungsbefugnis in Österreich nicht in einer formalen Rechtsposition (einem Vertrag) bestehen, sondern es muss dem Unternehmer nur **faktisch möglich sein, andere von der Nutzung der festen Geschäftseinrichtung auszuschließen**. Er muss sozusagen in gewisser Weise „das Sagen" über den Arbeitsplatz haben.

Dies muss nicht zwingenderweise der gesamte Raum sein zB in einem Großraumbüro, sondern kann auch ein zB versperrbarer Schreibtisch in einem abgegrenzten Teil eines Raumes sein, der ausschließlich der Verfügungsmacht des Unternehmers unterliegt, gemäß welcher andere Personen von der Nutzung dieser Einrichtung faktisch ausgeschlossen sind.

Die (Mit-)Benützung muss für das Vorliegen einer Verfügungsmacht darüber hinaus eine gewisse **Intensität dh Regelmäßigkeit und Dauerhaftigkeit** in zeitlicher Hinsicht aufweisen. Eine nur unregelmäßige und ein untergeordnetes Ausmaß der Mitbenützung eines Büros begründet noch keine Betriebsstätte.

Die Grenze zwischen Vorliegen und Nichtvorliegen einer Betriebsstätte verläuft sozusagen fließend, was auch in der großen Kasuistik der von Judikatur, Literatur und EAS-Auskünften behandelten Sachverhalten zum Ausdruck kommt.

4. Sonderfall Homeoffice eines Arbeitnehmers

Zur Beantwortung der Frage ob das Homeoffice eines Arbeitnehmers eine Betriebsstätte des (ausländischen) Arbeitgebers begründet, ist im Sinne der vorstehenden Ausführungen zu prüfen, ob dem Arbeitgeber über eine solche feste Einrichtung ausreichend Verfügungsgewalt zukommt, ob das Homeoffice ausreichend intensiv genutzt wird und ob die dort ausgeübten Tätigkeiten für den Arbeitgeber wesentlich sind.

Bisher hat die österreichische Finanzverwaltung dafür überwiegend auf die Nutzungsintensität sowie auf die Art der Tätigkeit (Stützpunkt der Auftragserfüllung) abgestellt und weniger auf die Ausprägung der Verfügungsmacht über das Homeoffice des Arbeitnehmers.

Klar ist jedenfalls, dass ein vorübergehendes pandemiebedingtes Arbeiten in einem Homeoffice zu keiner Betriebsstätte führt. Darüber hinaus konnte bisher laut Auffassung der Finanzverwaltung durchaus in einem Homeoffice durchaus eine Betriebsstätte des Arbeitgebers begründet werden, insbesondere wenn dem Arbeitnehmer kein Arbeitsplatz im Büro des Arbeitgebers zur Verfügung gestellt wurde.

Im Lichte des VwGH Erkenntnisses vom 22.6.2022 scheint dies jedoch nicht haltbar zu sein; siehe auch Bendlinger zuletzt in SWI 2022, 436. Es geht wohl zu weit, dem Arbeitgeber eine Verfügungsmacht über die Wohnung bzw Einrichtungsgegenstände des Arbeitnehmers zuzuerkennen, der unter Umständen am Küchen- oder Wohnzimmertisch arbeitet, wenn für den VwGH nicht einmal die unmittelbare Mitbenützung eines Schreibtisches im Büro eines anderen Steuerpflichtigen eine ausreichende Verfügungsmacht begründet.

Weshalb alleine **„die betriebliche Nutzung des Homeoffice durch einen Arbeitnehmer“** dem Arbeitgeber eine faktische Verfügungsmacht über die Wohnung des Arbeitnehmers verschaffen soll, bleibt verborgen, angesichts der unbestrittenen Tatsache, dass der Schutz des Privatlebens und einer privaten Wohnung bereits in der Europäischen Menschenrechtskonvention verankert ist. Alleine dadurch ist der Wohnungsinhaber berechtigt, alle anderen Personen von deren Nutzung und vom Zutritt zur Wohnung auszuschließen, dh auch seinen Arbeitgeber. Die Zustimmung des Arbeitnehmers zur Verrichtung beruflicher Arbeiten in der Privatwohnung, kann wohl kaum eine Verfügungsmacht des Arbeitgebers über diese Räumlichkeiten oder Teile davon begründen.

Anders sähe es nur aus, wenn der Arbeitnehmer dem Arbeitgeber einen eigenen Raum vermieten würde, wodurch dem Arbeitgeber Verfügungsmacht kraft seiner Stellung als Mieter zukommen würde.

Ungeachtet dessen kann Arbeit im Homeoffice eine sog Vertreterdienststätte oder Dienstleistungsbetriebsstätte iS des OECD-Musterabkommens begründen, für welche die oben behandelten strengen Kriterien nicht erforderlich sind.

5. Sonderfall lohnsteuerliche Betriebsstätte

§ 47 Abs 1 EStG idF Covid-19-StMG sieht unverändert vor, dass bei Einkünften aus nichtselbständiger Arbeit die Einkommensteuer durch Abzug vom Arbeitslohn erhoben (Lohnsteuer) wird, wenn im Inland eine Betriebsstätte des **Arbeitgebers gem § 81 EStG** besteht.

Aufbauend auf § 29 BAO gilt als lohnsteuerliche Betriebsstätte gem § 81 EStG, jede vom Arbeitgeber im Inland für die Dauer von mehr als einem Monat unterhaltene feste örtliche Anlage oder Einrichtung, wenn sie der Ausübung der durch den Arbeitnehmer ausgeführten Tätigkeit dient.

Anders als gem § 29 BAO liegt eine lohnsteuerliche Betriebsstätte bereits vor, wenn die feste Einrichtung der **Ausübung der Tätigkeit des Arbeitnehmers dient**. Es ist nicht erforderlich, dass diese der **Ausübung des (Geschäfts-)Betriebes des Arbeitgebers dient**. Daher sind auch die diesbezüglichen strengen Anforderungen an eine Verfügungsmacht des Arbeitgebers und an die Qualität der dort ausgeübten Tätigkeit wie unter Punkt 3. beschrieben, für eine lohnsteuerliche Betriebsstätte nicht erforderlich.

In zeitlicher Hinsicht setzt § 81 EStG für das Vorliegen einer lohnsteuerlichen Betriebsstätte nur eine Mindestdauer von einem Monat voraus, während für eine ertragsteuerliche Betriebsstätte zwar kein konkreter Zeitraum genannt ist, jedoch eine gewisse Dauerhaftigkeit und Regelmäßigkeit gefordert wird.

Alles in allem wird von einer lohnsteuerlichen Betriebsstätte sehr viel eher auszugehen sein als von einer ertragsteuerlichen Betriebsstätte gem § 29 BAO bzw gem dem OECD-Musterabkommen; Details dazu siehe oben zitierte Literatur.

→ In seinem Erkenntnis vom 22.6.2022 stellt der VwGH klar, dass er an das Kriterium der Verfügungsgewalt des Arbeitgebers über eine feste Geschäftseinrichtung höhere Anforderungen stellt, als die österreichische Finanzverwaltung bisher.

Für weitere Anlassfälle macht die Entscheidung Mut, eine von der österreichischen Finanzverwaltung behauptete Betriebsstätte mit dem Argument mangelnder Verfügungsmacht des Arbeitgebers erfolgreich zu bekämpfen. Es bleibt jedoch offen, wie sehr bzw wie schnell die Finanzverwaltung diese auch in anderen Ländern übliche Auslegung übernimmt und an geeigneten Stellen zB EStR, BMF-Infos, EAS-Auskünften etc zum Ausdruck bringt.

Pflichtveranlagung lohnsteuerpflichtiger Einkünfte

Ab 2022 neue bzw geänderte Tatbestände insbesondere iZm Teuerungsprämie, Mitarbeitergewinnbeteiligung und Anti-Teuerungsbonus

§ 41 EStG, Rz 909 ff LStR idF LStR-Wartungserlass vom 19.12.2022

Arbeitnehmerveranlagung

Im Jahr 2022 wurden neue Pflichtveranlagungstatbestände in das Gesetz aufgenommen. Einige bestehende Tatbestände wurden angepasst.

Insbesondere sind die Teuerungsprämie und die Mitarbeitergewinnbeteiligung dann nachzuversteuern und führen zu einer Pflichtveranlagung, wenn sie die gesetzlich zulässige Höhe überschreiten.

1. Veranlagung von lohnsteuerpflichtigen Einkünften

Eine Veranlagung von lohnsteuerpflichtigen Einkünften erfolgt nur unter den Voraussetzungen des § 41 EStG. Dabei sind folgende Veranlagungsarten zu unterscheiden:

- Pflichtveranlagung, § 41 Abs 1 EStG
- Antragsveranlagung, § 41 Abs 2 Z 1 EStG
- Antragslose Veranlagung, § 41 Abs 2 Z 2 EStG

Zur Antragsveranlagung und zur Antragslosen Veranlagung siehe Arbeitsbuch Herbst 2022, 36 ff.

2. Pflichtveranlagung, § 41 Abs 1 EStG

In den letzten Jahren hat sich die Anzahl der Pflichtveranlagungstatbestände beständig erhöht, sodass für das Jahr 2022 insgesamt 18 Pflichtveranlagungstatbestände vorliegen. In nachstehender Übersicht werden die **Neuerungen bzw die Änderungen für das Jahr 2022 entsprechend hervorgehoben.**

Pflichtveranlagung lohnsteuerpflichtiger Einkünfte		
§ 41 Abs 1 EStG	**Tatbestand**	**Erläuterungen**
Z 1	Andere Einkünfte, deren Gesamtbetrag € 730,- übersteigt	
Z 2	Zumindest zeitweise gleichzeitig zwei oder mehrere lohnsteuerpflichtige Einkünfte, die beim Lohnsteuerabzug gesondert versteuert wurden	
Z 3	Bezüge gemäß § 69 Abs 2, 3, 5, 6, 7, 8 oder 9	Bezüge aus der gesetzlichen KV und UV, nach dem Heeresgebührengesetz, Zahlungen aus dem Insolvenzentgeltfonds, iSd Dienstleistungsscheckgesetzes, bestimmte Bezüge gem BUAG, Rückzahlungen von Pflichtbeiträgen und Beiträgen zur freiwilligen Weiterversicherung und zum Nachkauf von Versicherungszeiten in der PV.

Pflichtveranlagung lohnsteuerpflichtiger Einkünfte - Fortsetzung		
Z 4	Berücksichtigung eines Freibetragsbescheid bei der Lohnverrechnung	Der Freibetragsbescheid stellt lediglich eine vorläufige Maßnahme dar. Im Zuge der Arbeitnehmer-Veranlagung sind die tatsächlichen Werbungskosten, Sonderausgaben und außergewöhnlichen Belastungen geltend zu machen.
Z 5	Berücksichtigung bestimmter Absetzbeträge in der Lohnverrechnung	• Alleinverdiener-, oder Alleinerzieherabsetzbetrag • erhöhter Pensionisten- oder Verkehrsabsetzbetrag und diese Absetzbeträge nicht zustehen.
Z 6	Berücksichtigung eines **Pendlerpauschales** in der LV	**Immer**, wenn ein Pendlerpauschale zu Unrecht oder in einer falschen Höhe berücksichtigt wurde. Bisher nur bei unrichtiger Erklärung des AN oder Verletzung der Meldepflicht.
Z 7	Zuschuss zur Kinderbetreuung iSd § 3 Abs 1 Z 13 lit b EStG	Wenn der Arbeitnehmer iZm einem steuerfreien Zuschuss zur Kinderbetreuung eine unrichtige Erklärung abgegeben hat oder Änderungen der Verhältnisse nicht gemeldet hat.
Z 8	Einkünfte im Sinn des § 3 Abs 1 Z 32 EStG	Bezüge nach Artikel 9 des Abgeordnetenstatuts des Europäischen Parlaments.
Z 9	Einkünfte aus Kapitalvermögen	im Sinne des § 27a Abs 1 oder entsprechende betriebliche Einkünfte, die keinem Kapitalertragsteuerabzug unterliegen.
Z 10	Einkünfte aus privaten Grundstücksveräußerungen im Sinne des § 30	für die keine Immobilienertragsteuer gemäß § 30c Abs 2 entrichtet wurde, oder wenn keine Abgeltung gemäß § 30b Abs 2 gegeben ist.
Z 11	Arbeitgeber ohne inländische Betriebsstätte	Wenn der AN nach § 83 Abs 2 Z 2 und Abs 3 EStG für die LSt unmittelbar in Anspruch genommen wird; zB bei Zusammenwirken von AG und AN zur Verkürzung der LSt.
Z 12	Berücksichtigung des Familienbonus-Plus in der LV	Wenn die Voraussetzungen nicht vorlagen oder ein nicht zustehender Betrag berücksichtigt wurde.
Z 13	**Homeoffice-Pauschale**, § 26 Z 9 EStG	**Immer**, wenn ein Homeoffice-Pauschale in einer nicht zustehenden Höhe steuerfrei belassen wurde. Das bisherige Erfordernis „Homeoffice-Pauschale von mehreren AG" wurde gestrichen.
Z 14	Steuerpflicht der **Mitarbeitergewinnbeteiligung** § 3 Abs 1 Z 35 EStG	Wenn mehr als € 3 000,- steuerfrei belassen wurden zB durch Gewährung einer Mitarbeitergewinnbeteiligung von mehreren Arbeitgebern.
Z 15	**Öffi-Ticket**, § 26 Z 5 lit b EStG	Wenn die Voraussetzungen für die Steuerfreiheit nicht vorlagen oder ein nicht zustehender Betrag unversteuert belassen wurde.
§ 124b Z 408 lit b und lit d EStG	**Teuerungsprämie bzw Mitarbeitergewinnbeteiligung**	Wenn Teuerungsprämien in den Jahren 2022 und 2023 mit einem Betrag von jeweils mehr als € 3.000,- steuerfrei ausbezahlt wurden. Wenn **Summe** von Teuerungsprämie und Mitarbeitergewinnbeteiligung in 2022 und 2023 mit einem Betrag von jeweils mehr als € 3.000,- steuerfrei ausbezahlt wurden.
§ 8 Abs 5 KliBG	**Anti-Teuerungsbonus** = Sonderzuschlag im Jahr 2022 zum Klimabonus	Wenn Anti-Teuerungsbonus an einen Empfänger ausbezahlt wurde, der ein Einkommen von mehr als € 90.000,- erzielt.
§ 124b Z 411 lit b EStG	**Außerordentliche Gutschrift gemäß § 398a GSVG** und § 392a BSVG (vulgo SV-Bonus für Selbständige)	Wenn eine außerordentliche Gutschrift gewährt wurde und das Einkommen des Empfängers im Zuflussjahr mehr als € 24.500,- betragen hat.

Vorgangsweise bei der Versteuerung des Anti-Teuerungsbonus in Höhe von € 250,- und des SV-Bonus für Selbständige

- Der Anti-Teuerungsbonus und der SV-Bonus sind bei Überschreitung eines Einkommens von € 90.000,- bzw € 24.500,- **nicht von der Einkommensteuer befreit.**

- Es liegt ein Tatbestand für eine **Pflichtveranlagung** vor:
  Für Lohnsteuerpflichtige ist eine Arbeitnehmer-Veranlagung mit Formular L1 vorzunehmen, für Einkommensteuerpflichtige ist das Formular E1 zu verwenden.

- Beide Arten von **Boni sind NICHT in die in Frage kommenden Formulare L1 bzw E1 einzutragen**, weil die auszahlenden Stellen, das sind das Klimaschutzministerium einerseits sowie die SVS andererseits die Daten automatisch an die Finanzverwaltung übermitteln. Die Versteuerung der ausbezahlten Boni erfolgt "vollautomatisch".

Die Anzahl der Pflichtveranlagungstatbestände ist im Jahr 2022 deutlich angewachsen.

Neu ist, dass eine Versteuerung ausbezahlter Beträge erfolgt, ohne dass diese in die Steuererklärungsformulare einzutragen sind.

Teuerungsprämie in den Jahren 2022 und 2023

Details und Sonderfragen

§ 124b Z 408 EStG idF Teuerungs-Entlastungspaket; Rz 112k LStR idF LStR-Wartungserlass vom 19.12.2022; Kurzböck, ARD 6825, 24.11.2022; Anfragebeantwortung des BMF zur Teuerungsprämie vom 23.9.2022, zuletzt aktualisiert am 1.1.2023

Steuerbegünstigung

Die Teuerungsprämie als steuerfreie Prämie des Arbeitgebers an seine Arbeitnehmer erfreut sich in den Jahren 2022 und 2023 großer Beliebtheit. Die Steuerfreiheit ist an gewisse Voraussetzungen gebunden, die es gilt einzubehalten, damit es im Nachhinein keine Nachzahlungen aufgrund von GPLBs gibt.

Teuerungsprämie	**Zulagen und Bonuszahlungen**, die der Arbeitgeber **aufgrund der Teuerung** zusätzlich gewährt und die üblicherweise bisher nicht gewährt wurden.
an Arbeitnehmer	Mitarbeiter, die **Einkünfte aus nichtselbständiger Arbeit** iSd § 25 EStG beziehen. Demnach nicht an freie Dienstnehmer, Kommanditisten und Gesellschafter-Geschäftsführer mit Beteiligung von mehr als 25 %. **Auch an karenzierte Dienstnehmer bzw Dienstnehmer ohne Entgeltanspruch,** zB bei langem Krankenstand, Mutterschutz, kann bei Erfüllung der übrigen Voraussetzungen eine Teuerungsprämie steuerfrei gewährt werden, weil der grundsätzliche Lohnanspruch lediglich ruht.
Art der Auszahlung	**einmaliger** Bonus oder einer **monatlichen** Zulage
Ausmaß der Arbeitszeit	Das Ausmaß der Arbeitszeit (Vollzeit, Teilzeit, geringfügig) hat auf die maximale Höhe der Steuerbefreiung **keine Auswirkung.**
Befreiung	Die Teuerungsprämie ist befreit von der **Lohnsteuer**, von den **Lohnnebenkosten** und von **SV-Beiträgen**.
Höhe	Insgesamt kann eine Teuerungsprämie in **Höhe von € 3.000,- steuerfrei** ausbezahlt werden. • Bis zu einem Betrag von **€ 2.000,-** pro Arbeitnehmer und Kalenderjahr ist die Teuerungsprämie an **keine weiteren Voraussetzungen** gebunden. Die Zahlung muss auch nicht an alle oder bestimmte Gruppen von Arbeitnehmern gezahlt werden. Es ist auch zulässig, eine Teuerungsprämie nur an einzelne ausgewählte Mitarbeiter auszuzahlen. • Der **über € 2.000,- hinausgehende Betrag** ist allerdings nur dann abgabenrechtlich begünstigt, wenn die Zahlung aufgrund einer **lohngestaltenden Vorschrift** erfolgt. Darunter fällt nicht nur ein Kollektivvertrag, sondern auch jener Fall, bei dem die Teuerungsprämie innerbetrieblich allen Arbeitnehmern oder **bestimmten Gruppen** von Arbeitnehmern gewährt wird.

Gruppenkriterien	Die Gruppenkriterien sind nach **sachlichen Kriterien** zu bilden und müssen objektiv nachvollziehbar sein. Nachdem die Teuerung Arbeitnehmer jeweils nach deren familiären Verhältnissen unterschiedlich trifft, können auch **soziale Kriterien** für die Bildung einer steuerlich relevanten Gruppe herangezogen werden (zB gruppenweise Staffelung nach Familienstand und/oder Anzahl etwaiger Kinder).
„Zusätzliche Zahlungen"	• Eine wichtige Voraussetzung für die Steuerfreiheit der Teuerungsprämie ist, dass es sich dabei um **zusätzliche Zahlungen** handeln muss, die **bisher den Arbeitnehmern üblicherweise nicht gewährt** wurden. Das bedeutet, dass Prämien, die aufgrund von früher getroffenen Leistungsvereinbarungen geleistet werden, nicht unter die Steuerbegünstigung fallen können. Oder anders ausgedrückt: Bereits bestehende, vereinbarte variable Vergütungen sind von den Begünstigungen der Teuerungsprämie ausgeschlossen. **Beispiel**: Der Arbeitgeber gewährte in der Vergangenheit (fast) jährlich eine Erfolgsprämie, die sich am Unternehmenserfolg orientierte. **Lösung**: Die in der Vergangenheit gewährte Erfolgsprämie kann nicht in eine steuerfreie Teuerungsprämie umgewandelt werden, weil es sich „nicht um zusätzliche Zahlung handelt, die üblicherweise bisher nicht gewährt wurde". • Eine **Gehaltserhöhung** oder auch eine außerordentliche Gehaltserhöhung kann **nicht als Teuerungsprämie** steuerfrei behandelt werden, da eine Gehaltserhöhung weder eine Zulage noch eine Bonuszahlung darstellt
Zusätzliche Zahlung trotz Corona-Prämie **Steuerfreiheit der Teuerungsprämie trotz in den Vorjahren ausbezahlter Corona-Prämien**	Hat der Arbeitgeber den Arbeitnehmern in den Jahren 2020 und/oder 2021 steuerfreie Corona-Prämien (= Covid-19-Bonuszahlungen iSd § 124b Z 350 EStG) ausbezahlt, stellt diese Tatsache **KEIN Hindernis** dafür dar, dass in den Jahren 2022 und/oder 2023 Teuerungsprämien steuerfrei ausbezahlt werden können. Ansicht des BMF, KSW-Infoabend 26.9.2022. Anmerkung: Die Fragestellung, ob eine steuerfrei ausbezahlte Corona-Prämie schädlich für die Steuerfreiheit der Teuerungsprämie sein könnte, wird in der Literatur kontroversiell beantwortet, siehe dazu ua Schuster, SWK 22/2022 und Neumann, ÖStZ 23/2022. Unseres Erachtens kann es nicht die Intention des Gesetzgebers gewesen sein, eine steuerfreie Teuerungsprämie mit dem Argument auszuhebeln, dass die in Vorjahren gewährten Corona-Prämien für die Steuerfreiheit schädlich sind. Teuerungsprämien sind zusätzliche Zahlungen, die *üblicherweise bisher nicht gewährt wurden*, § 124b Z 408 EStG. Und Prämien aufgrund einer Teuerung wurden bisher nicht üblicherweise gewährt. Warum Mitarbeiter des BMF diese Rechtsansicht zwar wiederholt kundtun, aber das BMF offenbar nicht gewillt ist, dazu eine Aussage in den Lohnsteuerrichtlinien zu tätigen, bleibt dem Rechtsanwender verborgen.
Lohnverrechnung	• Die Teuerungsprämie **erhöht nicht das Jahressechstel** und wird auch nicht auf das Jahressechstel angerechnet. • Die Teuerungsprämie ist am **Lohnkonto** und am **Lohnzettel** auszuweisen, § 5 Abs 4 Lohnkontenverordnung. Dies gilt auch, wenn die Teuerungsprämie in Form von Gutscheinen oder anderen geldwerten Vorteilen gewährt wird. • Zulagen und Bonuszahlungen, die nicht von der Steuerbefreiung umfasst sind, sind je nach Rechtstitel und Auszahlungsmodus als sonstiger Bezug gemäß § 67 Abs 10 EStG oder als laufender Bezug nach dem Tarif zu versteuern.

Vereinbarung	Eine schriftliche Vereinbarung zur Gewährung einer Teuerungsprämie ist **nicht verpflichtend**. Es empfiehlt sich allerdings, eine schriftliche Vereinbarung abzuschließen, wenn die Teuerungsprämie nur bestimmten Gruppen von Arbeitnehmern gewährt wird. Dadurch wird die objektiv nachvollziehbare Gruppenbildung dokumentiert.
Verhältnis von Teuerungsprämie und Mitarbeitergewinnbeteiligung	• Wird den Arbeitnehmern in den Jahren 2022 und 2023 sowohl eine Teuerungsprämie als auch eine Mitarbeitergewinnbeteiligung gewährt, steht die **Steuerbefreiung insgesamt nur bis zu einer Höhe von € 3.000,-** zu. • Eine bereits **im Kalenderjahr 2022** steuerfrei gewährte **Gewinnbeteiligung kann rückwirkend als (gänzlich abgabenfreie) Teuerungsprämie behandelt werden**. Die „Umwidmung“ ist sinnvoll, weil die Teuerungsprämie von der Lohnsteuer, den Lohnnebenkosten und der SV-Pflicht befreit ist. Die Mitarbeitergewinnbeteiligung hingegen ist „nur“ lohnsteuerfrei, aber unterliegt den Lohnnebenkosten und der SV-Pflicht.
Teuerungsprämie bei mehreren Dienstverhältnissen	„Klarstellung“, dass der steuerfreie Betrag von **€ 3.000,- pro Arbeitnehmer** gilt, dh bei mehreren Arbeitgebern kann der Arbeitnehmer insgesamt nur € 3.000,- steuerfrei beziehen, BGBl I 194/2022, 6.12.2022
Veranlagungspflicht	Die Teuerungsprämie ist beim Arbeitnehmer nur insoweit steuerfrei, als sie insgesamt den Betrag von € 3.000,- pro Jahr nicht übersteigt. Wird im Kalenderjahr **mehr als € 3.000,- Teuerungsprämie samt Gewinnbeteiligung** gemäß § 3 Abs 1 Z 35 EStG steuerfrei berücksichtigt, ist der Steuerpflichtige gemäß § 41 Abs 1 EStG zu veranlagen.

→ Die Teuerungsprämie als – grundsätzlich sinnvolle gesetzliche - Maßnahme zur Abfederung von Inflation und hohen Energiekosten macht in der Personalverrechnung mitunter mehr Arbeit als es den Arbeitgebern lieb ist.

Vergabe eines Baurechts

keine AfA aus Vorbereitungshandlungen, Restbuchwert im Abbruchzeitpunkt abzugsfähig

VwGH 30.6.2022, Ro 2021/15/0004; Hirschler/Kanduth-Kristen/Zinnöcker/Stückler, SWK-Spezial Einkommensteuer 2022, Das Baurecht in Bilanz- und Ertragsteuerrecht; Mayer/Reinold/Schaffer in Pinetz/Schaffer/Krist/Uitz, BauRG; VwGH 30.6.2022, Ro 2021/15/0004; VwGH 28.5.2015, 2012/145/0104; Schweisgut, SWK 28/2022, 1105; Beiser, ÖStZ 1-2/2023, 7

Einkünfte aus VuV

Baurechte werden in Fällen vergeben, in denen der Grundstückseigentümer zwar das Grundstück nicht selbst bebauen oder entwickeln will, es aber trotzdem nicht verkaufen möchte. Im Regelfall erhält dieser dafür einen laufenden Bauzins.

Befindet sich auf dem Grundstück ein Gebäude, stellt sich aus Sicht des Baurechtsgebers die Frage, was mit dessen Restbuchwert bzw mit dessen AfA bis zum Abbruch passiert.

Was ein Baurecht ist

Das Eigentum an einem Gebäude getrennt vom Grundstück innehaben und für den Grund so etwas Ähnliches wie Miete zahlen.

Ein Baurecht ist das im Grundbuch eingetragene Recht, gegen Bezahlung eines Baurechtszinses, auf einem fremden Grundstück ein Gebäude zu haben. Es bekommt eine eigene Einlagezahl im Grundbuch, worin auch der Unterschied zu einem Superädifikat liegt. Es wird laut Baurechtsgesetz für mindestens 10 aber höchstens 100 Jahre eingeräumt.

Siehe dazu Arbeitsbuch Oberlaa 2020, 44 ff.

Zurechnung des wirtschaftlichen Eigentums

Diese Frage ist für die AfA relevant, die nur der wirtschaftliche Eigentümer geltend machen kann. Das wirtschaftliche Eigentum ist im „typischen“ Fall mit dem zivilrechtlichen identisch. Das bedeutet, jenes am Grundstück liegt beim Baurechtsgeber, das am Gebäude wird dem Baurechtsnehmer zugerechnet, auch wenn dieses bereits bei Einräumung des Baurechts bestanden hat und dadurch auf ihn übergegangen ist.

In besonderen Fällen, kann bei entsprechender Vertragsgestaltung ein „atypisches“ Baurecht vorliegen. Diesfalls kann eine Zurechnung des Gebäudes beim Baurechtsgeber erfolgen, wenn dieser das wirtschaftliche Eigentum am Gebäude er- oder behält. Das kann dadurch zum Ausdruck kommen, dass die positiven und negativen Eigentumsrechte, wie zB Gebrauch, Veränderung oder Ausschluss Dritter von der Nutzung, Chancen auf Wertsteigerungen, bei diesem liegen. Das Gesamtbild der Verhältnisse ist ausschlaggebend.

Siehe dazu Hirschler/Kanduth-Kristen/Zinnöcker/Stückler, SWK-Spezial Einkommensteuer 2022, Das Baurecht im und Bilanz- und Ertragssteuerrecht, Pkt 3.

In weiterer Folge wird nur auf **typische Fälle** eingegangen.

Beispiel für ein typisches Baurecht

Die Vertragspartner vereinbaren ein Baurecht auf 75 Jahre. Der Baurechtsnehmer ist berechtigt, aber nicht verpflichtet, auf dem Grundstück ein Gebäude zu errichten, zu nutzen und auch wieder abzutragen. Sofern sich am Ende der Baurechtsdauer noch ein Gebäude auf der Baurechtsliegenschaft befindet, hat der Baurechtsgeber eine Abgeltung in Höhe des Verkehrswertes an den Baurechtsnehmer zu leisten. Es werden keine Nebenabreden getroffen, keine Veräußerungs- und Belastungsverbote sowie keine Zustimmungserfordernisse oder Vorkaufsrechte vereinbart.

Vereinnahmung des laufenden Bauzinses

Der VwGH setzt das Baurecht einem Bestandsvertrag gleich. In der Fachliteratur wird diese Auffassung zwar mehrfach kritisiert, dennoch gilt bis auf weiteres, dass der Grundstückseigentümer im außerbetrieblichen Bereich durch den Zufluss des laufenden Bauzinses Einkünfte aus **Vermietung und Verpachtung** erzielt. Dasselbe gilt, wenn der Bauzins in Form einer Einmalzahlung zufließt. Rz 6622 EStR.

Wird für die Übertragung des Altgebäudes eine Ablöse bezahlt, unterliegt diese je nach Wertverhältnissen ab der Veranlagung 2021 bis zur für die Beurteilung der Entgeltlichkeit relevanten Grenze (ehemals 50 % Grenze) der Einkommensteuer. Es liegen Einkünfte aus Vermietung und Verpachtung vor.

Bei Überschreiten der Entgeltlichkeitsschwelle fällt ImmoESt aufgrund einer privaten Grundstücksveräußerung an, Rz 6625 EStR idF Wartungserlass 2023 (Entwurf). In diesem Zusammenhang ist auf die aktuelle VwGH-Judikatur zu gemischten Schenkungen zu verweisen; siehe dazu gesonderter Beitrag in diesem Arbeitsbuch.

Wenn der laufende Bauzins eine Komponente zur Abgeltung des Gebäudewertes enthält, muss eine Aufteilung in Ablösezahlung und Bauzins erfolgen. Eine Aufteilung unterbleibt nur dann, wenn der Bauzins ausdrücklich nur die Einräumung des Baurechtes betrifft und damit dem Gebäude gar kein Wert beigemessen wird. Darüber hinaus ist Fremdüblichkeit erforderlich.

Nach Ablauf des Baurechts fällt das Gebäude wieder an den Grundeigentümer zurück, sog Heimfall. In diesem Zeitpunkt liegt, wenn keine entsprechende Ablösezahlung erfolgt, beim Grundstückseigentümer ein geldwerter Vorteil vor, der als Einnahme aus Vermietung und Verpachtung zu erfassen ist. Bei allfälligen Ablösezahlungen gelten dieselben Ausführungen wie bei der Baurechtseinräumung sinngemäß.

Das wirtschaftliche Eigentum am vom Baurechtsnehmer errichteten Gebäude und damit die Berechtigung zur Geltendmachung der AfA liegt beim Baurechtsnehmer. Aber…

…was geschieht bei einem bereits am Grundstück befindlichen Altgebäude?

Wenn das Gebäude noch vom Baurechtsgeber abgerissen wird

Während Auf- und Erschließungskosten jedenfalls zu den Anschaffungskosten zählen, ist bei einem Abbruch eines Altgebäudes zu differenzieren:

- Findet der Abbruch im **zeitlichen Zusammenhang zum Erwerb** statt oder handelt es sich um ein bereits länger gehaltenes Gebäude, bzw
- ist das **Gebäude abbruchreif** oder noch verwendbar.

Dabei ist es unerheblich, ob der Abbruch zum Zweck der Herstellung eines neuen Gebäudes oder eines unbebauten Grundstückes erfolgt. Voraussetzung für die Werbungskosteneigenschaft ist jedenfalls ein **Zusammenhang** mit zukünftigen Einnahmen.

Unerheblich ist auch, ob der Abbruch durch jene Person erfolgt, der später das Baurecht eingeräumt wird.

Abbruch Gebäude	länger gehaltenes Gebäude	zeitnah zum Erwerb
abbruchreif	Restbuchwert und Abbruchkosten zählen zu den Anschaffungskosten des Grund und Boden, Rz 6418a EStR. Jedoch vermutlich im Widerspruch zur VwGH-Rechtsprechung, wonach nach dem Zweck des Abbruches zu unterscheiden ist: **sofort abzugsfähige** Werbungskosten liegen vor, wenn wiederum Einkünfte aus VuV erzielt werden. vgl Pinetz/Schaffer/Krist/Uitz, BauRG, Rz 111, S 149ff.	Restbuchwert und Abbruchkosten zählen zu den **Anschaffungskosten** des Grund und Boden, Opfertheorie in diesem Fall noch aufrecht.
noch verwendbar	Restbuchwert und Abbruchkosten sind **sofort abzugsfähig.** Relevant ist der Beginn der Abbrucharbeiten.	

Was passiert, wenn das Gebäude nach Baurechtseinräumung stehen bleibt?

Das Gebäude geht als Zugehör zum Baurecht in das zivilrechtliche und wirtschaftliche Eigentum des Baurechtsnehmers über.

Rechtsansicht des Verfassers: In weiterer Anwendung der oben dargestellten Logik, müsste in einem solcherart gestalteten Fall der Restbuchwert im Zeitpunkt der Einräumung des Baurechts, und nicht erst bei dessen Abbruch als Werbungskosten absetzbar sein, wenn nicht ein zeitnaher Erwerb eines abbruchreifen Gebäudes voranging.

Dies begründet sich im Verlust des wirtschaftlichen Eigentums im Zeitpunkt der Baurechtseinräumung. Ein Veranlassungszusammenhang zwischen der Aufgabe des wirtschaftlichen Eigentums und der Erzielung zukünftiger Einnahmen aus Vermietung und Verpachtung ist mE gegeben. In der Literatur ist dazu wenig zu finden.

Die Kosten eines allfälligen späteren Abbruchs sind daher idR dem Baurechtsnehmer zuzurechnen.

Der VwGH hat dazu in seinem Beschluss vom 30.6.2022, Ro 2021/15/0004 nicht Stellung genommen. Das gegenständliche Baurecht und damit der Übergang des wirtschaftlichen Eigentums wurde tatsächlich erst nach Abbruch des Altgebäudes eingeräumt.

Der VwGH hat im genannten Beschluss jedoch die Geltendmachung einer laufenden AfA des betroffenen Gebäudes als vorweggenommene Werbungskosten bis zum Zeitpunkt des Abbruchs, der als Voraussetzung für das Zustandekommen des Baurechtsvertrags vereinbart war, verneint.

Begründet wurde die Entscheidung damit, dass es keine steuerlich relevante Gebäudevermietung vor der Baurechtseinräumung gab. Ein Veranlassungszusammenhang zwischen der laufenden Gebäudeabnutzung und der Baurechtseinräumung bestand daher nicht. Siehe auch Rz 6423 EStR idF Wartungserlass 2023 (Entwurf).

Gleichzeitig hält er aber fest, dass aus der Nichtanerkennung der laufenden AfA das Recht den Restbuchwert als Absetzung für außergewöhnlich technische oder wirtschaftliche Abschreibung, kurz AfAa, im Folgejahr im Zuge des dann erfolgten Abbruchs anzusetzen, nicht berührt wird. Siehe dazu auch VwGH 28.5.2015, 2012/15/0104.

→ Während in der Vorbereitungsphase eine laufende AfA für das Altgebäude aus dem Titel der zukünftigen Baurechtsbegründung nicht zulässig ist, führt der Abbruch des Altgebäudes im Regelfall zu sofort abzugsfähigen Werbungskosten. Ausnahme dabei ist, wenn sich ein bereits abbruchreifes Gebäude auf dem vom Baurechtsgeber angeschafften Grund befindet und dieses zeitnah zum Kauf abgerissen wird.

Die konkrete Beurteilung ist vom Einzelfall abhängig. Das Auseinanderklaffen von Teilen der Literatur und der Judikatur dazu ist eher unbefriedigend.

Aufgrund der praktisch zunehmenden Bedeutung von Baurechten ist der Gesetzgeber mE gefordert eine eindeutige Behandlung sowohl beim Baurechtsgeber als auch beim Baurechtsnehmer - zumindest bei typischen Baurechten – im Gesetz zu verankern.

Teilwertabschreibung von Eigentumswohnungen
Rechtsprechung des VwGH zur Teilwertermittlung

VwGH 3.2.2022, Ra 2020/15/0118; BFG 26.8.2020, RV/5101409/2019; BFG 22.3.2022, RV/5100163/2022; Bertl/Hirschler/Leo, RWZ 9/2022; Zorn, RdW 4/2022; Bleyer, ÖStZB 7/2022; Fuchs, ÖStZ 22/2022

Betriebliche Einkünfte **Bilanzierung**

Nach ständiger Rechtsprechung des Verwaltungsgerichtshofes ist eine Abschreibung auf den niedrigeren Teilwert grundsätzlich dann anzuerkennen, wenn der Steuerpflichtige das Absinken des Teilwertes darlegen kann. Wer eine Abschreibung auf den niedrigeren Teilwert durchführen will, hat die Entwertung des Wirtschaftsgutes nachzuweisen oder zumindest glaubhaft zu machen. Der VwGH bestätigt die von der Finanzverwaltung geforderten strengen Kriterien.

1. Sachverhalt und Verfahrensgang

Eine Bauträger-GmbH erwarb unbebauten Grund und Boden und errichtete darauf ein Gebäude mit mehreren Eigentumswohnungen, welche nach der Fertigstellung zur Veräußerung bestimmt waren.

Alle Wohnungen bis auf 2 Wohnungen konnten verkauft werden.

Die beiden nicht sofort verkäuflichen Wohnungen wurden in Folge langfristig vermietet, daher wurden diese beiden Tops im Anlagevermögen der Bauträger-GmbH erfasst.

Im Jahr der Umbuchung von dem Umlauf- in das Anlagevermögen wurde eine Teilwertabschreibung in Höhe von rund 15 % vorgenommen. Diese wurde vor allem damit begründet, dass sich die Wohnungen aufgrund schlechteren Lichteinfalls, höherer Lärmbelästigung von der Straße und Emissionsbelästigung durch den Schornstein des Nachbargrundstücks nicht verkaufen ließen.

Das **Finanzamt verweigerte** jedoch im Körperschaftsteuerbescheid die **Anerkennung** der Teilwertabschreibung.

Die Bauträger-GmbH erhob Beschwerde.

Das **BFG gab der Beschwerde Folge** und änderte die Körperschaftsteuerfestsetzung entsprechend ab. Begründend führte es aus, die steuerliche Vertreterin der Bauträger-GmbH habe zutreffend darauf hingewiesen, dass die beiden Wohnungen nach Norden ausgerichtet seien und daher einen schlechteren Lichteinfall hätten. Zudem unterlägen die Wohnungen einer höheren Lärmbelästigung und einer stärkeren Emissionsbelästigung durch einen Schornstein des Nachbargrundstücks als die anderen bereits veräußerten Wohnungen.

Damit stehe für das BFG ausreichend fest, dass diese beiden Wohnungen tatsächlich schwerer verkäuflich seien. Zudem habe die Bauträger-GmbH den geringeren Teilwert der beiden Wohnungen ausreichend glaubhaft gemacht, wobei die angenommene Wertminderung von rund 15 % angemessen und sachgerecht sei.

Gegen dieses Erkenntnis richtet sich die vorliegende Amtsrevision.

2. **Entscheidung des VwGH, 3.2.2022, Ra 2020/15/0118 - Aufhebung wegen Rechtswidrigkeit infolge Verletzung von Verfahrensvorschriften**

Die wichtigen Aussagen des VwGH befinden sich nachfolgend.
Die Entscheidung des VwGH kann über nebenstehenden QR-Code abgerufen werden.

Teilwert

Der Teilwert ist **jener Betrag, den der Erwerber des ganzen Betriebes im Rahmen des Gesamtkaufpreises für das einzelne Wirtschaftsgut ansetzen würde**; dabei ist davon auszugehen, dass der Erwerber den Betrieb fortführt, § 6 Z 1 EStG. Beim Teilwert handelt es sich um einen objektiven Wert, bei dem subjektive Umstände unmaßgeblich sind. Persönliche Verhältnisse sind bei Ermittlung eines Teilwertes nicht zu berücksichtigen, VwGH 5.7.2004, 2000/14/0174.

Teilwertabschreibung

Nach ständiger Rechtsprechung des Verwaltungsgerichtshofes ist eine Abschreibung auf den niedrigeren Teilwert grundsätzlich dann anzuerkennen, wenn der **Steuerpflichtige das Absinken des Teilwertes darlegen kann**. Wer eine Abschreibung auf den niedrigeren Teilwert durchführen will, hat die **Entwertung** des Wirtschaftsgutes **nachzuweisen** oder zumindest **glaubhaft zu machen**. Der Nachweis bzw die Glaubhaftmachung muss sich auch auf die Umstände beziehen, auf Grund derer gerade in einem bestimmten Wirtschaftsjahr die Voraussetzungen der Teilwertabschreibung gegeben seien und somit in jenem bestimmten Wirtschaftsjahr Betriebsausgaben zu berücksichtigen seien. VwGH 20.12.2016, Ra 2014/15/0035.

Bei Wirtschaftsgütern des Anlagevermögens gilt nach der Rechtsprechung die **Vermutung, dass der Teilwert nicht unter den Anschaffungskosten** liegt, weil von einem Unternehmer angenommen werden kann, dass er - Fehlmaßnahmen ausgenommen - grundsätzlich nicht mehr für ein Wirtschaftsgut aufwendet, als dieses für seinen Betrieb tatsächlich wert ist. Die Abschreibung auf den niedrigeren Teilwert ist deshalb grundsätzlich **nur dann anzuerkennen**, wenn der Steuerpflichtige dartun kann, dass und in welcher Höhe zwischen Anschaffungszeitpunkt und Bilanzstichtag **wesentliche Umstände eingetreten** sind, welche die Annahme rechtfertigen, dass am Bilanzstichtag die Wiederbeschaffungskosten in nicht unerheblichem Umfang unter den ursprünglichen Anschaffungskosten liegen oder dass sich die Anschaffung als **Fehlmaßnahme** erwiesen hat. VwGH 17.4.2008, 2005/15/0073. Dies gilt entsprechend auch für Herstellungskosten.

Kein ausreichender Nachweis der Entwertung der beiden Tops

Im gegenständlichen Fall setzt sich der VwGH mit der Zulässigkeit einer Teilwertabschreibung hinsichtlich zweier neu errichteter Eigentumswohnungen auseinander. Die Teilwertabschreibung wurde bereits im Jahr der Fertigstellung der Wohnungen bzw der Wohnanlage geltend gemacht.

Die Vornahme einer **Teilwertabschreibung** setzt voraus:

- Es liegt ein **Teilwert vor, der niedriger als die Anschaffungs- und Herstellungskosten** ist.
- Es **reicht für eine Teilwertabschreibung daher nicht aus**, wenn ausschließlich auf die Glaubhaftmachung eines **relativ niedrigeren Wertes** der beiden Eigentumswohnungen gegenüber anderen Wohnungen desselben Wohnungseigentumshauses gesetzt wird. Die Überlegungen, ob die beiden gegenständlichen Wohnungen schwerer verkäuflich als die anderen Wohnungen seien, sind für die Rechtfertigung einer Teilwertabschreibung unerheblich.

Für eine **Teilwertabschreibung** von Eigentumswohnungen sind laut VwGH **zwei Schritte** erforderlich: In einem ersten Schritt sind die Anschaffungs- bzw Herstellungskosten der beiden Eigentumswohnungen zu ermitteln. Im zweiten Schritt sind die Teilwerte der Wohnungen zu ermitteln und den Buchwerten gegenüberzustellen. Der Teilwert bemisst sich am Ertragswert, am Wiederbeschaffungswert oder am Veräußerungspreis. Zu den zwei Schritten siehe unten.

Dies hat das BFG, das eine Teilwertabschreibung anerkannt hat, im angefochtenen Erkenntnis unterlassen: Das BFG traf zur Höhe des Teilwertes keine Feststellungen, dh der Teilwert der beiden Wohnungen wurde nicht nachvollziehbar ermittelt.

Vorliegen einer Fehlinvestition

Die Behauptung der Bauträger-GmbH, dass eine Fehlinvestition vorliege, konnte auf der Grundlage der vorliegenden Sachverhaltsfeststellungen nicht nachvollzogen werden. Eine **Fehlinvestition** liegt nämlich **nicht** bereits dann vor, wenn sich im Verkauf für **einzelne Eigentumswohnungen** eine **geringere Gewinnmarge** als für andere Wohnungen realisieren lässt. Darüber hinaus ist das BFG nicht näher darauf eingegangen, ob bzw inwiefern die (frühe) Aufgabe der Verkaufsbemühungen seitens der Bauträger-GmbH und die (rasche) Vermietung der Wohnungen Einfluss auf die Ertragschancen und somit auf den Teilwert für die Wohnungen haben.

Aufhebung

Das angefochtene Erkenntnis erweist sich sohin angesichts der beschriebenen Feststellungsmängel als mit Rechtswidrigkeit infolge Verletzung von Verfahrensvorschriften belastet, weshalb es gemäß § 42 Abs 2 Z 3 VwGG aufzuheben war.

3. „Anleitung" des VwGH zur Ermittlung der Teilwertabschreibung für die Wohnungen

siehe dazu insbesondere Zorn, RdW 4/2022 und Bertl/Hirschler/Leo, RWZ 9/2022

Aus dem VwGH-Erkenntnis ergibt sich eine Anleitung für die Ermittlung einer (allfälligen) Teilwertminderung für die betroffenen Eigentumswohnungen. Dazu sind zwei Schritte erforderlich:

Schritt 1: Bestimmung der Anschaffungs- und Herstellungskosten bzw der Buchwerte der beiden Eigentumswohnungen

Die beiden Eigentumswohnungen stellen Anlagevermögen gem § 203 UGB dar. Für die Bewertung eines bebauten Grundstücks ist unternehmensrechtlich nach hA von der Anschaffung bzw Herstellung von **zwei getrennt zu bewertenden Vermögensgegenständen** auszugehen, nämlich Grund und Boden einerseits und Gebäude andererseits, Bertl/Hirschler/Leo, RWZ 9/2022.

Steuerrechtlich wurde mit Inkrafttreten des 1. StabG 2012 nach hA die bis dahin geltende Einheitstheorie für bebaute Grundstücke ausdrücklich aufgegeben, sodass auch steuerrechtlich ein bebautes Grundstück kein einheitliches Wirtschaftsgut mehr darstellt, siehe auch Rz 2633 EStR.

Daher sind zunächst die **Anschaffungskosten von Grund und Boden sowie die Herstellungskosten des gesamten Wohngebäudes andererseits zu ermitteln. Diese Gesamtkosten sind auf die beiden Eigentumswohnungen herunterzubrechen**, getrennt für Grund und Boden bzw Gebäude, weil zwei getrennt zu bewertende Vermögensgegenstände vorliegen. Im betrieblichen Bereich hat diese Aufteilung nach den tatsächlichen Verhältnissen zu erfolgen. Das pauschale Aufteilungsverhältnis von 40 % entfallend auf Grund und Boden und 60 % auf das Gebäude ist nur für den außerbetrieblichen Bereich vorgesehen.

Der **Anteil an Grund und Boden**, der auf die beiden Eigentumswohnungen entfällt, ergibt sich entsprechend der **Beteiligungsquote laut Grundbuch**.

Anschließend wird der **Anteil der Wohnungen an den Herstellungskosten des gesamten Gebäudes** ermittelt. Dabei werden die Herstellungskosten des Gebäudes nach einer **sachlichen Zuordnung** auf die einzelnen Wohnungen des Hauses aufgeteilt, zB nach dem **Flächenverhältnis** oder den **Nutzwerten**.

Eine Aufteilung der Herstellungskosten des Gebäudes anhand der Verkehrswerte der einzelnen Wohnungen lehnt der VwGH ausdrücklich ab.

Schritt 2: Ermittlung des Teilwerts der Wohnungen

Gegenstände des Anlagevermögens sind bei voraussichtlich dauernder Wertminderung auf den niedrigeren beizulegenden Wert am Bilanzstichtag abzuschreiben, § 204 Abs 2 UGB. Eine **Wertminderung kann dabei sowohl Grund und Boden als auch das Gebäude betreffen**. Dabei ist unternehmensrechtlich und steuerrechtlich von **zwei selbständig bewertbaren Vermögensgegenständen** auszugehen. Der Teilwert ist wie oben beschrieben zu ermitteln.

Bemerkenswert in gegenständlichem VwGH-Erkenntnis ist, dass der **VwGH** für die Gegenüberstellung des Teilwerts zu den Anschaffungs- bzw Herstellungskosten der Eigentumswohnungen **keine Aufteilung auf den Grund und Boden sowie das Gebäude verlangte**.

Daraus könnte zweierlei abgeleitet werden:

- Der VwGH wendet zumindest teilweise die Einheitstheorie weiter an, so zB VwGH 1.6.2017, Ro 2015/15/0034

  oder

- Der VwGH lässt die **einheitliche Ermittlung des Teilwertes nur zur Vereinfachung** zu. Dennoch wird es aus unternehmensrechtlicher und steuerlicher Sicht geboten sein, die einheitlich ermittelte **Abwertung aufzuteilen auf Grund und Boden einerseits und auf Gebäude andererseits**. Ein Abwertungserfordernis, das sich zB aus Baumängeln am Gebäude ergibt, mindert nur den Teilwert des Gebäudes, nicht aber des Grund und Bodens. Betrifft die Teilwertminderung zB die Verschlechterung der Verkehrslage, dann sind Grund und Boden sowie Gebäude gleichermaßen von einer Abwertung betroffen.

4. Zusammenfassung des VwGH-Urteils

Die Bauträger-GmbH, die auf unbebautem Grund eine Wohnhausanlage errichtete und zwei unverkäufliche Wohnungen langfristig vermietete, hat eine Teilwertabschreibung auf die beiden ins Anlagevermögen aufgenommenen Wohnungen geltend gemacht. Diese Abwertung erfolgte bereits im Jahr der Fertigstellung der Wohnungen.

Eine Teilwertabschreibung ist (nur) dann vorzunehmen, wenn der Steuerpflichtige das Absinken des Teilwertes darlegen kann. Er muss die Abwertung nachweisen oder zumindest glaubhaft machen. Der Teilwert muss nachvollziehbar ermittelt werden. Dabei reicht es nicht aus, wenn ein relativ niedrigerer Wert der beiden Wohnungen gegenüber den anderen veräußerten Wohnungen glaubhaft gemacht wird.

Erschwerend kam dazu, dass die Wohnungen bereits im Jahr der Fertigstellung teilwertberichtigt wurden. Es ist dem Steuerpflichtigen nicht gelungen, darzutun, welche wesentlichen Umstände zwischen Anschaffungs- bzw Herstellungszeitpunkt und Bilanzstichtag zur Wertminderung eingetreten sind.

Die „Fehler" im Verfahrensgang waren:

- Die Ermittlung der Anschaffungs- bzw Herstellungskosten entfallend auf die beiden Wohnungen aus den Gesamtkosten der Wohnhausanlage erfolgte nicht sachgerecht, zB nach Flächen oder Nutzwerten, sondern anhand erzielbarer Veräußerungserlöse.
- Der Teilwert der Wohnungen wurde nicht nachvollziehbar ermittelt. Es reicht nicht aus, einen relativ niedrigeren Wert der beiden Wohnungen im Verhältnis zu den anderen Wohnungen zu argumentieren.
- Die wesentlichen Umstände, die zu einer Teilwertminderung geführt hätten, konnten nicht nachgewiesen bzw glaubhaft gemacht werden.

5. **Fortgeführtes Verfahren durch das BFG**
BFG 22.3.2022, RV/5100163/2022

Im fortgesetzten Verfahren formuliert das BFG aus, dass die **Anerkennung der Teilwertabschreibung deshalb scheiterte, weil ein ausführlicher Nachweis – wie beispielsweise ein Sachverständigengutachten – gefehlt hatte**. Ein solches Gutachten müsse erkennen lassen, aus welchem Grund sich eine Teilwertabschreibung in bestimmter Höhe ergäbe und zum anderen auch insbesondere auf die Wertermittlung des Teilwerts eingehen.

Die steuerliche Vertreterin hat dazu im fortgesetzten Verfahren gegenüber dem BFG erklärt, dass die Beschwerdeführerin nicht mehr bereit sei, im gegenständlichen Verfahren weitere Kosten für die Beibringung eines solchen Nachweises zu tragen.

→ Durch diese Rechtsprechung des VwGH werden die von der Finanzverwaltung geforderten strengen Kriterien für die Anerkennung von Teilwertabschreibungen auf bebaute Grundstücke bestätigt.

Eine Teilwertabschreibung ist (nur) dann vorzunehmen, wenn der Steuerpflichtige das Absinken des Teilwertes begründet darlegen kann. Er muss das Abwertungserfordernis nachweisen oder zumindest glaubhaft machen. Dazu werden entweder ein Sachverständigengutachten oder andere aussagekräftige Nachweise erforderlich sein.

Veräußerung oder Schenkung
Kriterien für die ertragsteuerliche Beurteilung ab 15.11.2021

VwGH 16.11.2021, Ro 2020/15/0015; EStR idF Wartungserlass 2023 (Entwurf); Arbeitsbuch Oberlaa 2022, 104; Zorn, RdW 12/2021, 874; § 20 Abs 1 Z 4 EStG; Knechtl, BFG-Journal 1/2022, 17; Jakom EStG 14. Auflage, Tz 5 zu § 24 EStG; Atzmüller, RdW 2/2022,130; Kanduth-Kristen, immo aktuell 6/2021, 233; Bodis, SWK 7/2022, 361; Schlager, SWK 16/2022, 694; Hirschler/Kanduth-Kristen/Zinnöcker/Stückler, SWK-Spezial Einkommensteuer 2022, 4.1.2. Ertragsteuerrecht; Mayr, RdW 2/2023, 81

EStR-Wartung | **Judikatur**

Rechtsgeschäfte, die teilweise entgeltlich und teilweise unentgeltlich sind – insbesondere betreffend Immobilien –, werden für ertragsteuerliche Zwecke einheitlich behandelt dh insgesamt entweder als Schenkung oder als Veräußerung, je nachdem ob Zuwendungsabsicht besteht und ob der Schenkungscharakter überwiegt oder nicht.

Dieses „Überwiegen" wurde in der Vergangenheit in Anlehnung an § 20 Abs 1 Z 4 EStG (fälschlicherweise) in Abhängigkeit davon angenommen, ob der Wert der Gegenleistung mehr oder weniger als 50 % des gemeinen Wertes des übertragenen Wirtschaftsgutes beträgt.

Der VwGH hat mit Erkenntnis vom 16.11.2021 der Anwendung dieser 50 %-Grenze eine Absage erteilt und geht jedenfalls dann von einer Veräußerung aus, wenn der Wert der Gegenleistung um nicht mehr als 25 % vom Wert des übertragenen Wirtschaftsgutes abweicht, dh Entgelt mindestens 75 % des gemeinen Wertes.

1. Kernaussagen des VwGH

Eine gemischte Schenkung ist insgesamt dann als Schenkung anzusehen, wenn den Vertragsparteien das offenbare Missverhältnis zwischen Leistung und Gegenleistung bewusst ist **und** sie die dadurch eintretende Bereicherung auch gewollt haben (Schenkungsabsicht).

Das subjektive Element des „Bereichernwollens" wird bei Zuwendungen zwischen nahen Angehörigen – im Gegensatz zu Rechtsgeschäften zwischen unabhängigen Vertragspartnern (Fremden) – im Zweifel grundsätzlich als gegeben vermutet, außer der Kaufpreis beträgt 75 % des gemeinen Wertes oder mehr.

Als nahe Angehörige gelten gem Rz 1129 EStR insbesondere

- die in § 25 BAO aufgezählten Personen,
  - Ehegatten
  - Verwandte in gerader Linie (Eltern, Kinder, Großeltern, Enkel, Urgroßeltern, Urenkel)
  - Verwandte in der Seitenlinie zweiten Grades (Geschwister), dritten Grades (Onkel, Tanten, Nichten, Neffen), vierten Grades (Cousinen, Cousins)
  - Verschwägerte in gerader Linie (Schwiegereltern, Schwiegerkinder)
  - Verschwägerte zweiten Grades in der Seitenlinie (Geschwister des Ehegatten, Ehegatten der Geschwister)
  - Wahl/Pflegeeltern und Wahl/Pflegekinder
  - Lebensgefährten (auch gleichgeschlechtliche) sowie deren Kinder und Enkel
  - Eingetragene Partner
- andere verwandte oder verschwägerte Personen (zB Schwiegervater, Schwager),
- **sonstige Personen, die untereinander in einem besonderen persönlichen Naheverhältnis stehen** (zB Verlobte oder Lebensgefährten; **unter Berücksichtigung der konkreten Umstände des Einzelfalles auch besonders eng befreundete Personen**),
- Stiefkinder,
- Gesellschaften und deren Gesellschafter, sowie diesen nahestehende Personen; weitere Details und Judikatur dazu Rz 1129 EStR.

2. Interpretation des VwGH durch die EStR idF Wartungserlass 2023

Die EStR übernehmen in Rz 6625 und anderen diese Aussagen des VwGH und halten zusätzlich (schon bisher) fest, dass die Annahme einer Schenkung **grundsätzlich** nur zwischen nahen Angehörigen anzunehmen ist, da Fremde einander nichts zu schenken pflegen.

Vermögensübertragung zwischen	Entgelt beträgt in Prozent des gemeinen Wertes		
	≤ 25 %	**26 % bis 74 %**	**≥ 75 %**
nahen Angehörigen iS Rz 1129 EStR	jedenfalls Schenkung	Schenkungsabsicht wird **grundsätzlich**[1)] vermutet	jedenfalls Kauf
Fremden	**Grundsätzlich**[2)] liegt ein Kauf vor, da Fremde einander üblicherweise nicht schenken		jedenfalls Kauf

Der Ausdruck **„grundsätzlich"** weist darauf hin, dass es davon auch **Ausnahmen** geben kann,

[1)] zB **wenn Angehörige keine Schenkungsabsicht haben** und in einem Kaufvertrag eben ein Freundschaftspreis bzw ein preisliches Entgegenkommen in Höhe von mehr als 25 % des Wertes vereinbart wird, Rz 5571 EStR. Bei einem preislichen Entgegenkommen von mehr als 50 % des gemeinen Wertes wird eine Vermögensübertragung zwischen Angehörigen mE jedoch kaum mehr als Veräußerung angesehen werden können;

[2)] in Einzelfällen werden auch **unter Fremden** Schenkungen vorkommen, zB an die Caritas, an den Tierschutzverein oder an andere gemeinnützige/wohltätige Organisationen. In diesen Fällen ist die Schenkungsabsicht entsprechend zu dokumentieren, damit (trotz eines allfälligen Teilentgeltes wie zB einer Schuldübernahme) insgesamt ein unentgeltlicher Vorgang angenommen wird.

Auch Schenkungen zwischen fremden Personen, die gerade nicht mehr zu den Angehörigen gem Rz 1129 EStR gehören, sind vorstellbar.

Die Abgrenzung zu Personen in einem „besonderen persönlichen Naheverhältnis" und „engen Freunden", die noch als Angehörige gelten, kann im Einzelfall durchaus schwierig sein. Jedenfalls wird es umso leichter sein, eine Schenkungsabsicht glaubhaft zu machen, je niedriger der Wert der Gegenleistung im Verhältnis zum Wert des übertragenen Wirtschaftsgutes ist.

3. Gemischte Schenkungen vor dem 16.11.2021 (= Datum des VwGH-Erkenntnisses)

Vermögensübertragungen vor dem 16.11.2021 sollen lt BMF aufgrund des VwGH-Erkenntnisses **nicht** „umgedeutet" werden. Vielmehr soll die ertragsteuerliche Behandlung dem zum Ausdruck gebrachten Parteiwillen entsprechen, dh dass gewollt unentgeltliche Übertragungen ungeachtet der (neuen) 75 %-Grenze weiterhin als Schenkung behandelt werden und entgeltliche Vorgänge als Veräußerung, Rz 6625 ua EStR idf Wartungserlass 2023.

4. Sonderfall Ehescheidung

Vermögensaufteilungen – allenfalls gegen Ausgleichszahlung – anlässlich von Scheidungen oder der Auflösung eingetragener Partnerschaften stellen keine Schenkung, sondern entweder eine steuerneutrale Naturalteilung oder eine/n steuerpflichtigen Veräußerung/Tausch dar; Rz 6624 EStR.

Eine **steuerneutrale Naturalteilung** liegt nur hinsichtlich der Aufteilung des ehelichen Gebrauchsvermögens (auch der gemeinsamen Ehewohnung) und der ehelichen Ersparnisse nach den Grundsätzen des § 83 EheG vor, selbst wenn im Zuge dessen eine **Ausgleichszahlung** erfolgt.

Hingegen liegt ein **steuerbarer Vorgang** (Tausch) vor, wenn eheliches Gebrauchsvermögen oder eheliche Ersparnisse mit anderen Wirtschaftsgütern getauscht werden, die nicht der Aufteilung gem § 83 EheG unterliegen, zB mit Unternehmensanteilen oder mit Wirtschaftsgütern, die zu einem Unternehmen gehören oder mit Wirtschaftsgütern zB eine vermietete Wohnung oder ein Zinshaus, die in die Ehe eingebracht wurden. Ein steuerbarer Vorgang könnte auch vorliegen, wenn Grundstücke zB gegen Abfindung von Unterhaltsansprüchen übertragen werden und der Spitzenausgleich nicht mehr nur als geringfügig angesehen werden kann, sa Kanduth-Kristen in Jakom EStG, 15. Auflage 2022, Tz 18 zu § 30, II. Zur Frage der schädlichen Höhe einer Ausgleichszahlung ist derzeit eine **Amtsrevision beim VwGH** anhängig!

Die **gemeinsame Ehewohnung** gehört zwar zum ehelichen Gebrauchsvermögen (siehe oben), jedoch stellt eine Veräußerung und Aufteilung des Erlöses im Zuge der Scheidung keine Naturalteilung sondern einen steuerpflichtigen Veräußerungsvorgang dar (sofern nicht zB die Hauptwohnsitzbefreiung anzuwenden ist).

> **Tipp:** Welche Wirtschaftsgüter im Einzelfall zum ehelichen Gebrauchsvermögen und zu den ehelichen Ersparnissen gehören und welche nicht, ist oft nicht ganz klar und schon gar nicht auf den ersten Blick zu erkennen.
>
> In der Praxis sollte daher von einer Einzelbewertung und einem Einzelabtausch von Wirtschaftsgütern und Ansprüchen im Scheidungsvergleich Abstand genommen werden, keinesfalls anderes Vermögen (insbesondere Betriebsvermögen und eingebrachtes Vermögen) mit Gebrauchsvermögen abgetauscht werden und sollten Ausgleichszahlungen möglichst zurückhaltend und nur als pauschaler Wertausgleich für ein Bündel an Wirtschaftsgütern und Ansprüchen eingesetzt werden.

5. Sonderfall Erbteilung - Grundzüge, Rz 134b EStR

Werden nur innerhalb des Nachlasses Vermögensgegenstände geteilt bzw abgetauscht, ist das wie bisher steuerlich unbeachtlich und es liegt keine steuerlich relevante Veräußerung vor.

Zahlungen als Wertausgleich für Vermögensübertragungen <u>bis 31.12.2022</u>
Beachte: Stichtag alte/neue Rechtslage bei gemischter Schenkung ist 16.11.2021 siehe Pkt 1.-3.

Eine Ausgleichszahlung mit nachlassfremden Mitteln, ist solange unbeachtlich und führt zu keiner steuerpflichtigen Veräußerung, als die **Ausgleichszahlung aus nachlassfremden Mitteln** nicht mehr als **die Hälfte des gemeinen Wertes des anteilig übertragenen Wirtschaftsgutes** beträgt; erst darüber liegt eine Veräußerung vor; § 20 Abs 1 Z 4 EStG. Zum Wertausgleich verwendete nachlasseigene Mittel „spielen nicht mit". Betrifft eine Ausgleichszahlung mehrere Wirtschaftsgüter ist die relevante Wertgrenze die Hälfte des anteiligen gemeinen Wertes aller steuerhängigen Wirtschaftsgüter des Nachlassvermögens.

Auch wenn teilweise nachlasseigene und teilweise nachlassfremde Mittel aufgewendet werden, sind nur die nachlassfremden Mittel zur Beurteilung heran zu ziehen, ob eine Veräußerung vorliegt oder nicht; ebenso gehen nur diese in Ermittlung eines allfälligen Veräußerungsgewinnes ein, Rz 134b EStR idF bis Wartungserlass 2023.

Zahlungen als Wertausgleich für Vermögensübertragungen ab 1.1.2023

Beträgt die **Summe aus nachlasseigenen und nachlassfremden Ausgleichszahlungen mindestens 75 %** des gemeinen Wertes des übertragenen Anteiles an einem Vermögensgegenstand, liegt eine Veräußerung vor, siehe oben Pkt 2. Bei Ausgleichszahlungen von weniger als 75 % ist unter nahen Angehörigen grundsätzlich von einem unentgeltlichen Rechtsgeschäft auszugehen, Rz 134 b EStR in der Fassung Wartungserlass 2023 **(Entwurf).**

In die Berechnung eines Veräußerungsgewinnes ist jedoch **nur der nachlassfremde Teil** der Ausgleichszahlung und die diesem entsprechende Quote am übertragenen Vermögensgegenstand heran zu ziehen.

Beispiel entnommen aus Rz 124b EStR

Nachlass	**Wert gesamt**	**Anteil A - 50 %**	**Anteil B - 50 %**
Grundstück	€ 1.000.000,-	€ 500.000,-	€ 500.000,-
Geldeinlagen	€ 400.000,-	€ 200.000,-	€ 200.000,-
Zwischensummen	€ 1.400.000,-	€ 700.000,-	€ 700.000,-

Erbteilungsvereinbarung			
A erhält zusätzlich den Grundstücksanteil des B		+ € 500.000,-	- € 500.000,-
B erhält Ausgleichszahlung zusätzlich aus nachlass**eigenen** Mitteln		- € 200.000,-	+ € 200.000,-
B erhält Ausgleichszahlung aus nachlass**fremden** Mitteln		- € 300.000,-	+ € 300.000,-
Summen	€ 1.400.000,-	€ 700.000,-	€ 700.000,-

Da die Ausgleichszahlung aus nachlasseigenen und nachlassfremden Mitteln in Höhe von insgesamt € 500.000,- mehr als 75 % des gemeinen Wertes des übertragenen Grundstücksanteiles im Wert von € 500.000,- beträgt, liegt eine Veräußerung vor.

In die Ermittlung des **Veräußerungsgewinnes** ist jedoch nur die Ausgleichszahlung aus nachlassfremden Mitteln einzubeziehen, wie folgt:

Ausgleichszahlung aus nachlassfremden Mitteln wie oben diese entsprechen einem Grundstücksanteil von 30 %	€ 300.000,-
Die Anschaffungskosten des Rechtsvorgängers betragen € 200.000,- davon entfallen auf die Ausgleichszahlung aus nachlassfremden Mitteln das sind 30 %	- € 60.000,-
Veräußerungsgewinn des B daher	**€ 240.000,-**

Die **Anschaffungskosten des A für das gesamte Grundstück** betragen:

Anschaffungskosten des unmittelbar geerbten 50 %-Anteiles	€ 100.000,-
Anschaffungskosten für den von B übernommenen 20 %-Anteil, der aus nachlass**eigenen** Mitteln finanziert wurde, 20 % von € 200.000,- =	€ 40.000,-
Anschaffungskosten für den von B übernommenen 30 %-Anteil der aus nachlass**fremden** Mitteln finanziert wurde, wie oben	€ 300.000,-
Anschaffungskosten des A für 100 % des Grundstückes daher	**€ 440.000,-**

Weitere Sonderfragen zB Abgeltung von Pflichtteilsrechten und Beispiele zB Tausch von Grundstücksanteilen mit Ausgleichszahlung siehe Rz 134b EStR idF Wartungserlass 2023.

Zusammenfassung Erbteilung:

Das VwGH-Erkenntnis vom 16.11.2021 und die EStR idF Wartungserlass 2023 führen zu **keiner Änderung betreffend die Berechnung** eines allfälligen Veräußerungsgewinnes, da dabei immer nur jene Ausgleichszahlungen einzubeziehen sind, die aus nachlassfremden Quellen stammen.

Für die Frage, ob überhaupt eine steuerpflichtige Veräußerung oder eine steuerneutrale Vermögensaufteilung vorliegt, sind **ab 1.1.2023** sowohl Ausgleichszahlungen aus nachlassfremden **als auch nachlasseigenen** Mitteln dem (vollen) gemeinen Wert des anteilig übertragenen Wirtschaftsgutes (bzw der anteiligen steuerhängigen Wirtschaftsgüter des Nachlassvermögens) gegenüberzustellen; bis 31.12.2022 lag eine Veräußerung nur vor, wenn die Ausgleichszahlung die Hälfte des gemeinen Wertes (50 %-Grenze) überstiegen hat und nicht erst ab 75 %.

Es ist mE fraglich, ob der Entwurf des EStR-Wartungserlasses auch wirklich so umgesetzt wird, wie oben dargestellt oder nicht die Entscheidung des VwGH zur anhängigen Amtsrevision iZm Ehescheidungen abgewartet wird. Dann könnten sowohl Vermögensaufteilungen anlässlich von Scheidungen als auch bei Erbteilungen „harmonischer“ neu geregelt werden, als dies derzeit der Fall ist.

→ Die Lösung des vom VwGH behandelten Falles mit einem Entgelt in Höhe von 75 % des gemeinen Wertes einer Liegenschaft, wäre auch ohne diesen als Veräußerung behandelt worden und hätte nicht dessen Expertise bedurft. Dass aus diesem Anlass, der bisher in Anlehnung an § 20 Abs 1 Z 4 EStG angewendeten 50 %-Grenze eine Absage erteilt wurde, war sozusagen eine Fleißaufgabe.

Dadurch entstand in der Praxis Unsicherheit in allen Fällen, in denen das Entgelt weniger als 75 % des gemeinen Wertes beträgt. Diese Unsicherheit wird durch den EStR-Wartungserlass nur teilweise behoben, indem zwischen nahen Angehörigen eine Bereicherungsabsicht vermutet wird. Es wäre wünschenswert, in die EStR auch darauf näher einzugehen, wann zwischen Angehörigen ausnahmsweise doch eine Veräußerung angenommen wird und wann zwischen Fremden ausnahmsweise doch eine Schenkung vorliegen kann.

Nachweis einer kürzeren Nutzungsdauer
Anforderungen an ein Sachverständigengutachten

BFG 22.8.2022, RV/1100038/2020; Gerner, BFGjournal 9/2022; BBi 1/2023

BFG-Entscheidung

Der Gesetzgeber stellt in § 16 EStG die Vermutung auf, dass bei Einkünften aus Vermietung und Verpachtung die Nutzungsdauer eines Gebäudes 67 Jahre beträgt. Der Steuerpflichtige kann diese Vermutung widerlegen. Dazu ist idR ein Sachverständigengutachten vorzulegen, welches gewisse Anforderungen erfüllen muss. Damit befasste sich das BFG in einer Entscheidung vom 22.8.2022.

1. Sachverhalt und Verfahrensgang

Ein Steuerpflichtiger vermietete seit September 2016 ein Einfamilienhaus in Vorarlberg und erzielte Einkünfte aus Vermietung und Verpachtung. Für die jährliche Abschreibung wurde ein AfA-Satz von 2 % zur Anwendung gebracht. Dieser AfA-Satz stützte sich auf ein Sachverständigengutachten, wonach die Nutzungsdauer des Gebäudes mit 50 Jahren zu bemessen ist. Als Bewertungsstichtag wurde der 18. Juli 2018 angeführt.

Das Finanzamt erachtete das Gutachten zum Nachweis einer kürzeren als der gesetzlich vorgesehenen Nutzungsdauer als nicht geeignet. Gegen die Beschwerdevorentscheidung wurde ein Vorlageantrag eingebracht.

2. Entscheidung des BFG, 22.8.2022, RV/1100038/2020
Abweisung der Beschwerde, Revision nicht zugelassen

Die wichtigen Aussagen der BFG-Entscheidung befinden sich untenstehend.
Die Entscheidung kann über nebenstehenden QR-Code abgerufen werden.

2.1. Gesetzliche AfA

Bei Gebäuden, die der Erzielung von Einkünften aus Vermietung und Verpachtung dienen, können <u>**ohne**</u> **Nachweis der Nutzungsdauer jährlich 1,5 %** der Bemessungsgrundlage als **Absetzung für Abnutzung** geltend gemacht werden, § 16 Abs 1 Z 8 lit d EStG.

Der Gesetzgeber stellt in § 16 Abs 1 Z 8 lit d EStG die **Vermutung** auf, dass die Nutzungsdauer eines Gebäudes, das der Erzielung von Einkünften aus Vermietung und Verpachtung dient, **67 Jahre** und nicht weniger beträgt. Die **Beweislast** für die Widerlegung dieser Vermutung mit der Behauptung des **Vorliegens einer kürzeren Nutzungsdauer trifft den Steuerpflichtigen.** Das Gesetz verlangt nur den „Nachweis" einer kürzeren Nutzungsdauer, ohne dem Steuerpflichtigen vorzuschreiben, wie er ihn zu führen hat. Daher hat er in dieser Frage freie Hand, wenngleich im Allgemeinen wohl nur ein Gutachten den gewünschten Erfolg bringen wird. Das wird auch von der Verwaltungspraxis, siehe Rz 6444 EStR, und vom Schrifttum so gesehen, siehe zB Ebner in Jakom EStG, 15. Aufl. (2022), § 16 Rz 42.

Der Nachweis einer kürzeren Nutzungsdauer wird im Regelfall durch die Vorlage eines Sachverständigengutachtens zu erbringen sein. VwGH 20.3.2014, 2010/15/0080.

2.2. Anforderungen an ein Gutachten zum Nachweis einer kürzeren Nutzungsdauer

- Ein Gutachten, das zur Entkräftung der gesetzlich vermuteten Nutzungsdauer erstellt wird, muss jedenfalls auf den **konkreten Bauzustand** eingehen und einen **nachvollziehbaren Bezug** zwischen dem Befund und der vom Gutachter angesetzten Restnutzungsdauer herstellen. VwGH 11.5.2005, 2001/13/0162. Dies schließt eine ziffernmäßige Berechnung mit ein, die nicht nur die Ausgangswerte, sondern auch konkrete Überlegungen samt Berechnungsmethoden enthalten.

- Maßgeblich für eine höhere AfA im außerbetrieblichen Bereich ist idR die technische und nicht die wirtschaftliche Nutzungsdauer. **Gründe für eine kürzere technische Nutzungsdauer** könnten etwa ein **schlechter Bauzustand, schlechte Bauausführung**, oder besondere statische Probleme darstellen.

- Ein Gutachten hat die voraussichtliche Nutzungsdauer ab dem Zeitpunkt des **Beginns der AfA** zu ermitteln. Ein Gutachten, das von der Nutzungsdauer im Zeitpunkt der Erstellung des Gutachtens ausgeht, ist bereits vom Ansatz her methodisch verfehlt. Daher ist ein derartiges Gutachten unmaßgeblich. VwGH 22.6.2001, 2000/13/0175.

- Zukünftige Verhältnisse dürfen nur insoweit in die Ermittlung der Nutzungsdauer einfließen, als sich diese bereits im gegenwärtigen Zeitpunkt verlässlich voraussagen lassen, zB ein konkret bevorstehender Abbruch des Gebäudes.

2.3. Entscheidungsbegründungen im vorliegenden BFG-Urteil

- In zugrundeliegendem Sachverhalt wurde das Gutachten knapp zwei Jahre nach dem Beginn der Vermietungstätigkeit erstellt. Aufgrund der oben angeführten Rechtsprechung des VwGH **muss ein Gutachten die kürzere Nutzungsdauer ab dem Beginn der erstmaligen Vermietung**, dh ab September 2016, angeben. Das war nicht der Fall und es wurden auch keinerlei Ausführungen zum Zustand des Gebäudes zu Beginn der Vermietungstätigkeit gemacht. Daher qualifiziert das BFG das **Gutachten als methodisch verfehlt**. Das Gutachten ist zum Nachweis einer kürzeren Nutzungsdauer nicht geeignet und als unmaßgeblich anzusehen.

  Anmerkung dazu: Es mutet für den Praktiker seltsam an, dass ein Sachverständigengutachten, welches sich nicht auf den Beginn der Vermietung, hier September 2016, sondern auf das Datum der Gutachtenserstellung bezieht, hier Juli 2018, zur gänze als „unmaßgeblich“ qualifiziert wird. Diese Aussage des BFG stützt sich allerdings leider auf frühere Rechtsprechung des VwGH, VwGH 25.4.2001, 99/13/0221 sowie VwGH 22.6.2001, 2000/13/0175. Zur Vermeidung der Unmaßgeblichkeit des gesamten Gutachtens hätte der Gutachter zweckdienliche Angaben zum Zustand des Gebäudes bei Vermietungsbeginn machen müssen.

- Im Gutachten des Sachverständigen wurde keine Baustoff- und Bauteilprüfung vorgenommen, sondern der Gutachter hat nur das berücksichtigt, was bei der Besichtigung erkennbar war. Eine in die Tiefe gehende Analyse der im Gutachten angeführten Mängel bzw deren Ursachen wurde nicht durchgeführt. Zusätzlich sind im Gutachten keine Ausführungen zum Gesamtzustand des Gebäudes enthalten.

- Das BFG bemängelt, dass die **Aussagen des Gutachters insgesamt zu vage begründet waren**, die Passagen relativ knapp gehalten und hauptsächlich als Vermutungen formuliert waren.

- Auch bei den im Gutachten genannten Mängeln des Gebäudes, zB Risse oder Feuchtigkeitsschäden, blieben nach Ansicht des BFG die Ausführungen des Sachverständigen zu oberflächlich, weil **kein ausreichender Zusammenhang der Mängel zum Gesamtzustand des Gebäudes** hergestellt wurde. Der von der VwGH-Rechtsprechung geforderte **nachvollziehbare Bezug zwischen Befund und Nutzungsdauer war nicht gegeben**.

- „Unter dem Strich bleiben die Ausführungen im vorgelegten Gutachten zu allgemein und es lässt sich insbesondere nicht erkennen, wie die festgestellten Mängel zu der konkret festgestellten Nutzungsdauer von maximal 50 Jahren führen."
- Das vorgelegte Sachverständigengutachten unterliegt der freien Beweiswürdigung, vgl etwa VwGH 25.4.2001, 99/13/0221. Im Falle des Abgehens von diesem Gutachten sind allerdings die Gründe darzulegen. Es besteht jedoch keine Verpflichtung, ein Gegengutachten erstellen zu lassen. Die Gründe, weshalb das Gutachten aus Sicht des BFG nicht geeignet ist, eine kürzere als die gesetzlich vermutete Nutzungsdauer nachzuweisen, wurden oben dargestellt.

Auf Basis der obigen Ausführungen war die Beschwerde somit als unbegründet abzuweisen.

→ Ein Sachverständigengutachten zum Nachweis einer kürzeren als der gesetzlich vorgesehenen Nutzungsdauer muss nach der ständigen Rechtsprechung des VwGH bestimmten Anforderungen gerecht werden. Das Gutachten muss auf den Bauzustand des Gebäudes eingehen und einen nachvollziehbaren Zusammenhang zwischen Befund und der ermittelten Nutzugsdauer herstellen.

Es ist unabdingbar, dass das Gutachten auf den Zustand des Gebäudes zu Beginn der Vermietungstätigkeit abstellt.

Sonderfragen zum Vorsteuerabzug

Auswirkung fehlender Lieferungen, Umsatzsteuerbetrug und Rechnungsmängel

§ 12 UStG idF BGBl I 10/2022; Gazso, RWP 1/2018, 3; Sabukoschek/Lellek-Zanetti, Lexis Briefings Steuerrecht, Vorsteuerabzug; Setina, BFG-Journal 11-12/2022, 371; Ruppe/Achatz in Ruppe/Achatz, UStG 2017, Rz 7, 8 und 33 zu § 3 und Rz 36 zu § 12; Menheere in Berger ua, UStG: Praxiskommentar, Rz 119 ff zu § 19; Beiser, RdW 8/2022, 583; Mayr, RWP 4/2019, 113

Lieferungsbegriff USt | **Rechnungsmerkmale** | **Betrugsfälle**

Der Vorsteuerabzug hat im österreichischen Umsatzsteuersystem eine große Bedeutung und ist an strenge Voraussetzungen geknüpft. Die aktuelle Judikatur zeigt, dass eine Lieferung stets im Definitionssinn des UStG auszulegen ist. Was ein Unternehmer über den Umsatzsteuerbetrug seiner Geschäftspartner wusste oder wissen hätte müssen, spielt für seinen Vorsteuerabzug eine wichtige Rolle. Bei Rechnungsmängeln lässt die Rechtsprechung des EuGH Milde walten und unterscheidet zwischen materiellrechtlichen und formalrechtlichen Mängeln.

1. Voraussetzungen für den Vorsteuerabzug

Die Regelungen des Vorsteuerabzugs finden sich größtenteils in § 12 UStG. Für die Systematik des österreichischen Umsatzsteuersystems (Allphasen-Netto-Mehrwertsteuersystem mit Vorsteuerabzug) hat der Vorsteuerabzug eine große Bedeutung, da er sicherstellt, dass die Umsatzsteuer nicht den Unternehmer, sondern den Endverbraucher für bezogene Lieferungen und sonstige Leistungen belastet.

Um einen Vorsteuerabzug geltend zu machen, müssen folgende Voraussetzungen kumulativ vorliegen:

Voraussetzung	Kein Vorsteuerabzug (beispielhaft) …
Der Leistungs**empfänger** ist ein Unternehmer iSd § 2 UStG.	• … für Liebhabereitätigkeit • … KöR im Hoheitsbetrieb
Die Leistung wird für einen Unternehmer für Zwecke seines Unternehmens ausgeführt.	• … für Leistungen, die ausschließlich private Zwecke betreffen (mindestens 10 % unternehmerische Nutzung notwendig) • … für PKW, Kombis und Krafträder (gelten grundsätzlich nicht für Zwecke des Unternehmens angeschafft; Ausnahme: Fahrschule, Vorführwagen, Handel, Personenbeförderung, E-Autos)
Der Leistungs**erbringer** ist ein Unternehmer iSd § 2 UStG.	• … bei Leistungen eines Nichtunternehmers • … bei Einlagen aus der Privatsphäre in das Unternehmen
Die Leistung ist eine im Inland steuerpflichtige Leistung.	• … ohne Leistungsaustausch (Ausnahme Anzahlungen - siehe Punkt 2.3.) • … in Österreich für Rechnungen mit ausländischer USt

Voraussetzung	Kein Vorsteuerabzug (beispielhaft) ...
Es liegt eine den Formvorschriften des § 11 UStG entsprechende Rechnung vor.	• ... für gänzlich fehlende Rechnungen • ... für Rechnungsmängel, die nicht sanierbar sind - siehe Punkt 4.
Es besteht kein Ausschluss vom Vorsteuerabzug.	• ... bei unecht steuerfreien Umsätzen (zB Ärzte, Banken, Versicherungen)

Der Vorsteuerabzug steht auch bei der Einfuhr, beim ig Erwerb und bei Leistungen, bei denen die Steuerschuld auf den Leistungsempfänger übergeht, zu. In diesen Fällen schuldet jedoch der Leistungsempfänger die (Einfuhr-)Umsatzsteuer und darf sie bei Vorliegen aller oben genannten Voraussetzungen im Wege des Vorsteuerabzugs geltend machen.

Neben dem tatsächlichen Vorsteuerabzug besteht für bestimmte Unternehmer die Möglichkeit, Vorsteuern pauschal zu ermitteln und als Vorsteuerabzug geltend zu machen.

2. Vorsteuerabzug bei fehlender Lieferung

2.1. Umsatzsteuerliche Definition einer Lieferung

Wie in Punkt 1. beschrieben, setzt der Vorsteuerabzug unter anderem voraus, dass es sich bei der Lieferung um eine im Inland steuerpflichtige Leistung handeln muss. Eine solche Lieferung setzt einen Leistungsaustausch voraus. § 3 Abs 1 UStG definiert eine Lieferung damit, dass ein Unternehmer den Abnehmer oder in dessen Auftrag einen Dritten befähigt, im eigenen Namen über einen Gegenstand zu verfügen.

Beim Begriff „Lieferung“ ist zu bedenken, dass es sich um eine eigene umsatzsteuerliche Definition handelt, die von anderen Rechtsnormen abweichen kann. Eine Lieferung im umsatzsteuerlichen Sinn besteht in der Verschaffung der Verfügungsmacht an einem Gegenstand durch einen Unternehmer. Beim Objekt einer Lieferung kann es sich dabei stets nur um einen Gegenstand handeln. Die Einräumung eines bloßen Gebrauchs- oder Nutzungsrechts führt beispielsweise zu keiner Verfügungsmacht, da diese nur dann gegeben ist, wenn Substanz, Wert und Ertrag des Gegenstandes übertragen werden. Siehe auch Art 14 Abs 1 MwSt-RL zu Lieferung: „... die Übertragung der Befähigung, wie ein Eigentümer über einen körperlichen Gegenstand zu verfügen.“

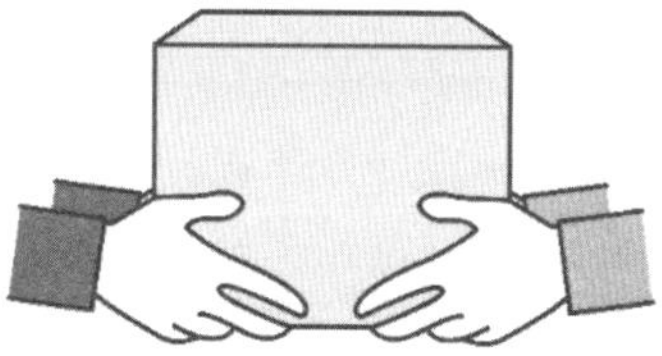

Verschaffung ...	... der Verfügungsmacht ...	... an einem Gegenstand
• Übertragung der Befähigung • Endgültige Zuwendung • Übergang der Gefahr als Indizwirkung für Erfüllung des Tatbestands einer Lieferung	• Substanz • Wert • Ertrag	• Körperlicher Gegenstand

2.2. BFG-Entscheidung RV/2100164/2018, 21.6.2022 zur Versagung des Vorsteuerabzugs mangels Lieferung

Sachverhalt	Der Beschwerdeführer (Bf) betreibt einen Gebrauchtwagenhandel als Einzelunternehmer. In den Monaten März und Juni 2016 stellte ein anderer Gebrauchtwagenhändler (N GmbH) dem Bf insgesamt 29 Fahrzeuge in Rechnung. Jeweils einen Tag später fakturierte der Bf die Fahrzeuge zu einem geringfügig höheren Preis an die N GmbH zurück. Grund für die Transaktion war, dass die N GmbH für Finanzierungszwecke eine Rechnung von einem österreichischen Kfz-Händler benötigte, die Fahrzeuge ursprünglich jedoch in den Niederlanden gekauft worden waren. Im Rahmen der Verhandlung vor dem BFG bestätigten sich die Angaben der Abgabenbehörde, dass … • … sich die Fahrzeuge niemals am Betriebsgelände des Bf befunden haben, • … der Bf die Fahrzeuge weder besichtigt noch deren Fahrgestellnummer überprüft hatte und • … die Fahrzeuge vom Bf niemals zum Verkauf angeboten wurden.
Entscheidung	Mangels einer Lieferung kann der Bf aus den Rechnungen der N GmbH **keine Vorsteuerbeträge in Abzug bringen**.
Begründung	• § 3 Abs 1 UStG: Lieferungen sind Leistungen, durch die ein Unternehmer den Abnehmer oder in dessen Auftrag einen Dritten befähigt, im eigenen Namen über einen Gegenstand zu verfügen. • § 12 Abs 1 Z 1 lit a UStG: Der Unternehmer kann die von einem anderen Unternehmer in Rechnung gestellte, gesondert ausgewiesene Steuer für Lieferungen oder sonstige Leistungen, die im Inland ausgeführt worden sind, als Vorsteuer abziehen. • Ein Vorsteuerabzug steht nur zu, wenn der (andere) Unternehmer eine Lieferung oder sonstige Leistung erbringt. Voraussetzung dafür ist eine entgeltliche, dh auf das Zustandekommen eines Leistungsaustauschs gerichtete Leistung. Fehlt es daran, so kann eine Vorsteuer auch dann nicht abgezogen werden, wenn eine Rechnung mit gesondertem Steuerausweis vorliegt und der Aussteller die Steuer gem § 11 Abs 14 UStG (USt kraft Rechnungslegung) schuldet. • Das Wesen der Lieferung besteht in der Verschaffung der Verfügungsmacht an einem Gegenstand durch einen Unternehmer. • § 3 UStG stellt auf das Verfügungsgeschäft ab, nicht auf das Verpflichtungsgeschäft. Der Abschluss des Verpflichtungsgeschäfts (zB Kaufvertrag) bewirkt (noch) keine Lieferung. Die Verschaffung der Verfügungsmacht muss ein tatsächlicher Vorgang sein. Der Übergang muss tatsächlich erfolgen und kann nicht abstrakt vereinbart werden. • Im vorliegenden Fall war die Vereinbarung zwischen Bf und N GmbH nicht darauf gerichtet, dem Bf die wirtschaftliche Substanz an den Fahrzeugen endgültig zuzuwenden. Es war stattdessen eine kurzfristige aufeinanderfolgende wechselseitige Rechnungsausstellung vereinbart, die Finanzierungsvorteile für die N GmbH bewirkt hat. Die Verschaffung der Verfügungsmacht für den Bf war nicht beabsichtigt und hat auch nie stattgefunden. Auch die Tatsache, dass um einen geringfügig höheren Preis „refakturiert“ wurde, ändert an der mangelnden Verschaffung der Verfügungsmacht nichts, da damit nur der Verwaltungsaufwand des Bf abgegolten wurde. • Die alleinige Übergabe von Fahrzeugpapieren reicht für eine Übertragung der Verfügungsmacht nicht aus. Auch beim Kfz kommt es auf die körperliche Übergabe der Fahrzeuge an.

2.3. Sonderfall Vorsteuerabzug bei Anzahlungen

Einen Sonderfall des Vorsteuerabzugs und der Umsatzsteuerpflicht stellen gem § 19 Abs 2 Z 1 lit a zweiter Absatz UStG Anzahlungen dar. Sie sind, obwohl noch keine Leistung gem § 1 Abs 1 UStG erbracht wurde, umsatzsteuerpflichtig und berechtigen den Leistungsempfänger zum Vorsteuerabzug (= Mindest-Istbesteuerung).

Voraussetzungen für den Vorsteuerabzug bei Anzahlungen:

- Rechnung über den Betrag der Anzahlung
- Zahlung des Anzahlungsbetrags
- Zusammenhang der Anzahlung mit einer konkreten, später tatsächlich erbrachten Leistung (Keine Anzahlung im umsatzsteuerlichen Sinn liegt vor, wenn die Zahlung nicht in Zusammenhang mit einer konkreten Leistung steht, wie zB beim Reparaturfonds bei einer WEG.)

Wird eine durch Anzahlung bevorschusste Leistung nicht ausgeführt, so sind der Betrag der Umsatzsteuer und der Vorsteuerabzug gem § 16 Abs 3 Z 2 zu berichtigen. Die Berichtigung ist jedoch erst im Zeitpunkt der tatsächlichen Rückzahlung fällig. Fällt eine Rückzahlung endgültig aus, ändert sich die Bemessungsgrundlage beim Anzahlungsempfänger und der Vorsteuerabzug beim Unternehmer, der die Anzahlung geleistet hat, gar nicht.

Beispiel (entnommen Beiser, RdW 8/2022):

Sachverhalt	Ein Hotelunternehmen leistet im Dezember 2021 € 240.000,- Anzahlung (€ 200.000,- Entgelt + € 40.000,- USt) an ein Bauunternehmen für einen Umbau im Gesamtvolumen von € 2 Mio + € 0,4 Mio USt. Das beauftragte Bauunternehmen wird vor Beginn der Umbauarbeiten insolvent. Der Insolvenzverwalter tritt vom Auftrag zurück. Die geleistete Anzahlung wird zur Gänze uneinbringlich und somit nicht an das Hotelunternehmen zurückgezahlt.
Lösung	Das Hotelunternehmen muss seinen Vorsteuerabzug für die Anzahlung nicht berichtigen. Erst eine Rückzahlung würde eine Berichtigungspflicht im Verhältnis einer Rückzahlung auslösen. Der Insolvenzverwalter kann die Umsatzsteuer mangels Rückzahlung nicht berichtigen.

3. Vorsteuerabzug beim Umsatzsteuerbetrug durch Dritte

Gemäß § 12 Abs 14 UStG entfällt das Recht auf Vorsteuerabzug, wenn der Unternehmer wusste oder wissen musste, dass der betreffende Umsatz iZm Umsatzsteuerhinterziehungen oder sonstigen, die Umsatzsteuer betreffenden Finanzvergehen steht. Dies gilt insbesondere auch, wenn ein solches Finanzvergehen einen vor- oder nachgelagerten Umsatz betrifft.

Das Recht auf Vorsteuerabzug entfällt bei Vorliegen der Voraussetzungen des § 12 Abs 14 UStG auch dann, wenn sonst alle formalen Erfordernisse vorliegen.

Betroffen vom Verlust des Vorsteuerabzugs beim Umsatzsteuerbetrug sind somit nicht nur die Betrüger selbst, sondern auch vermeintlich gutgläubige Unternehmer, denen hätte auffallen müssen, dass sie an Betrugsfällen teilnehmen. Eine besondere Form des Umsatzsteuerbetrugs ist der Karussell- oder „Missing-Trader"-Betrug.

Beispiel Karussellbetrug:

Dem österreichischen Unternehmer „Brav" wird vom ebenfalls österreichischen Unternehmer „Gauner 2" (einem Komplizen von „Gauner 1" und „Gauner 3") , angeboten, für das Weiterverrechnen von Maschinenbauteilen, mit denen er sonst nicht handelt, eine Provision im Ausmaß von 10 % in bar zu erhalten. „Brav" soll diese Bauteile an das österreichische Unternehmen „Gauner 3" verkaufen.

Die steuerlichen Folgen:

- Lieferung „Gauner 1" (Deutschland) an „Gauner 2" (Österreich) um € 1 Mio (steuerfreie igL)
- Lieferung „Gauner 2" (Österreich) an „Brav" (Österreich) um € 1 Mio + € 0,2 Mio USt (steuerpflichtige Lieferung in Ö) + „Gauner 2" verschwindet (= Missing-Trader)
  - **KEINE USt-Abfuhr durch „Gauner 2" → Steuerschaden € 0,2 Mio**
  - VSt-Abzug „Brav": € 0,2 Mio
- Lieferung „Brav" (Österreich) an „Gauner 3" (Österreich) um € 1 Mio + € 0,2 Mio USt (steuerpflichtige Lieferung in Ö)
  - USt-Abfuhr „Brav": € 0,2 Mio
  - VSt-Abzug „Gauner 3": € 0,2 Mio
- Lieferung „Gauner 3" (Österreich) an „Gauner 1" (Deutschland) um € 1 Mio (steuerfreie igL)

Im oben skizzierten Ablauf eines Karussellbetrugs (Karussell deswegen, weil am Ende der Lieferkette oftmals wieder der erste Verkäufer steht und der ganze Ablauf beliebig wiederholt werden kann) wird der Vorsteuerabzug des Unternehmers „Brav" davon abhängen, inwieweit er die Betrugsabsicht seiner Geschäftspartner kannte oder erkennen hätte müssen.

Zur Frage, ob der Unternehmer vom Umsatzsteuerbetrug seines Vertragspartners wusste oder hätte wissen müssen, ist die Sorgfalt eines ordentlichen Kaufmanns als Maßstab heranzuziehen. Die Abgabenbehörde hat die Tatfrage in freier Beweiswürdigung zu beurteilen und muss nachweisen, dass die Gutgläubigkeit des Unternehmers auszuschließen ist.

Welche Maßnahmen zur Vermeidung einer Betrugsbeteiligung effektiv sind, hängt sicherlich vom Einzelfall bzw von der jeweiligen Branche ab. Grundsätzlich kann festgehalten werden, dass die Sorgfaltspflicht umso höher sein muss, je ungewöhnlicher ein Sachverhalt im Vergleich zu den sonstigen Usancen einer Branche ist.

Folgende Umstände, insbesondere wenn einige Elemente kombiniert auftreten, können Hinweise auf mögliche Betrugsfälle geben:

- Vertragspartner ist ein neu gegründetes Unternehmen
- Vertragspartner ist in der Branche unbekannt
- Der Gesellschaftszweck des Vertragspartners laut Firmenbuch entspricht nicht der tatsächlichen Tätigkeit.
- Zweifel an der umsatzsteuerlichen Registrierung des Vertragspartners
- Barzahlung von höheren Beträgen
- Der Auftritt des Vertragspartners wirkt unprofessionell (Internetauftritt, E-Mail-Adresse, nur über Mobilfunknummer erreichbar).
- Vertragspartner hat sein Bankkonto in einem anderen Land als er sein Unternehmen betreibt
- Annahme der Bestellung auf branchenmäßig ungewöhnlichem Weg
- Offensichtlich vorgetäuschte Zustelladressen (zB Büroservice oder c/o-Adresse)
- Hohe Provisionen oder Handelsspannen

Bei Vorliegen der zuvor genannten Elemente sollte der Unternehmer jedenfalls gut dokumentieren, dass die Anhaltspunkte untersucht und entkräftet wurden.

4. Vorsteuerabzug und Rechnungsmängel

Eine der Voraussetzungen für den Vorsteuerabzug ist das Vorliegen einer den Formvorschriften des § 11 UStG entsprechenden Rechnung. Zu den notwendigen Rechnungsmerkmalen gehören dabei unter anderem Name, Anschrift und UID-Nummer des leistenden Unternehmers und die Menge sowie handelsübliche Bezeichnung der gelieferten Gegenstände bzw der Art und des Umfangs der sonstigen Leistung. Fehlen die gesetzlich geforderten Rechnungsmerkmale, ist der Vorsteuerabzug grundsätzlich nicht zulässig.

Die Rechtsprechung des EuGH hat die Strenge der Formalvorschriften in den letzten Jahren dahingehend gelockert, dass die Rechnung lediglich eine Dokumentationsfunktion erfüllt, wonach der Vorsteuerabzug nicht allein deswegen zu versagen ist, weil Rechnungsmerkmale fehlen. Der EuGH vertritt die Rechtsansicht, dass Angaben, die in einer Rechnung formal nicht korrekt ausgeführt sind, anderwärtig belegt werden können (zB Angaben zum Leistungszeitraum und zur Leistungsbeschreibung, siehe auch Rz 1511 UStR). Entscheidend für die Frage des Vorsteuerabzugs ist es, dass die materiellrechtlichen Voraussetzungen, wie zB die tatsächliche Leistungserbringung, vorliegen. Auch nach herrschender Rechtsprechung des VwGH ist ein Vorsteuerabzug bei Formmängeln zulässig, wenn eine spätere Rechnungsberichtigung erfolgt, siehe Arbeitsbuch Herbst 2022, 90 ff.

Einer Rechnungsberichtigung kommt jedenfalls dann rückwirkende Bedeutung zu, wenn

- die Rechnungsberichtigung bis zur Entscheidung der Behörde im Rahmen einer Außenprüfung erfolgt,
- die Rechnungsberichtigung lediglich Formmängel betrifft,
- die tatsächliche Leistungserbringung bzw der Leistungsgegenstand zweifelsfrei feststehen (Erfüllung der materiellrechtlichen Voraussetzungen) und
- kein Verdacht auf Betrug oder Missbrauch vorliegt.

Bei materiellrechtlichen Mängeln besteht kein Anspruch auf Vorsteuerabzug, da erst die berichtigte Rechnung (wenn Berichtigung überhaupt möglich ist) als Rechnung iSd § 11 UStG gilt und der Vorsteuerabzug erst bei Vorliegen dieser zulässig ist.

Art der Mängel	**Beispiele**	**Rechnungsberichtigung möglich?**
Materiellrechtliche Mängel	• Rechnung an unternehmerischen Kunden für Büromöbel, obwohl es sich um Badezimmermöbel des Privatbedarfs handelt.	✗
	• Rechnung eines rechtskräftig festgestellten Scheinunternehmers, die dem Rechnungsempfänger auch aufgrund der äußeren Umstände dubios vorkommen musste. Link zur BMF-Liste Scheinunternehmen	
Formalrechtliche Mängel	• Rechnung mit fehlendem Namen und Anschrift des Leistungserbringers • Der neu gegründete Leistungserbringer hat zum Zeitpunkt der Rechnungslegung noch keine UID-Nummer. Diese wird später erteilt. Die Umsatzsteuer wird abgeführt. • Rechnung, auf der Menge und Bezeichnung der Ware nicht ordnungsgemäß angeführt sind. Aufgrund anderer Dokumente können diese Informationen jedoch nachgewiesen werden.	✓ rückwirkende Bedeutung (Vorsteuerabzug bleibt rückwirkend erhalten)

➔ Die Voraussetzungen für den Vorsteuerabzug beschäftigen umsatzsteuerpflichtige Unternehmer und ihre Berater ständig. Im Hinblick auf die umsatzsteuerliche Definition einer Lieferung sind zweifelhafte Sachverhalte in der Praxis gründlich zu analysieren. Unternehmer, die zu ungewöhnlichen Geschäftsabschlüssen eingeladen werden, sind dringend auf ihre kaufmännischen Sorgfaltspflichten zu verweisen.

(Un-)eingeschränkte Option zur Steuerpflicht bei Geschäftsraumvermietung

Wie die Judikatur des VwGH auf Mieter- und Vermieterwechsel wirkt

§ 28 Abs 38 UStG; Rz 899c UStR; Berger in Kohler/Wakounig/Berger/Aumayr/Reinold, Steuerleitfaden zur Vermietung 2021, § 28 Abs 38 Z 1 UStG idF 1. StabG 2012, 445; Arbeitsbuch Oberlaa 2022, 127; Fuchs, ÖStZ 13/2022, 377

VwGH → UStR **Fallbeispiele**

Mit dem UStR-Wartungserlass 2022 wurde die Rechtsprechung des VwGH in die Verwaltungspraxis aufgenommen, womit für alle Formen des Mieter- und Vermieterwechsels nunmehr Klarheit hinsichtlich der Option zur Steuerpflicht gegeben ist. So kommt es beim Kauf einer vermieteten Liegenschaft zu einem Vermieterwechsel mit Entstehung **neuer** Mietverhältnisse, bei denen nur noch eine eingeschränkte Option zur Steuerpflicht anwendbar ist.

1. Option zur Steuerpflicht

Seit Inkrafttreten des 1. StabG 2012 dürfen Vermieter bei ihren Umsätzen aus der Geschäftsraumvermietung nur dann zur Umsatzsteuerpflicht optieren, wenn der Mieter das Mietobjekt nahezu ausschließlich für Umsätze verwendet, die den Vorsteuerabzug nicht ausschließen **(= eingeschränkte Option zur Steuerpflicht)**.

Eine steuerpflichtige Vermietung ist daher insbesondere an unecht steuerbefreite Mieter, wie zB Banken, Versicherungen, Ärzte und Kleinunternehmer nicht zulässig. Für Vermieter bedeutet eine solche (unecht steuerbefreite) Vermietung ein Vorsteuerabzugsverbot bzw das Erfordernis negativer Vorsteuerberichtigungen gem § 12 Abs 10 UStG für Vorsteuern der Vergangenheit.

Um diese erheblichen Konsequenzen für Vermieter und Mieter abzufedern, sieht § 28 Abs 38 Z 1 UStG eine zeitliche Übergangsbestimmung vor, die es dem Vermieter ermöglicht, für Altfälle weiterhin steuerpflichtig an Mieter, die nicht zum Vorsteuerabzug berechtigt sind, zu vermieten **(= uneingeschränkte Option zur Steuerpflicht)**. Diese uneingeschränkte Option gilt zeitlich unbefristet für alle Neuvermietungen eines Vermieters, der das Gebäude vor dem 1.9.2012 selbst errichtet (und nicht etwa erworben) hat. Für alle anderen Vermieter ist die uneingeschränkte Option nur auf Miet- und Pachtverhältnisse anzuwenden, die vor dem 1.9.2012 begonnen haben.

Bei jedem Wechsel auf Mieter- oder Vermieterseite in solchen begünstigten Altfällen ist es daher von großer Bedeutung, ob ein neues Mietverhältnis entsteht und dadurch nur mehr die eingeschränkte Option möglich ist.

2. Bisherige Zweifelsfragen bei der Option zur Steuerpflicht

Wann ein neues Mietverhältnis im Sinne der Übergangsbestimmung des § 28 Abs 38 Z 1 UStG entsteht, wurde seit Inkrafttreten des 1. StabG 2012 im Schrifttum und in der Judikatur diskutiert.

Im Jahr 2019 entschied der VwGH (Ro 2018/15/0012, 3.4.2019), dass ein Mieterwechsel in Form einer Verschmelzung (= Gesamtrechtsnachfolge) kein neues Mietverhältnis auslöst. In Berücksichtigung dieser Entscheidung hat die Finanzverwaltung in Rz 899c UStR angeführt, dass bei allen Gesamtrechtsnachfolgen kein Mieter- oder Vermieterwechsel vorliegt.

Damit war jedoch noch nicht abschließend geklärt, ob ein vor dem 1.9.2012 abgeschlossener Mietvertrag bei einer Übertragung im Wege der Einzelrechtsnachfolge seine Eigenschaft als Altmietvertrag beibehält. Das Argument, dass der Käufer einer vermieteten Liegenschaft zwingend in bereits bestehende Mietverhältnisse eintreten muss und deshalb keine Dispositionsmöglichkeit hat, wurde für das Beibehalten von Altmietverhältnissen verwendet, siehe auch Arbeitsbuch Oberlaa 2022, 127 ff.

3. Status Quo - Einarbeitung der VwGH-Judikatur (Rz 899c UStR)

Der VwGH entschied in seinem jüngsten diesbezüglichen Erkenntnis, VwGH 20.10.2021, Ra 2019/13/0084, dass beim Vermieterwechsel durch Kauf einer Liegenschaft ein neues Mietverhältnis entsteht, wodurch nur noch die eingeschränkte Option zur Umsatzsteuerpflicht für Vermietungsumsätze zur Anwendung kommen kann.

Der VwGH führt aus, dass die Übergangsbestimmungen des § 28 Abs 38 Z 1 UStG lediglich zur Vermeidung von Härten dienen sollte. Eine solche Härte wäre für bestehende Miet- und Pachtverhältnisse ohne weiteres Zutun der betroffenen Parteien vorgelegen.

Kommt es jedoch zu Dispositionen nach dem Inkrafttretensstichtag und somit mit dem Wissen um die geänderte Rechtslage, kann dies nach der Intention des Gesetzgebers nicht zum Ausschließen der Anwendbarkeit führen.

Weiters führt der VwGH aus, dass die Übergangsbestimmungen des UStG nicht an den zivilrechtlichen Vertragsabschluss anknüpft und es daher ohne Bedeutung ist, ob der Käufer einer Liegenschaft in bestehende Mietverträge eintreten muss. Mit dem UStR-Wartungserlass 2022 wurde diese Rechtsprechung in den Richtlinientext wie folgt eingearbeitet:

Rz 899c: „Das Vorliegen eines „neuen“ Miet- oder Pachtverhältnisses im Sinne des § 28 Abs 38 Z 1 UStG kann auch nicht dadurch ausgeschlossen werden, dass es zivilrechtlich zu einem Eintritt einer anderen Person – auf Vermieter- oder auf Mieterseite – in den bestehenden Miet- oder Pachtvertrag kommt (VwGH 21.10.2021, Ra 2019/13/0084, zum gemäß § 1120 ABGB „zwingend“ erfolgenden Eintritt des Käufers in bestehende Bestandsverträge bei Erwerb eines vermieteten Grundstückes).

Kein Mieter- oder Vermieterwechsel liegt hingegen vor, wenn es zur Gesamtrechtsnachfolge kommt (vgl zur Verschmelzung VwGH 3.4.2019,Ro 2018/15/0012) oder im Rahmen einer Umgründung die Unternehmeridentität erhalten bleibt.“

4. Anwendung der Rz 899c anhand von (allen erdenklichen) Fallkonstellationen

Ausgangslage: A als natürliche Person oder in der jeweils angeführten Rechtsform vermietet ein Gebäude, das er im Jahr 2010 erworben hat, steuerpflichtig an einen Arzt B, Beginn des Mietverhältnisses war vor dem 1.9.2012, Option zur USt-Pflicht wurde ausgeübt.

Sachverhalt nach dem 31.8.2012	Begründung eines neuen Mietverhältnisses – keine Option zur USt-Pflicht mehr möglich	Begründung
Der Mietvertrag wird gekündigt; ein anderer Arzt mietet das Gebäude	✓	**normaler** Mieterwechsel nach dem 31.8.2012
A verstirbt und sein Sohn C erbt das Gebäude	✗	Vermieterwechsel durch Gesamtrechtsnachfolge
B verstirbt und sein Sohn C tritt in den Mietvertrag ein	✗	Mieterwechsel durch Gesamtrechtsnachfolge
A schenkt das Gebäude seinem Sohn C	✓	Vermieterwechsel durch Einzelrechtsnachfolge
A schenkt das Gebäude seinem Sohn C und Vorbehalt Fruchtgenuss	✗	Kein Vermieterwechsel
A verkauft das Gebäude an C	✓	Vermieterwechsel durch Einzelrechtsnachfolge
A (GmbH) wird auf die Muttergesellschaft C verschmolzen	✗	Vermieterwechsel durch Gesamtrechtsnachfolge
A (OG), im Rahmen eines Zusammenschlusses tritt neuer Gesellschafter hinzu	✗	Unternehmeridentität bleibt erhalten – kein Vermieterwechsel
B verlängert den Mietvertrag	✗	Kein Mieterwechsel
A (GmbH) verkauft das Gebäude an C; A und C bilden seit Begründung des Mietverhältnisses eine Organschaft	✗	Unternehmeridentität bleibt erhalten – kein Vermieterwechsel
A (MEG), Miteigentümer wechseln	✗	Unternehmeridentität bleibt erhalten – kein Vermieterwechsel
A (Alleineigentümer) verkauft einen Liegenschaftsanteil an neuen Miteigentümer, MEG vermietet weiter	✓	Vermieterwechsel durch Einzelrechtsnachfolge
A (Alleineigentümer) schenkt einen Liegenschaftsanteil an neuen Miteigentümer, MEG vermietet weiter	✓	Vermieterwechsel durch Einzelrechtsnachfolge
A (MEG), Miteigentümer verkauft an den letztverbleibenden Miteigentümer – Anwachsen vereinbart	✗	Vermieterwechsel durch Gesamtrechtsnachfolge aufgrund Anteilsvereinigung

→ Mit der jüngsten Judikatur des VwGH, die bereits in der Richtlinienwartung berücksichtigt wurde, ist klargestellt, dass beim Vermieterwechsel aufgrund eines Immobilienverkaufs neue Mietverhältnisse im Sinne des § 28 Abs 38 Z 1 UStG entstehen. Dass der Immobilienkäufer in bestehende Mietverträge zwingend eintreten muss, ändert nichts an der umsatzsteuerlichen Behandlung des Vermieterwechsels.

Reihengeschäfte und Dreiecksgeschäfte
Wann solche vorliegen, Zuordnung der bewegten Lieferung

§ 3 Abs 15 UStG; Art 25 UStG idF AbgÄG 2022, BGBl I 108/2022; Rz 4291ff UStR idF Wartungserlass 2022; Herges-Geier/Leitgeb, SWK 3/2023, 76; Huber/Lacha, SWK 36/2022, 1377; Mayr, SWI 2023, 16; Menheere, SWK 20-21/2022, 856; Mayr/Weinzierl, SWK-Spezial Reihen- und Dreiecksgeschäfte, 3. Auflage, uvm

AbgÄG 2022

Bis zum 31.12.2022 waren die gesetzlichen Begünstigungen für Dreiecksgeschäfte auf Fälle beschränkt, an denen genau drei Unternehmer teilnahmen. Seit 1.1.2023 gelten die Regelungen für Dreiecksgeschäfte auch bei bestimmten Reihengeschäften mit mehr als drei Personen. Nachfolgend werden die Grundzüge dieser Neuregelung dargestellt.

Reihengeschäft - mehrere Lieferungen, nur eine Warenbewegung, § 3 Abs 15 UStG

Ein Reihengeschäft liegt vor, wenn mehrere Unternehmer über einen Gegenstand Umsatzgeschäfte abschließen und der Gegenstand dabei unmittelbar vom ersten an den letzten Abnehmer in der Reihe befördert oder versendet wird. Die Reihe muss mindesten drei Beteiligte erfassen, kann aber aus beliebig vielen bestehen.

Bei der Beurteilung ist zwischen der sogenannten **bewegten Lieferung (➡)** und der/den **ruhenden Lieferung(en)** (⇨) zu unterscheiden, § 3 Abs 7 bis 9 UStG. Nur die bewegte Lieferung kann eine innergemeinschaftliche Lieferung darstellen und damit steuerbefreit sein. Die ruhenden Lieferungen, die vor der bewegten Lieferung stattfinden, werden am Abgangsort erbracht, jene nach der bewegten Lieferung an dem Ort, wo die Beförderung endet, § 3 Abs 15 Z 3 und 4 UStG.

Die bewegte Lieferung wird dem zugerechnet, auf dessen Rechnung sie erfolgt. Das ist jener Unternehmer, der die Gefahr für den zufälligen Untergang beim Transport trägt, Rz 474h UStR. Somit ist auf die Lieferkonditionen zu achten.

Ein **Zwischenhändler** ist ein Unternehmer innerhalb der Reihe, der die Ware befördert oder versendet. Zwischenhändler kann jeder außer der erste oder der letzte in der Reihe sein, vgl Arbeitsbuch Oberlaa 2020, 68 ff.

Identifizierung der bewegten Lieferung (➡)

Sie erfolgt stets **an oder durch** denjenigen, der die Ware **befördert oder versendet** (🚚).

- Tritt dieser unter der **UID des Abgangsstaates** auf, ist es die Lieferung **durch** ihn,
- tut er das nicht, ist es die Lieferung **an** ihn.

Das folgende Schema zeigt verschiedene Fallkonstellationen mit vier beteiligten Unternehmen.

Zuordnung der bewegten Lieferung (➡)

Die bewegte Lieferung erfolgt **<u>durch</u> den ersten Lieferer Ö1** in der Reihe an Ö2, wenn Ö1 versendet oder befördert.

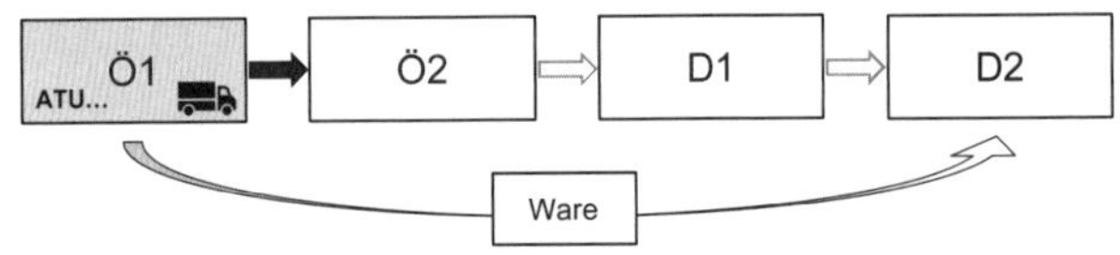

Die bewegte Lieferung erfolgt **<u>durch</u> den** (befördernden/versendenden) **Zwischenhändler Ö2,** dh zwischen Ö2 und D1

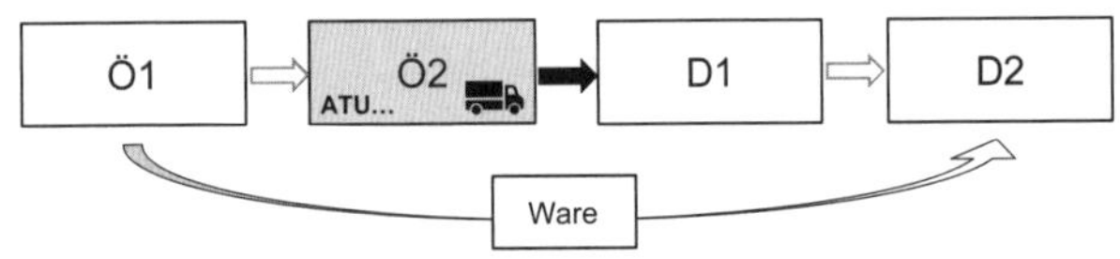

Die bewegte Lieferung erfolgt **<u>durch</u> den Zwischenhändler D1** an D2, wenn D1 gegenüber seinem Lieferer, also dem Vorgänger in der Reihe, mit einer UID des Abgangsstaates der Lieferung auftritt.

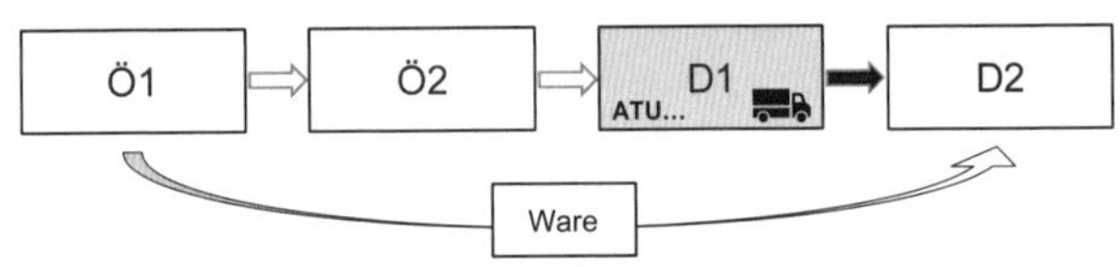

Die bewegte Lieferung erfolgt **<u>an</u> den** (befördernden/versendenden) **Zwischenhändler D1,** dh zwischen Ö2 und D1

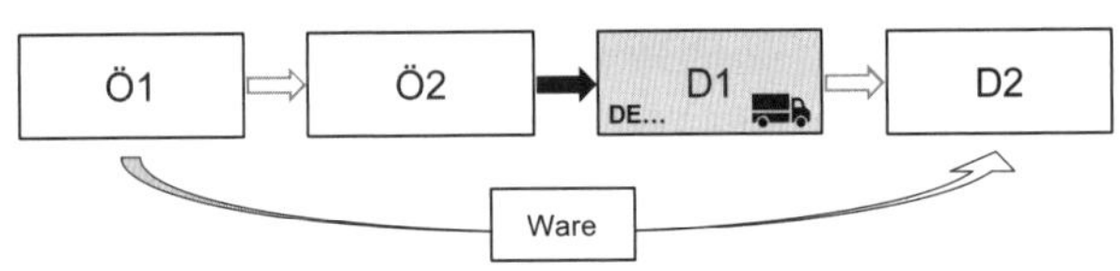

Die bewegte Lieferung erfolgt **<u>an</u> den letzten Abnehmer D2**, wenn dieser befördert oder versendet, dh zwischen D1 und D2.

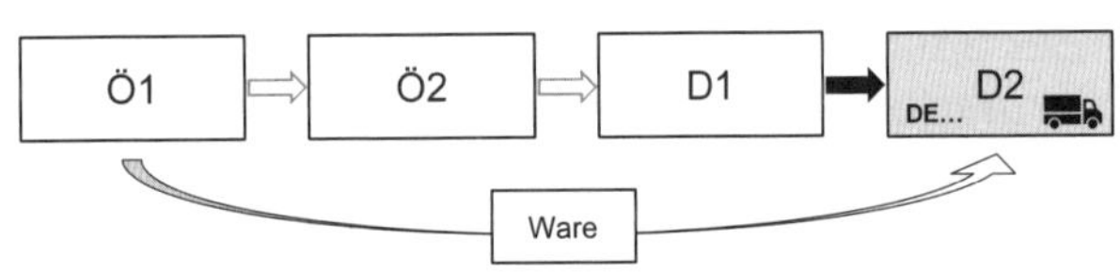

Zum Sonderfall einer Lieferung durch Online-Plattformen siehe Arbeitsbuch Oberlaa 2020, S 68, und Rz 474j UStR.

Tipp: Um Fallkonstellationen zu vermeiden, in denen sich ein ausländisches Unternehmen im Inland zur Umsatzsteuer erfassen lassen muss - und umgekehrt – sind die Lieferkonditionen damit die Zuordnung der bewegten Lieferung mit Bedacht zu vereinbaren.

Dreiecksgeschäft – eine besondere Art des Reihengeschäfts

Art 25 UStG idF AbgÄG 2022

Ein Dreiecksgeschäft liegt vor, wenn bei einem Reihengeschäft die Voraussetzungen des Art 25 Abs 3 UStG erfüllt werden, wobei **drei Unternehmer** in **drei verschiedenen Mitgliedsstaaten** über einen Gegenstand Umsatzgeschäfte abschließen.

- Der erste Unternehmer wird dabei **Lieferer** genannt,
- der Mittlere in der Reihe ist der sogenannte **Erwerber,**
- derjenige, an den der Erwerber im Bestimmungsland liefert, ist der **Abnehmer,** bis 31.12.2022 Empfänger genannt.

Der **Vorteil** eines Dreiecksgeschäfts liegt darin, dass sich der Erwerber im Mitgliedsstaat des ig-Erwerbs nicht zur Umsatzsteuer registrieren lassen muss, denn der ig-Erwerb gilt im Mitgliedsstaat, dessen UID verwendet wurde, als besteuert und ist im Staat des Abnehmers steuerfrei. Zudem geht die Steuerschuld für die ruhende Lieferung am Ort des Abnehmers auf diesen über, Art 25 Abs 5 UStG. Der Abnehmer muss im Inland zur Umsatzsteuer registriert sein.

Die **Beförderung** erfolgt dabei entweder durch den Lieferer oder den Erwerber. Wenn der Abnehmer die Ware befördert oder versendet, kommt die Vereinfachung nicht zur Anwendung.

Zusätzlich müssen folgende Voraussetzungen gegeben sein:

- Der Erwerber
  - hat weder Sitz noch Betriebsstätte im Inland (als Bestimmungsland des Gegenstandes),
  - er darf dabei weder eine UID des Abgangsstaates noch eine inländische (als Bestimmungsland) verwenden.
- Der Erwerb erfolgt für Zwecke einer nachfolgenden Lieferung des Erwerbers an den Abnehmer
- Es wird vom Erwerber eine Rechnung ausgestellt, die neben den allgemeinen Rechnungsmerkmalen gemäß den Vorschriften des Staates seines Sitzes bzw der erwerbenden Betriebsstätte auf das
  - Vorliegen eines „innergemeinschaftlichen Dreiecksgeschäfts“,
  - die „Steuerschuldnerschaft des Empfängers“,
  - die UID des Erwerbers, unter der der ig-Erwerb und die nachfolgende Lieferung bewirkt wurde,
  - sowie die UID des Abnehmers hinweist.
- Meldung des Dreiecksgeschäfts auch in der ZM des Erwerbers.

Nicht schädlich ist, wenn der Erwerber

- eine UID-Nummer im Empfangsstaat besitzt, solange er diese nicht verwendet, oder er
- im Abgangsstaat ansässig ist, wenn er die UID eines anderen Mitgliedsstaates beim Reihengeschäft verwendet.

Beispiele zum möglichen Vorliegen eines Dreiecksgeschäfts	
Die bewegte Lieferung erfolgt **durch den ersten Lieferer** in der Reihe, wenn dieser versendet oder befördert. Das heißt: Bewegte Lieferung F an D; D tätigt einen ig Erwerb in Ö, der bei Vorliegen aller Voraussetzungen steuerfrei ist; Für die ruhende Lieferung in Österreich von D an Ö geht die Steuerschuld auf Ö über.	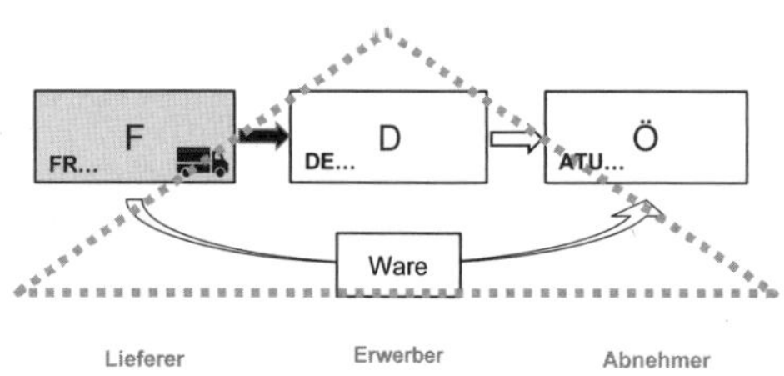
Die bewegte Lieferung erfolgt <u>**an**</u> **den Zwischenhändler,** wenn dieser versendet oder befördert. Das heißt: Bewegte Lieferung F an D; D tätigt einen ig Erwerb in Ö, der bei Vorliegen aller Voraussetzungen steuerfrei ist; Für die ruhende Lieferung in Österreich von D an Ö geht die Steuerschuld auf Ö über.	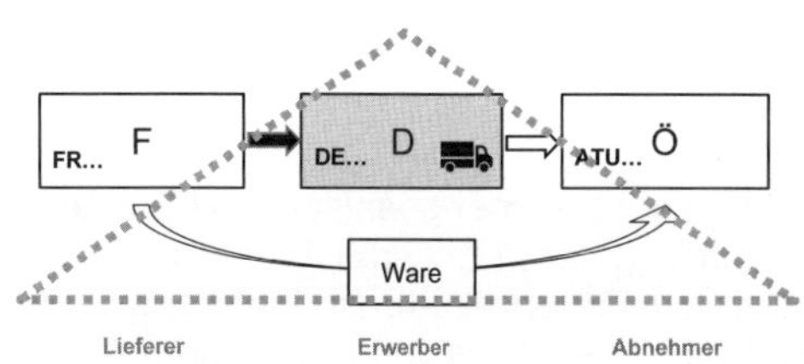
Wenn der Zwischenhändler gegenüber seinem Lieferer, also dem Vorgänger in der Reihe, mit einer **UID des Abgangsstaates** auftritt, kann **kein Dreiecksgeschäft** vorliegen.	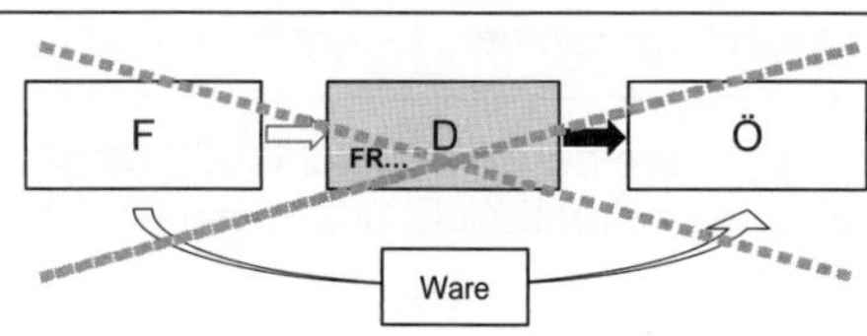
Wenn der **Abnehmer** die Ware befördert oder versendet, kann ebenfalls **kein Dreiecksgeschäft** vorliegen.	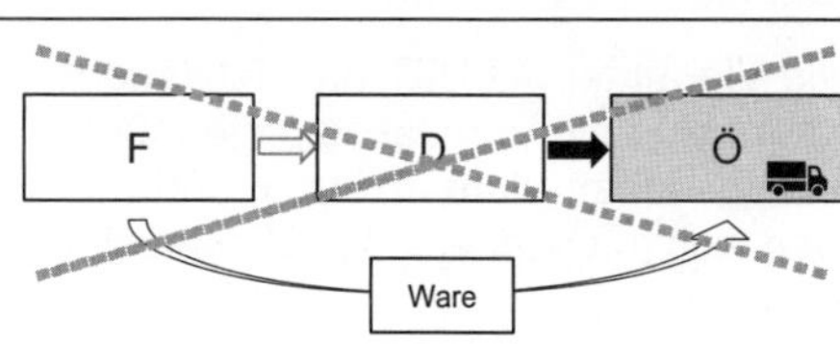

Somit muss für ein begünstigtes Dreiecksgeschäft die erste der beiden Lieferungen die bewegte Lieferung sein.

Ausweitung der Begünstigungen des Dreiecksgeschäfts auf bestimmte Reihengeschäfte mit mehr als drei Beteiligten, ab 1.1.2023.

Art 25 UStG wurde durch das AbgÄG 2022 auf Sachverhalte ausgeweitet, bei denen bei einem Reihengeschäft zusätzlich die Voraussetzungen für ein Dreiecksgeschäft erfüllt werden. Das bedeutet, dass nun auch mehr als drei Beteiligte in der gesamten Lieferkette vorhanden sein können, wobei das Dreiecksgeschäft selbst dabei **an jeder Stelle des Reihengeschäfts** angesiedelt sein kann.

Am **Dreiecksgeschäft selbst sind immer nur drei Beteiligte vorhanden**. Unverändert kann nur ein Beteiligter in den Genuss der Vereinfachungen kommen. Das ist der mittlere Empfänger der bewegten Lieferung, also der innergemeinschaftliche Erwerber der Ware.

Beispiele

Ö bestellt Ware bei D (Deutschland), dieser bestellt bei F (Frankreich) und diese bei ES (Spanien).

F (Frankreich) tritt unter seiner <u>spanischen</u> UID auf (Abgangsland) und befördert direkt an Ö.

In diesem Fall kann ein Dreiecksgeschäft zwischen F, D und Ö und damit die Vereinfachungen für D zustande kommen.

F tätigt unter seiner spanischen UID eine ig Lieferung, der ig Erwerb ist für D in Österreich steuerfrei.
Für die Lieferung in Österreich von D an Ö geht die Steuerschuld auf Ö über.

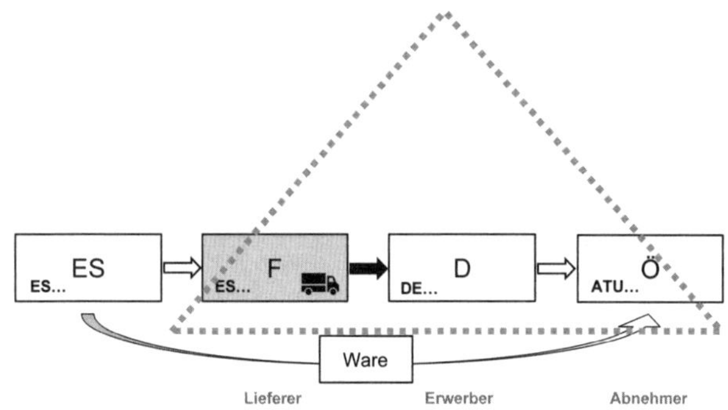

Ö bestellt Ware bei D (Deutschland), dieser bestellt bei F (Frankreich) und diese bei ES (Spanien).

F (Frankreich) tritt unter seiner <u>französischen</u> UID auf und befördert direkt an Ö. Dafür tritt D unter seiner <u>österreichischen</u> UID auf.

In diesem Fall kann ein Dreiecksgeschäft zwischen ES, F und D und damit die Vereinfachungen für F zustande kommen.

ES tätigt unter seiner spanischen UID eine ig Lieferung, der ig Erwerb ist für F in Österreich steuerfrei. Für die Lieferung innerhalb Österreichs von F an D geht die Steuerschuld auf D über. D liefert außerhalb des Dreiecksgeschäfts steuerpflichtig an Ö.

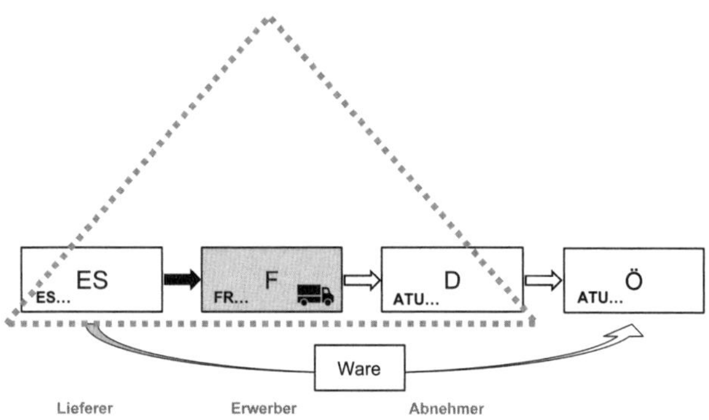

Ö bestellt Ware bei D (Deutschland), dieser bestellt bei F (Frankreich) und diese bei ES (Spanien).

ES (Spanien) befördert direkt an Ö.

Da alle Vier unter der UID ihrer Sitzländer auftreten, sind die Voraussetzungen für ein Dreiecksgeschäft **nicht erfüllt**. F und D müssen sich in Österreich zur Umsatzsteuer erfassen lassen.

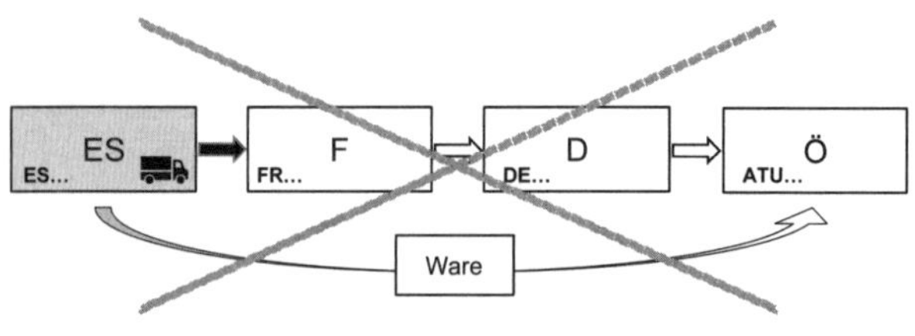

Die Bestimmungen der Regelung in Art 25 UStG gelten zweifelsfrei für Fälle, wo Österreich der Mitgliedsstaat des Empfangs ist, also wo der Abnehmer sitzt und die Beförderung endet.

Fraglich ist, ob die Regelung auch für jene Fälle gelten kann, wo eine österreichische UID durch den mittleren Unternehmer also den Erwerber verwendet wird. Siehe dazu und zur damit im Zusammenhang stehenden Problematik einer Doppelerwerbsbesteuerung, falls ein Dreiecksgeschäft von einer Finanzverwaltung nicht anerkannt würde, Herges-Geier/Leitgeb in SWK 3/2023, 78 ff.

Wie diffizil die Behandlung ein Dreiecksgeschäfts im Detail ist, zeigt sich auch an der dazu ergangenen Rechtsprechung, wie zB zuletzt durch den EuGH zu Formmängeln in Rechnungen, EuGH 8.12.2022, C-247/21, Luxury Trust.

Dieser versagte bei dem fehlenden Rechnungsmerkmal „Steuerschuldnerschaft des Leistungsempfängers" die Begünstigungen, obwohl die Rechnung den Hinweis „steuerfreies innergemeinschaftliches Dreiecksgeschäft" enthielt. Eine Sanierung durch Rechnungsberichtigung im Nachhinein ist nicht möglich (!), siehe dazu Huber/Lacha, SWK 36/2022, 1377 ff, VwGH 15.12.2022, Ro 2020/16/0016.

→ Die Regelung für Dreiecksgeschäfte ist als Vereinfachung gedacht. Aufgrund der vielen kummulativ zu erfüllenden Voraussetzungen und der sehr strengen Rechtsauslegung dazu, ist sie anfällig für Fehler.

Zudem ist es für den mittleren Erwerber ratsam, sowohl die Rechtslage im eigenen als auch im Bestimmungsland zu kennen, da diese nicht immer deckungsgleich sind. Die Konsequenz eines missglückten Dreiecksgeschäftes ist die Besteuerung des zusätzlich aufgrund der verwendeten UID bewirkten ig Erwerbes ohne Möglichkeit eines Vorsteuerabzugs.

Jedenfalls sollte ein im Rahmen der Buchhaltung erkanntes potentielles Reihengeschäft stets einem Fachkundigen zur genauen Beurteilung übergeben werden. Insbesondere bei hohen Beträgen bzw sich wiederholenden Sachverhalten stehen ein entsprechendes Haftungsrisiko und mitunter sogar finanzstrafrechtliche Risiken im Raum.

Die Moral: Ein Dreiecksgeschäft ist wie ein Supersportwagen; Wenn man die komplexe Technik beherrscht, kann man damit den einen oder anderen Sieg einfahren.

Alle andere lassen lieber die Finger davon.

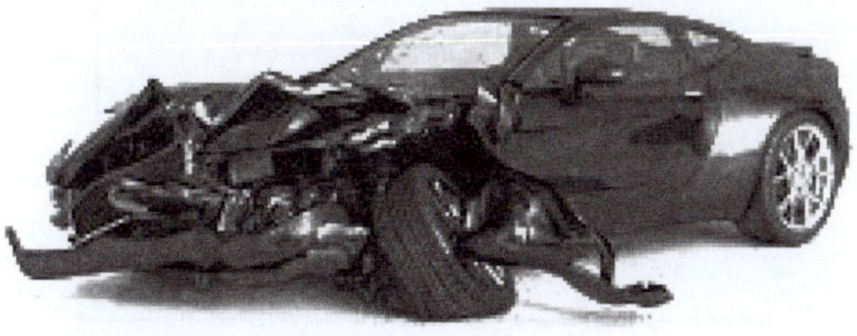

Vorsteuererstattungs- oder Veranlagungsverfahren für ausländische Unternehmer in Österreich

Vorsteuererstattungsverordnung, BGBl II 1995/279 idF BGBl II 16/2021;
Kollmann in Melhardt/Tumpel, UStG 2021, § 21; Haller, SWK 26/2022, 1033

Erstattungs-VO **Abgrenzungsfragen**

Der Frage, ob ausländische Unternehmer inländische Vorsteuern im Vorsteuererstattungsverfahren oder im Veranlagungsverfahren geltend machen können, kommt in der Praxis große Bedeutung zu. Zum einen müssen nämlich Vorsteuern zwingend auf dem Weg der Erstattung geltend gemacht werden, wenn die entsprechenden Voraussetzungen dafür vorliegen und zum anderen bestehen für dieses Verfahren knappe und nicht verlängerbare Fristen.

1. Überblick Voraussetzungen für das Vorsteuererstattungsverfahren

Ein ausländischer Unternehmer ohne Sitz und ohne Betriebsstätte im Inland, hat Umsätze, für die er selbst die Steuer schuldet, im Veranlagungsverfahren zu erklären und kann ebenso die inländische Vorsteuer auf diesem Weg geltend machen. Ausgenommen davon sind Umsätze, die über einen ausländischen One-Stop-Shop erklärt werden, siehe Punkt 1.3.

Führt ein ausländischer Unternehmer keine Umsätze aus, die ein Veranlagungsverfahren erforderlich machen, ist er für das Vorsteuererstattungsverfahren berechtigt.

Die Prüfschritte stellen sich somit wie folgt dar:

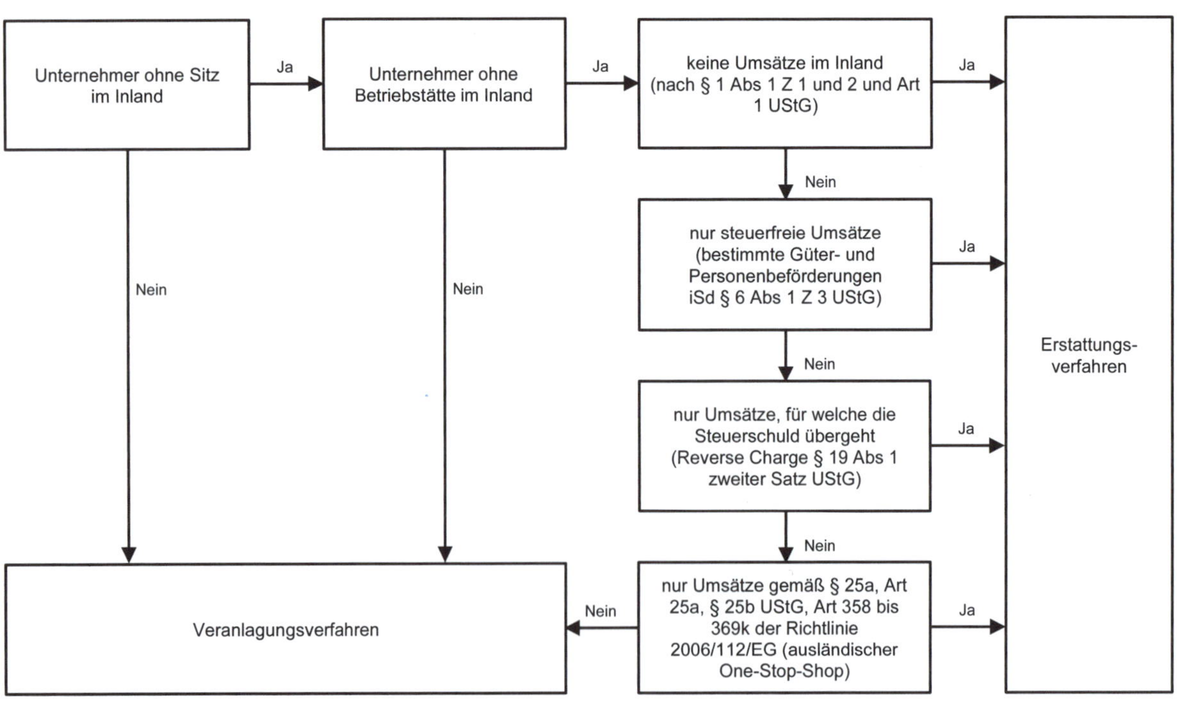

1.1. Betriebsstätte

Von den Regelungen der Vorsteuererstattung sind gemäß Verordnung **nicht im Inland ansässige Unternehmer, die im Inland weder ihren Sitz noch eine Betriebsstätte haben** umfasst. Die korrespondierende europarechtliche Regelung, Art 3 lit a Vorsteuererstattungsrichtlinie 2008/9/EG, sieht hingegen vor, dass nur solche ausländischen Unternehmer vom Erstattungsverfahren ausgenommen sind, die eine feste Niederlassung im Inland haben, von der Umsätze bewirkt werden. Die Rechtsprechung des EuGH wendet das Kriterium der festen Niederlassung mit Umsatzerzielung an. Die österreichische Finanzverwaltung folgt dieser Rechtsprechung in Rz 2836 UStR.

Somit ist das Erstattungsverfahren auch für jene ausländischen Unternehmer vorgesehen, die zwar eine feste Niederlassung in Österreich haben, jedoch von dieser aus keine Umsätze bewirken.

> Das bloße Anmieten eines Raumes ohne personelle Ressourcen stellt keine feste Niederlassung dar → Erstattungsverfahren ist zulässig.

1.2. Keine Umsätze iSd § 1 Abs 1 Z 1 und 2 und Art 1 UStG

Die Vorsteuern müssen im Veranlagungsverfahren geltend gemacht werden, wenn ausländische Unternehmer im Inland steuerbare Lieferungen oder sonstige Leistungen ausführen.

Beispiel: entnommen von Kollmann in Melhardt/Tumpel, UStG 2021, § 21:

> Ein ausländischer Unternehmer verkauft auf einer Messe in Innsbruck ein Ausstellungsstück. Der Unternehmer tätigt einen in Österreich steuerbaren und steuerpflichtigen Umsatz (Umsatz gem § 1 Abs 1 Z 1 UStG). Die in Österreich angefallenen Vorsteuern (zB Diesel für LKW, Hotel) werden im Veranlagungsverfahren geltend gemacht.

Auch ausländische Unternehmer, die in Österreich steuerbare ig Erwerbe tätigen, sind vom Erstattungsverfahren ausgeschlossen.

Beispiel: entnommen von Kollmann in Melhardt/Tumpel, UStG 2021, § 21:

> Ein polnischer Unternehmer bringt einen Messestand für eine jährlich stattfindende Messe nach Österreich und lagert diesen auf dem Wiener Messegelände ein. Der Messestand soll nicht nur für eine Messe verwendet werden. Wenn im Zeitpunkt des Verbringens davon auszugehen ist, dass der Messestand mehr als 24 Monate in Österreich bleibt, ist eine vorübergehende Verwendung gem Art 1 Abs 3 Z 1 lit g UStG nicht anzunehmen. Der polnische Unternehmer tätigt somit einen ig Erwerb durch Verbringen (Umsatz gem Art 1 UStG) und kann seine Vorsteuern im Veranlagungsverfahren geltend machen.

1.3. Nur steuerfreie Umsätze gem § 6 Abs 1 Z 3 UStG

Nur steuerfreie Umsätze gem § 6 Abs 1 Z 3 UStG, dh echt steuerbefreite Güterbeförderungen (grenzüberschreitend mit Drittlandsbezug) oder Personenbeförderungen (grenzüberschreitend mit Schiffen oder Luftfahrzeugen, ab 1.1.2023 auch mit Eisenbahn) ermöglichen das Erstattungsverfahren. **Andere** steuerbefreite Umsätze führen zum Ausschluss vom Erstattungsverfahren.

Beispiel: entnommen von Kollmann in Melhardt/Tumpel, UStG 2021, § 21:

> Ein deutscher Großhändler hat mehrere ungarische Einzelhändler als Kunden. Um diese schneller beliefern zu können, unterhält er bei einem Wiener Spediteur ein Warenlager mit den am häufigsten nachgefragten Produkten. Das nur durch Fremdpersonal betreute Warenlager erfüllt idR nicht die Voraussetzungen einer Betriebsstätte. Nach Eingang einer Bestellung werden die ungarischen Kunden direkt vom Wiener Warenlager aus beliefert. Da es sich bei den Umsätzen des deutschen Großhändlers um in Österreich steuerbare und steuerfreie ig Lieferungen handelt, ist ein Veranlagungsverfahren durchzuführen.

1.4. Nur Umsätze, bei denen die Steuerschuld auf den Leistungsempfänger gem § 19 Abs 1 zweiter Satz UStG übergeht

Erbringt ein ausländischer Unternehmer nur Umsätze im Inland, bei denen die Steuerschuld auf den Leistungsempfänger gem § 19 Abs 1 zweiter Satz UStG übergeht, kann die Vorsteuer im Erstattungswege geltend gemacht werden.

Beispiel: entnommen von Kollmann in Melhardt/Tumpel, UStG 2021, § 21:

> Ein deutscher Rechtsanwalt berät einen Salzburger Unternehmer. Die Beratungsleistung des Rechtsanwaltes ist gem § 3 Abs 6 UStG (Generalklausel, Empfängerort) in Österreich steuerbar und führt zum Übergang der Steuerschuld gem § 19 Abs 1 zweiter Satz. Da die Besprechungen überwiegend in Salzburg stattfinden, fallen in Österreich Hotelkosten an. Die daraus resultierenden Vorsteuern sind vom deutschen Anwalt im Erstattungsverfahren geltend zu machen.

Exkurs 1: Umsätze § 19 Abs 1 lit a bis 1 lit e

Wie zuvor beschrieben, bleibt das Erstattungsverfahren anwendbar, wenn ein ausländischer Unternehmer in Österreich ausschließlich steuerbare Umsätze bewirkt, für die der Übergang der Steuerschuld nach § 19 Abs 1 zweiter Satz (allgemeine Fälle Reverse Charge) geregelt ist. Im Umkehrschluss würde das bedeuten, dass es bei den Tatbeständen des § 19 Abs 1 lit a bis 1 lit e UStG (besondere Fälle Reverse Charge) zum Ausschluss aus dem Erstattungsverfahren kommen würde.

Nach Ansicht der Finanzverwaltung (Rz 2601, Rz 2822 UStR) kommt beim grenzüberschreitendem Übergang der Steuerschuld den Bestimmungen gem § 19 Abs 1 zweiter Satz UStG Vorrang vor den übrigen Tatbeständen zu. Somit bleibt das Erstattungsverfahren auch in den besonderen Reverse-Charge-Fällen anwendbar.

Beispiel: entnommen von Kollmann in Melhardt/Tumpel, UStG 2021, § 21:

> Ein deutscher Installateur baut im Auftrag eines österreichischen Generalunternehmers eine Klimaanlage in ein Werkstattgebäude ein. Da es sich um eine Bauleistung an einen Unternehmer handelt, kommt es gem § 19 Abs 1 lit a UStG zum Übergang der Steuerschuld. Der deutsche Installateur kann seine Vorsteuern im Erstattungsverfahren geltend zu machen.

Exkurs 2: Eingangsseitiges Reverse Charge

Der Übergang der Steuerschuld auf den Leistungsempfänger setzt keine bestehende steuerliche Registrierung des Leistungsempfängers in Österreich voraus. Es muss lediglich eine Unternehmereigenschaft gegeben sein. Dadurch kann die Steuerschuld von Eingangsleistungen mit österreichischem Leistungsort auch auf ausländische Unternehmer übergehen. Eine Registrierung in Österreich kann jedoch für solche Leistungsempfänger unterbleiben, wenn der Unternehmer zum vollen Vorsteuerabzug berechtigt ist. Möchte dieser ausländische Unternehmer jedoch zusätzliche österreichische Vorsteuern geltend machen, muss dies nach herrschender Meinung im Veranlagungsverfahren erfolgen.

Beispiel: entnommen aus den UStR Rz 2824:

> Der in Frankreich ansässige Unternehmer F baut Fenster in ein neu errichtendes Wohnhaus in Wien ein. Der in Deutschland ansässige Generalunternehmer D ist mit der Errichtung dieses Bauwerkes beauftragt worden. F erbringt eine sonstige Leistung an seinen deutschen Auftraggeber, die in Österreich steuerbar und steuerpflichtig ist. Da D ein Unternehmer ist, geht die Steuerschuld für die sonstige Leistung des F auf ihn über.
>
> D kann im Veranlagungsverfahren die gem § 19 Abs 1 zweiter Satz UStG geschuldete Steuer und allenfalls weitere für Vorleistungen an ihn in Rechnung gestellte Steuern als Vorsteuer abziehen.

1.5. Nur Umsätze nach § 25a, Art 25a, § 25b UStG oder einer Regelung gem Art 358 bis 369k RL 2006/112/EG

Vorsteuern sind auch dann im Rahmen des Erstattungsverfahrens geltend zu machen, wenn der Unternehmer steuerpflichtige Umsätze in Österreich ausführt, die über einen ausländischen One-Stop-Shop erklärt werden.

Beispiel: entnommen aus Rz 2836 UStR:

> Ein in Frankreich zur Sonderregelung gem Art 369a bis 369k MwSt-RL 2006/112/EG (EU-OSS, vgl Rz 4297 ff) registrierter IT-Unternehmer hat Aufwendungen im Zusammenhang mit Umsätzen, die der Sonderregelung unterliegen und für die er in Österreich gem § 12 UStG vorsteuerabzugsberechtigt ist. Das Erstattungsverfahren ist anwendbar.

2. Nicht erstattet werden „zu Unrecht“ in Rechnung gestellte Vorsteuerbeträge

Gem § 12 Abs 1 Z 1 UStG kann ein Unternehmer österreichische Vorsteuern nur für Leistungen abziehen, die im Inland für sein Unternehmen ausgeführt worden sind.

Beispiel: entnommen von Kollmann in Melhardt/Tumpel, UStG 2021, § 21:

> Ein deutscher Unternehmer lässt in Österreich einen LKW reparieren und erhält eine Rechnung mit österreichischer Umsatzsteuer. Da es sich um eine sonstige Leistung handelt, die nach der Generalklausel gem § 3a Abs 6 UStG zwingend im Empfängerstaat (Deutschland) steuerbar wäre, erfolgte der Ausweis der österreichischen USt zu Unrecht. Eine Vorsteuererstattung im Inland ist daher nicht möglich. Vielmehr muss der deutsche Unternehmer auf dem Zivilrechtsweg die österreichische USt vom österreichischen Unternehmer zurückfordern.

3. Zeitraumbezogene Abgrenzungsfragen

In der Praxis ergeben sich auch Sachverhalte, bei denen ausländische Unternehmer zB im ersten Quartal eines Jahres keine schädlichen Umsätze ausführen und erst im zweiten Quartal damit beginnen. Für das betroffene Jahr stellt sich die Frage der Vorgehensweise.

Laut Finanzverwaltung ist es möglich, dass innerhalb eines Kalenderjahres Erstattungsfälle und Veranlagungsfälle zusammentreffen, wenn dies in zeitlicher Abfolge passiert. Möglich ist dieses Zusammentreffen zweier unterschiedlicher Systeme (Erstattung und Veranlagung) dann, wenn der Erstattungszeitraum, der mindestens 3 Monate bis höchstens ein Kalenderjahr umfassen kann, einen anderen Zeitraum betrifft als die Veranlagungstatbestände.

Bewirkt ein Unternehmer zunächst keine schädlichen Ausgangsumsätze, kann er für diesen Zeitraum (zB Jänner bis März) die Vorsteuererstattung in Anspruch nehmen. Führt der ausländische Unternehmer erst später im Kalenderjahr schädliche Ausgangsumsätze aus, dann sind die bereits vergüteten Vorsteuern Jänner bis März im Veranlagungszeitraum nicht erneut zu berücksichtigen (§ 4 Abs 1 Vorsteuererstattungsverordnung). Es besteht jedoch auch die Möglichkeit, die gesamte Vorsteuer des Kalenderjahres im Veranlagungsverfahren geltend zu machen.

Für die Praxis kommt es somit zu einem Wahlrecht, wodurch unterjährige Verfahrenswechsel unterbleiben können.

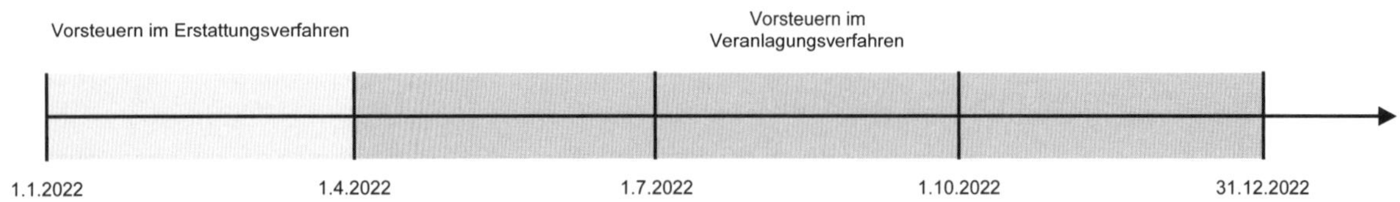

ODER

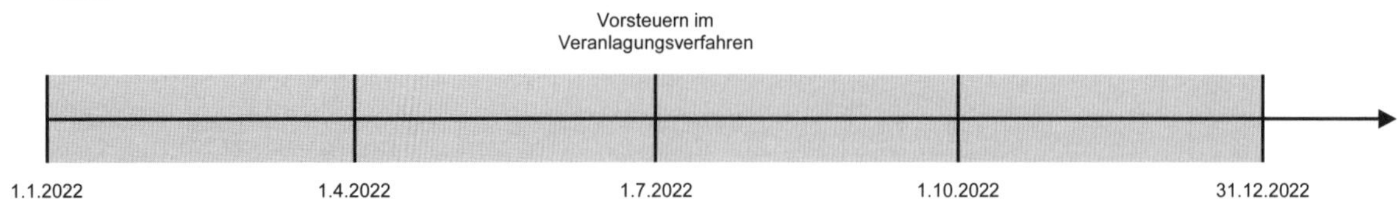

4. Gegenüberstellung der Verfahrensunterschiede

	Erstattungsverfahren für EU-Ausländer	**Erstattungsverfahren Drittland-Ausländer**	**Veranlagungsverfahren**
Frist	• 30. September des Folgejahres • keine Verlängerung möglich	• 30. Juni des Folgejahres • keine Verlängerung möglich	• 30. April des Folgejahres • bei elektronischer Übermittlung 30.6. des Folgejahres • Verlängerung möglich
Erstattungs-zeitraum	• mindestens 3 aufeinanderfolgende Monate • höchstens 1 Kalenderjahr • Ausnahme: Kürzerer Erstattungszeitraum für die letzten Monate des Kalenderjahres, zB November und Dezember		Kalenderjahr
Mindesterstat-tungsbetrag	Erstattungszeitraum – Mindesthöhe Kalenderjahr – € 50,- Letzter Zeitraum eines KJ – € 50,- alle anderen Fälle – € 400,-		keiner
Welche Vorsteuern?	Vorsteuerabzug muss nach inländischen Grundsätzen gegeben sein (zB keine Vorsteuer für PKW-Kosten in Österreich)		
Antragstellung	• nur elektronisch möglich • über das Portal im Ansässigkeitsstaat • wird an den Mitgliedstaat der Erstattung weitergeleitet	• nur schriftlich mittels unterfertigtem Formular U5 • Finanzamt Österreich, Dienststelle Graz-Stadt	• schriftlich unter Verwendung der amtlichen Vordrucke oder • elektronisch • Finanzamt Österreich, Dienststelle Graz-Stadt
Risiko	Frist ist eine Fallfrist, kann nicht verlängert werden, verspätet eingereichte Anträge führen zur Verweigerung der Vorsteuererstattung		Fristverlängerung möglich

Für ausländische Unternehmer muss bei der Geltendmachung inländischer Vorsteuern gut überprüft werden, welches Verfahren (Erstattung oder Veranlagung) zwingend zur Anwendung kommt.

Dabei ist insbesondere die Umsatzerzielung im Inland zu überprüfen und inhaltlich zu hinterfragen. Sich nur auf das Bestehen einer steuerlichen Registrierung in Österreich zu verlassen, wird oftmals zu kurz greifen.

Kapitalertragsteuerabzug für Einkünfte aus Kryptos

Verordnung legt Details dazu fest

§§ 93 bis 97 EStG; Verordnung des Bundesministers für Finanzen zur Ermittlung der Steuerdaten von Kryptowährungen (Kryptowährungsverordnung – KryptowährungsVO), BGBl II 455/2022 vom 13.12.2022, Wild/Luka, SWK 36/2022; Anderwald, ÖStZ 6/2022; Cserny/Deichsel/Petritz, SWK 6/2022; Wild, RWZ 1/2023; EStR-Wartungserlass 2023 – Begutachtungsentwurf; Anderwald, ÖStZ 3/2023

Bitcoin und Co

Die Einbettung der Einkünfte aus Kryptowährungen in das bestehende System der Einkünfte aus Kapitalvermögen hat ua auch einen Kapitalertragsteuerabzug des inländischen Schuldners bzw Dienstleisters zur Folge. Die Durchsetzung des KESt-Abzuges soll durch die KryptowährungsVO erleichtert werden.

1. Grundlagen der Besteuerung und des KESt-Abzugs

Durch das Ökosoziale Steuerreformgesetz 2022 wurde die Besteuerung von Kryptowährungen, kurz „Kryptos", in das System der Einkünfte aus Kapitalvermögen eingebettet. Sowohl laufende Einkünfte aus Kryptos als auch realisierte Wertsteigerungen (vulgo Veräußerungsgewinne) unterliegen dem **besonderen Steuersatz von 27,5 %.** Analog zu den anderen Einkünften aus Kapitalvermögen unterliegen inländische Einkünfte aus Kryptos dem System des **Kapitalertragsteuerabzugs**. Der Abzug der Kapitalertragsteuer ist verpflichtend für Zuflüsse ab dem 1.1.2024. Für Zuflüsse von 1.3.2022 bis 31.12.2023 ist ein freiwilliger Abzug von Kapitalertragsteuer zulässig.

Der KESt-Abzug entfaltet im Privatvermögen **Endbesteuerungswirkung**. Eine Ausnahme davon besteht dann, wenn von der Pauschalregelung Gebrauch gemacht wird, § 93 Abs 4a EStG, siehe dazu unten.

Erfolgt kein Abzug der Kapitalertragsteuer, zB für inländische Einkünfte aus Kryptowährungen im Zeitraum 1.3.2022 bis 31.12.2023 sowie für alle ausländischen Einkünfte aus Kryptos, die ein inländischer Steuerpflichtiger bezieht, dann hat eine Veranlagung dieser Einkünfte im Rahmen der Steuererklärung zu erfolgen. Der besondere Steuersatz von 27,5 % ist idR anzuwenden.

Zur grundlegenden Besteuerung von Einkünften aus Kryptowährungen siehe Arbeitsbuch Oberlaa 2022, 40 ff. Zum **System des KESt-Abzugs** siehe Übersicht:

Einkünfte aus Kryptowährungen angeschafft nach dem 28.2.2021 = Neuvermögen	**Besteuerung**	**Abzug von Kapitalertragsteuer** durch den inländischen Schuldner bzw inländischen Dienstleister	
		von 1.3.2022 bis 31.12.2023	ab 1.1.2024
Laufende Einkünfte und Einkünfte aus realisierten Wertsteigerungen	Besonderer Steuersatz von 27,5 %	Freiwilliger KESt-Abzug	Verpflichtender KESt-Abzug
		Bei **ausländischen Einkünften** aus Kryptos, dh wenn kein inländischer Schuldner bzw Dienstleister vorliegt, dann verpflichtende **Veranlagung**	

2. Details zur Durchführung des KESt-Abzugs

§§ 93 und 95 EStG, Rz 7709d ff EStR-Wartungserlass 2023 – Begutachtungsentwurf

Inländische Einkünfte aus Kryptowährungen unterliegen ab dem 1.1.2024 dem System des Kapitalertragsteuerabzugs.

2.1. Inländische Einkünfte aus Kryptowährungen gem § 93 Abs 2 Z 3 EStG liegen vor, wenn

- ein inländischer Schuldner oder inländischer Dienstleister vorliegt, der die Kryptowährungen oder sonstigen Entgelte gutschreibt und
- bei Einkünften aus realisierten Wertsteigerungen ein inländischer Dienstleister die Realisierung abwickelt.

Unter einem **inländischen Dienstleister** iSd § 95 Abs 2 Z 3 EStG wird verstanden:

- ein Dienstleister mit Sitz im Inland, der Dienste zur Sicherung privater kryptografischer Schlüssel anbietet, um Kryptowährungen im Namen des Kunden zu halten, zu speichern oder zu übertragen - **Walletanbieter** und
- ein Dienstleister mit Sitz im Inland, der den Tausch von Kryptowährungen in gesetzlich anerkannte Zahlungsmittel und umgekehrt anbietet – **Kryptobörse** und
- inländische Zweigstelle von ausländischen Walletanbietern und Kryptobörsen.

Bei den Anbietern elektronischer Geldbörsen wird durch den Zugriff auf den „private-key" sichergestellt, dass sie über den für den Kapitalertragsteuerabzug notwendigen Zugriff auf die Erträge verfügen. Kryptobörsen müssen entweder Zugriff auf den „private-key" oder die Fiatwährung (Echtgeld) haben, um eine Abwicklung der Realisierung vorzunehmen. Besteht kein solcher Zugriff auf den „private-key" oder die Fiatwährung (Echtgeld), ist mangels Abwicklung der Realisierung auch kein Kapitalertragsteuerabzug vorzunehmen. ErlRV 1293 BlgNR 27. GP 15.

Inländische Dienstleister, insbes Kryptobörsen und Walletanbieter, sind verpflichtet, für Einkünfte aus Kryptowährungen ab 1.1.2024 die anfallende Kapitalertragsteuer einzubehalten und an die Finanzbehörden abzuführen.

Der KESt-Abzug für Einkünfte aus Kryptos klingt in der Theorie einfach und das System funktioniert bei anderen Einkünften aus Kapitalvermögen gut, weil dem Abzugsverpflichteten bei anderen Kapitaleinkünften idR die dazu notwendigen Informationen betreffend Veräußerungserlös, Anschaffungskosten und Anschaffungszeitpunkt vorliegen.

In der Praxis der Kryptowährungen gestaltet sich der Kapitalertragsteuerabzug deswegen schwierig, weil **dem Abzugsverpflichteten vielfach die notwendigen Informationen bzw Daten nicht vorliegen:** Kryptowährungen werden auf unterschiedlichen inländischen und ausländischen Krypto-Börsen und Plattformen gekauft. Werden diese Kryptos in weiterer Folge bei einem inländischen Dienstleister in gesetzliche Zahlungsmittel getauscht, ist der Dienstleister auf Informationen des Steuerpflichtigen angewiesen, um die KESt-Abfuhr korrekt abwickeln zu können.

2.2. Kryptowährungs-Verordnung

Zur praktischen Durchsetzbarkeit des KESt-Abzugs regelt § 93 Abs 4a EStG wie der Abzugsverpflichtete vorzugehen hat, wenn ihm keine Informationen über die tatsächlichen Anschaffungskosten oder das Anschaffungsdatum vorliegen: Von der im § 93 Abs 4a EStG normierten Verordnungsermächtigung hat der Gesetzgeber Gebrauch gemacht:
Verordnung des Bundesministers für Finanzen zur Ermittlung der Steuerdaten von Kryptowährungen (**Kryptowährungsverordnung** – KryptowährungsVO), BGBl II 455/2022 vom 13.12.2022.

Folgende Schritte sind in der KryptowährungsVO vorgesehen: § 2 KryptowährungsVO

- **Freiwillige Bekanntgabe der Steuerdaten**: Der Steuerpflichtige kann dem Abzugsverpflichteten die nachstehenden Steuerdaten bekanntgeben:
  - Das **Anschaffungsdatum** der Kryptowährung oder, wenn der Erwerb in zeitlicher Aufeinanderfolge erfolgt ist, der **Anschaffungszeitraum**; Zuordnung der Kryptoeinheiten zu Alt- bzw Neuvermögen
  - Die **Anschaffungskosten** der betreffenden Kryptowährung
  - Die Information, ob seit Erwerb der betreffenden Kryptowährung ein steuerneutraler **Tausch** von unter § 27b Abs 4 EStG fallenden Kryptowährungen vorgenommen wurde.

  Zur Ermittlung der Anschaffungskosten bzw des Anschaffungszeitpunkts:

  Auf vielen (teilweise auch frei zugängigen) Portalen und Krypto-Handelsplätzen sind neben den aktuellen Tageskursen auch die historischen Kurse fast aller Kryptowährungen verfügbar. Die meisten Krypto-Börsen verwenden für ihre Steuerreports die Tageskurse der jeweiligen Transaktionsstichtage. Herausfordernder und fehleranfälliger als die Ermittlung der Anschaffungskosten zeigt sich in der Praxis die Feststellung des Anschaffungszeitpunktes, insbesondere für die Frage, ob es sich um Altvermögen, dh Anschaffung vor dem 1.3.2021, oder um Neuvermögen handelt.

  Zur Auswertung von Transaktionen über Krypto-Börsen bieten viele namhafte Krypto-Broker, wie zB Blockpit, Bitpanda etc, **Krypto-Steuerreports** als zusätzliche Dienstleistung an, um die abgabenrechtliche Handhabung zu erleichtern. Diesen Reports können sowohl die Besteuerungsgrundlagen als auch die Information, in welche Kennzahl der Steuererklärung Einkünfte einzutragen sind, entnommen werden. Siehe dazu Arbeitsbuch Herbst 2022, 24 ff.

- Der Abzugsverpflichtete kann **Inhalt und Struktur** der zu übermittelnden Steuerdaten vorgeben, wobei die Übermittlung durch externe Dienstleister wie insbesondere Steuersoftwareanbietern zulässig ist.

- **Plausibilitätsprüfung**: Der Abzugsverpflichtete muss sodann die übermittelten Daten hinsichtlich ihrer Plausibilität überprüfen: zB automatisierter Abgleich mit historischen Anschaffungskursen der jeweiligen Kryptowährungen. Einzelfallprüfungen sind nicht zwingend erforderlich.

- Falls die standardisierte Überprüfung durch den Abzugsverpflichteten nicht erfolgreich vorgenommen werden kann oder das Ergebnis als nicht plausibel eingestuft wird, kann der Abzugsverpflichtete vom Steuerpflichtigen **weitere Nachweise** zu den Steuerdaten verlangen. Als Nachweise können zB Kaufbelege von anerkannten Börsen oder eine Bestätigung eines Steuerberaters herangezogen werden (Art, Umfang?).

- **Zeitlicher Aspekt** der Datenübermittlung und Plausibilisierung:
  - entweder umgehend bei Übertragung der Kryptowährung oder
  - spätestens jedoch bei Realisierung.

2.3. Pauschalbewertung

Sind dem Abzugsverpflichteten die Anschaffungsdaten nicht bekannt und werden auch nicht vom Steuerpflichtigen bekannt gegeben bzw die Angaben des Steuerpflichtigen sind offensichtlich unrichtig, dann ist zwingend von **Neuvermögen** auszugehen und die **Anschaffungskosten sind mit 50 % des Veräußerungserlöses** anzusetzen, § 93 Abs 4a Z 2 EStG. Der KESt-Abzug erfolgt anhand dieser pauschal ermittelten Anschaffungskosten, entfaltet aber **keine Endbesteuerungswirkung**, dh der Steuerpflichtige hat diese Einkünfte aus Kryptos im Rahmen der Veranlagung zu deklarieren, § 97 Abs 1 lit b EStG. Diese Pauschalbewertung kann aufgrund der hohen Volatilität von Kryptowährungen zu einer extrem hohen Steuerbelastung führen.

2.4. Abfuhr der KESt

Der Steuerabzug auf Einkünfte aus Kryptowährungen erfolgt **einmal jährlich**; und zwar bis zum 15. Februar des Folgejahres. Die Verpflichtung zur Einbehaltung der KESt besteht erstmals für Kapitalerträge aus Kryptowährungen, die nach dem 31.12.2023 zufließen. Eine Abfuhrverpflichtung ergibt sich daher **erstmalig per 15.2.2025**.

3. Zusammenfassende Übersicht

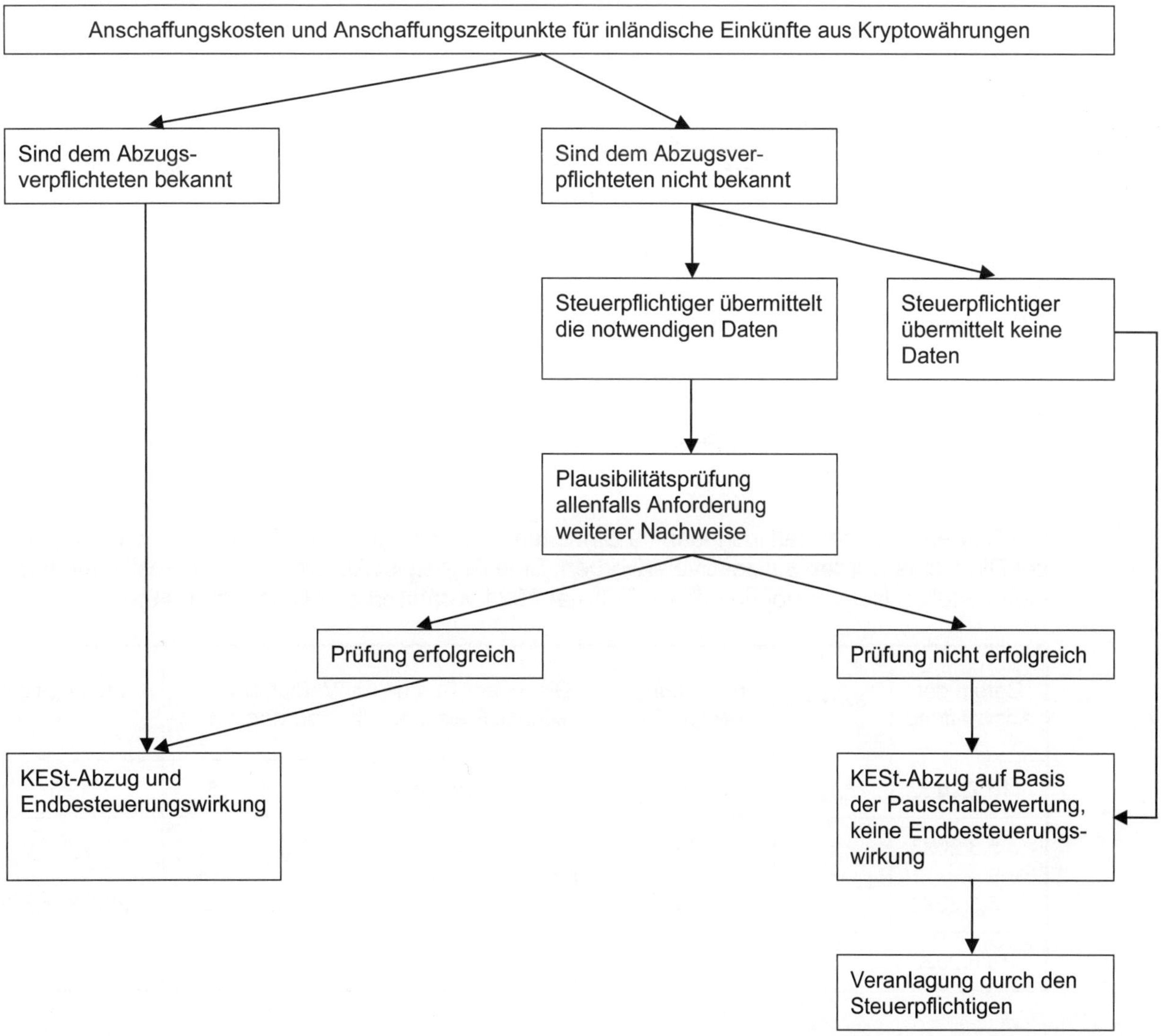

4. Sonderfragen

4.1. Gleitender Durchschnittspreis in Euro bei sukzessiven Erwerben
§ 2 KryptowährungsVO, Rz 6178z ff EStR-Wartungserlass 2023 - Begutachtungsentwurf

Durch die KryptowährungsVO wird festgelegt, wie die Anschaffungskosten anzusetzen sind, wenn der Steuerpflichtige **Einheiten derselben Kryptowährung** auf einer Kryptowährungsadresse **in zeitlicher Aufeinanderfolge erwirbt; sukzessiver Erwerb**. Dabei ist - wie auch bei einzelnen Aktien oder Fremdwährungen - der **gleitende Durchschnittspreis in Euro** als Anschaffungskosten anzusetzen. Dieses Prinzip gilt auch für Kryptowährungswallets. Die durch den Abzugsverpflichteten gewählte Bezugsgröße (Kryptowährungsadresse oder -wallet) ist auch für die Veranlagung maßgeblich.

Nicht in den gleitenden Durchschnittspreis gehen ein:

- Altvermögen und
- Kryptowährungen, deren Anschaffungskosten gemäß § 93 Abs 4a Z 2 EStG pauschal angesetzt wurden.

Diese gelten bei einem Tausch in die Fiatwährung als zuerst veräußert (FIFO).

4.2. Mischbestände, dh Alt- und Neuvermögen auf einer Kryptowährungsadresse bzw -wallet
§ 3 KryptowährungsVO, Rz 6103l ff EStR-Wartungserlass 2023 - Begutachtungsentwurf

Wahlmöglichkeit des Steuerpflichtigen:
Befinden sich auf einer Kryptowährungsadresse bzw -wallet Einheiten derselben Kryptowährung, die **teilweise Altvermögen und teilweise Neuvermögen** sind, dann steht es dem Steuerpflichtigen **frei zu entscheiden**, welche Kryptowährungseinheiten (Altbestand oder Neubestand) er zuerst veräußert bzw auf eine andere Kryptowährungsstelle überträgt. Er kann aber auch den Abzugsverpflichteten dazu ermächtigen.

Bei fehlender Auswahl kommt das FIFO-Prinzip zur Anwendung: die früher erworbene Einheit der Kryptowährung gilt als zuerst veräußert.

4.3. Beispiel zu gleitendem Durchschnittspreis und Mischbeständen
(in Anlehnung an Wild/Luka, SWK 36/2022)

Ein Steuerpflichtiger hält insgesamt 9 Einheiten von Coins auf derselben Kryptowährungsadresse. Die Coins wurden sukzessive erworben. Eine Einheit ist Altvermögen, die restlichen 8 Einheiten stellen Neuvermögen dar. Im Februar 2024 veräußert er 2 Coins um € 40,-

Datum der Anschaffung	Anzahl	Anschaffungskosten in €	Gleitender Durchschnittspreis in €	Veräußerungsgewinn in €	Steuerpflicht
10.2.2020	1	5	n/a weil Altvermögen	20 - 5 = 15	nein
5.3.2023	1	15	85 / 8 = 10,63	20 - 10,63 = 9,37	27,5 % KESt
5.5.2023	2	60			
19.6.2023	5	10			

Lösung:

1. **Ermittlung gleitender Durchschnittspreis bei sukzessiven Erwerben**: Zur Ermittlung der Anschaffungskosten bei sukzessivem Erwerb ist der gleitende Durchschnittspreis zu berechnen. Dabei ist Altvermögen nicht miteinzubeziehen. Der Durchschnittspreis ist € 10,63.

2. **Wahlmöglichkeit des Steuerpflichtigen bei Mischbeständen**: Bei der Veräußerung von Einheiten derselben Kryptowährung auf einer Kryptowährungsadresse kann der Steuerpflichtige frei entscheiden, welche Einheiten (Alt- oder Neubestand) er veräußert.

3. **Veräußert** er eine Einheit des **Altvermögens**, ist der Veräußerungsgewinn nicht steuerbar. Veräußerungserlös von € 20 abzüglich historischer Anschaffungskosten von € 5 ergibt einen Veräußerungsgewinn von € 15.

   Die **Veräußerung** der Einheit des **Neuvermögens** ist steuerpflichtig. Der Veräußerungsgewinn ergibt sich aus dem Veräußerungserlös von € 20 abzüglich der Anschaffungskosten zum gleitenden Durchschnittspreis für eine Einheit, das sind € 10,63. Der Veräußerungsgewinn beträgt € 9,37 und unterliegt der KESt in Höhe von 27,5 %

4.4. Bewertung der laufenden Einkünfte aus Kryptowährungen

§ 4 und § 6 KryptowährungsVO

Bei laufenden Einkünften aus Kryptowährungen, zB Mining oder Lending, ist der **Wert der bezogenen Kryptowährungen** im Zuflusszeitpunkt als Einkünfte und zugleich als deren Anschaffungskosten anzusetzen.

Für die Ermittlung des Wertes der bezogenen Kryptowährungen wird ein vorhandener **Kurswert einer Kryptowährungsbörse** herangezogen. Eine „Kryptowährungsbörse" ist ein Dienstleister, der den Tausch von Kryptowährungen in gesetzlich anerkannte Zahlungsmittel und umgekehrt bzw in andere Kryptowährungen anbietet, wobei Käufer und Verkäufer der Kryptowährungen unter den Grundsätzen von Angebot und Nachfrage unmittelbar miteinander kontrahieren.

Ist kein Börsenkurs vorhanden, ist der **Kurswert eines Kryptowährungshändlers** anzusetzen. Ein „Kryptowährungshändler" ist ein Dienstleister, der den Tausch von Kryptowährungen in gesetzlich anerkannte Zahlungsmittel und umgekehrt bzw in andere Kryptowährungen anbietet, wobei Käufer und Verkäufer der Kryptowährungen direkt mit dem Kryptowährungshändler kontrahieren, zB Bitpanda, Kraken, Coinbase.

Ist auch ein solcher Kurs nicht vorhanden, ist der Kurs einer allgemein anerkannten und vom Steuerpflichtigen unabhängigen, **webbasierten Liste, die aktuelle Kaufpreise für Kryptowährungen abbildet**, (zB https://coinmarketcap.com/de) anzusetzen.

Bei wiederkehrenden Kryptowährungseinkünften mit Zuflüssen öfter als dreimal pro Monat kann vereinfachend als Wert der Kryptowährung der Tagesendkurs am Monatsersten des Zuflusszeitpunktes angesetzt werden. Alternativ kann eine Bewertung zum tatsächlichen Zuflusszeitpunkt erfolgen.

5. Inkrafttreten

Die KryptowährungsVO ist am **1.1.2023** in Kraft getreten. Das gleitende Durchschnittspreisverfahren ist für sämtliche Einkünfte aus realisierten Wertsteigerungen von Kryptowährungen anzuwenden, die nach dem 31.12.2022 zufließen. Das hat aber zur Folge, dass zum 1.1.2023 eine Neubewertung für Kryptowährungen auf einer Kryptowährungsadresse vorzunehmen ist, wenn sukzessive Erwerbe stattgefunden haben. Der gleitende Durchschnittspreis ist zu ermitteln.

Der **KESt-Abzug** kann für Zuflüsse von 1.3.2022 bis 31.12.2023 freiwillig erfolgen. Eine Verpflichtung tritt erst für Zuflüsse ab 1.1.2024 in Kraft, demnach erstmalig am **15.2.2025**. Siehe Punkt 2.4.

6. Ausländische Einkünfte aus Kryptos

Bei ausländischen Einkünften aus Kryptos liegt **kein inländischer Schuldner bzw inländischer Dienstleister** vor, daher kann **kein Kapitalertragsteuerabzug** erfolgen. Der Steuerpflichtige muss analog zu anderen ausländischen Kapitaleinkünften eine **Steuererklärung** abgeben.

Anders als bei herkömmlichen ausländischen Kapitalvermögen, welches unterschiedlichen Meldepflichten seitens ausländischer Finanzinstitute unterliegt, gibt es **kein vergleichbares Meldesystem bei Kryptos**. Beispielsweise sorgt der automatische Informationsaustausch innerhalb der EU dafür, dass Finanzinstitute Kapitalerträge ausländischer Kunden automatisch und verpflichtend an das Wohnsitzfinanzamt melden.

Das Fehlen einer Meldeverpflichtung bei Krypto-Einkünften soll durch eine Erweiterung der EU-Amtshilfe-Richtlinie geändert werden: Die europäische DAC 8 Richtlinie über die Besteuerung von Kryptowährungen verpflichtet Börsen und andere Anbieter von Kryptowährungsdienstleistungen zur **Meldung von Kunden-Transaktionen an die Behörden der EU-Mitgliedstaaten in Form eines automatischen Informationsaustausches**. Das Inkrafttreten ist ab dem Jahr 2026 geplant. Auch diese Meldepflicht wird durch die dezentrale Struktur und die Pseudonymität von Kryptos niemals lückenlos sein können.

→ Der KESt-Abzug für Einkünfte aus Kryptowährungen wird in der Crypto-Community ambivalent gesehen, inbesondere inländische Dienstleister befürchten eine Benachteiligung gegenüber ausländischen Anbietern. Österreich hat bislang als einziges Land eine Abzugsverpflichtung für die Kapitalertragsteuer auf Kryptowährungen eingeführt.

Der Vorteil des KESt-Abzugs besteht darin, dass für den Steuerpflichtigen damit die Steuer abgegolten ist. Der Nachteil für den Abzugsverpflichteten besteht darin, dass die für den KESt-Abzug erforderlichen Informationen oftmals nicht vorliegen. Dieser Nachteil soll durch die KryptowährungsVO weitestgehend beseitigt werden: Der Steuerpflichtige kann am KESt-Abzug mitwirken, in dem er dem Abzugsverpflichteten die historischen Anschaffungskosten und -zeitpunkte bekannt gibt.

Wie die Ausgestaltung in der Praxis erfolgt, wird die Zukunft zeigen, weil der KESt-Abzug erst für Zuflüsse ab 1.1.2024 verpflichtend ist.

Aufzeichnungspflichten bei nicht endbesteuerten Kapitaleinkünften im Privatvermögen

§ 126 Abs 3 BAO idF AbgÄG 2022, BGBl I 108/2022 vom 19.7.2022; Cserny/Franke, SWK 27/2022

E/A-Rechnung für Kapitalerträge

Bis Ende 2022 bestand keine gesetzliche Aufzeichnungspflicht im Zusammenhang mit Kapitaleinkünften. Mit Wirksamkeit ab 1.1.2023 wurde durch das Abgabenänderungsgesetz 2022 eine Bestimmung in die Bundesabgabenordnung aufgenommen, wonach bestimmte Kapitalerträge, nämlich nicht endbesteuerte Kapitaleinkünfte aufzuzeichnen sind.

1. Grundlagen der Aufzeichnungspflichten in der BAO

Die steuerliche Buchführungspflicht ergibt sich in erster Linie aus dem Unternehmensgesetzbuch, §§ 189 ff UGB: Eine **unternehmensrechtliche Rechnungslegungspflicht** zieht auch eine **steuerliche Buchführungspflicht** nach sich; Gewinnermittlung durch Betriebsvermögensvergleich, doppelte Buchführung, § 124 BAO.

Eine Buchführungspflicht besteht weiters für Land- und Forstwirte oder wirtschaftliche Geschäftsbetriebe (§ 31 BAO), wenn diese die Buchführungsgrenzen des § 125 BAO überschreiten.

Gemäß § 126 BAO haben Abgabepflichtige,

- soweit sie weder nach §§ 124 oder 125 zur Führung von Büchern verpflichtet sind,
- noch ohne gesetzliche Verpflichtung Bücher führen

für Zwecke der Erhebung der Abgaben vom Einkommen und Ertrag ihre Betriebseinnahmen und Betriebsausgaben aufzuzeichnen und zum Ende eines jeden Jahres zusammenzurechnen (soweit Abgabenvorschriften nicht anderes bestimmen). Unter diese Bestimmung sind insbesondere **Einnahmen-Ausgaben-Rechner** zu subsumieren.

Die Aufzeichnungspflichten, die für Einnahmen-Ausgaben-Rechner gem § 126 Abs 2 BAO gelten, sind sinngemäß auch für die Ermittlung der Einkünfte aus Vermietung und Verpachtung gem § 28 EStG und der sonstigen Einkünfte gem § 29 EStG anzuwenden.

Durch das AbgÄG 2022 werden nunmehr auch **Einkünfte aus nichtendbesteuerten Kapitaleinkünften** in diese Aufzeichnungspflichten miteinbezogen, § 126 Abs 3 BAO.

2. Aufzeichnungspflichten für Einkünfte aus nicht endbesteuerten Kapitaleinkünften

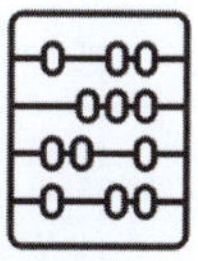

Durch die Neufassung des § 126 Abs 3 BAO idF AbgÄG 2022 werden Einkünfte aus nicht endbesteuerten Kapitaleinkünften **in jene Aufzeichnungspflichten aufgenommen, die auch für Einnahmen-Ausgaben-Rechner gelten**.

Der Gesetzgeber erwartet bzw erhofft sich dadurch, Angaben in Einkommensteuererklärungen und Mitteilungen, die im Wege der Amtshilfe einlangen, besser überprüfen zu können. Aufgrund des technologischen Fortschritts hätten **Kapitalveranlagungen im Ausland oder in andere nicht vom Kapitalertragsteuerabzug umfasste Produkte, wie zB Kryptowährungen** an praktischer Bedeutung gewonnen. Vgl Erläuterungen zum Ministerialentwurf.

Von der Aufzeichnungspflicht betroffen sind naturgemäß nur jene nicht endbesteuerten Einkünfte aus Kapitalvermögen, die im **Privatvermögen** zufließen, weil betriebliche Einkünfte aus Kapitalvermögen ohnedies im Rahmen der allgemeinen betrieblichen Aufzeichnungspflichten erfasst werden.

Von der Aufzeichnungspflicht erfasste Kapitaleinkünfte	Auslöser für diese durch das AbgÄG 2022 eingeführte Aufzeichnungspflicht waren ausländische Einkünfte aus Kryptowährungen. Von der Aufzeichnungspflicht umfasst sind aber **alle nicht endbesteuerten Kapitaleinkünfte**. Als nicht endbesteuert gelten Kapitalerträge, bei denen die Steuer nicht durch den Abzug der Kapitalertragsteuer abgegolten ist, § 97 Abs 1 EStG. Darunter fallen ua: • Veräußerung von GmbH-Anteilen • Zinsen aus privaten Kapitalforderungen, weil kein Bankgeschäft zugrunde liegt, zB Zinsen aus Privatdarlehen oder Gesellschafterdarlehen • Ausländische Dividenden oder GmbH-Ausschüttungen ohne inländische auszahlende Stelle. • Ausländische Zinsen ohne inländische auszahlende Stelle, zB Sparbuch im Ausland • Veräußerung von Wertpapieren auf einem Auslandsdepot, zB Wertpapierdepot in der Schweiz • Einkünfte aus Forderungswertpapieren, die nicht öffentlich angeboten werden, private placement • Einkünfte als echter stiller Gesellschafter • Inländische Einkünfte aus Kryptowährungen bis Ende 2023 • Ausländische Einkünfte aus Kryptowährungen • Veräußerungen von Wertpapieren oder Kryptos, für die ein KESt-Abzug zwar vorgenommen wurde, aber die KESt-Bemessung aufgrund von pauschal ermittelten Anschaffungskosten erfolgt, § 93 Abs 4, § 93 Abs 4a und § 93 Abs 5 EStG. Der KESt-Abzug entfaltet keine Endbesteuerungswirkung.
Art bzw Qualität der Aufzeichnungen	Die Bestimmungen bzw die zu beachtenden Formalvorgaben zu den Aufzeichnungen finden sich in § 131 BAO. • Bücher und Aufzeichnungen sind so zu führen, dass sie einem sachverständigen Dritten innerhalb angemessener Zeit einen Überblick über die Geschäftsvorfälle vermitteln können. • Die einzelnen Geschäftsvorfälle sollen sich in ihrer Entstehung und Abwicklung verfolgen lassen. • Die Bücher und Aufzeichnungen sind in einer lebenden Sprache zu führen. Auf Verlangen der Abgabenbehörde hat der Abgabepflichtige eine beglaubigte Übersetzung beizubringen. • Die Eintragungen sollen der Zeitfolge nach geordnet, vollständig, richtig, unveränderbar und zeitgerecht vorgenommen werden. Wie „zeitgerecht" iZm Kapitaleinkünfte verstanden wird, ist noch nicht geklärt. • Bei Buchführung sind alle Bareingänge und Barausgänge in den Grundaufzeichnungen täglich einzeln festzuhalten. Bei sonstiger Aufzeichnungspflicht von Einnahmen und Ausgaben sind alle Bargeschäfte einzeln festzuhalten – Einzelaufzeichnungspflicht. • Werden zur Führung von Büchern und Aufzeichnungen oder bei der Erfassung der Geschäftsvorfälle Datenträger verwendet, sollen Eintragungen oder Aufzeichnungen nicht in einer Weise verändert werden können, dass der ursprüngliche Inhalt nicht mehr ersichtlich ist. • Die vollständige und richtige Erfassung und Wiedergabe aller Geschäftsvorfälle sollen durch entsprechende Einrichtungen gesichert sein. • Summenbildungen sollen nachvollziehbar sein • Zur Führung von Büchern und Aufzeichnungen können Datenträger verwendet werden, wenn die inhaltsgleiche, vollständige und geordnete Wiedergabe bis zum Ablauf der gesetzlichen Aufbewahrungsfrist jederzeit gewährleistet ist.

	Bei Vorliegen von nicht endbesteuerten Kapitaleinkünften sind die Einnahmen und Werbungskosten aufzuzeichnen und zum Ende eines jeden Jahres zusammenzurechnen. Die zugehörigen Belege sind beizulegen. Fraglich ist in diesem Zusammenhang, ob die Einzelaufzeichnungspflicht - ausschließlich Vorgänge umfasst, die unmittelbar zu Einkünften führen, zB Veräußerung von GmbH-Anteilen oder Veräußerung von Wertpapieren auf ausländischen Depots oder Zuflüsse von ausländischen Zinsen, oder - auch solche Vorgänge umfasst, die für die Einkünfteermittlung vorerst „neutral" sind, zB Anschaffung von GmbH-Anteilen, Anschaffung von Wertpapieren auf ausländischen Depots, Anschaffung von Kryptowährungen im Ausland. Cserny/Franke, SWK 27/2022 vermuten eine Aufzeichnungspflicht auch für neutrale Vorgänge, hingegen vertreten andere Literaturstellen die Meinung, dass im Unterschied zum Bilanzierer der Einnahmen-Ausgaben-Rechner nur erfolgswirksame Bargeschäfte einzeln zu erfassen hat, zB Ritz/Koran BAO 7. Aufl (2021), § 131 Rz 12.
Aufbewahrungspflicht	**7 Jahre**
Prüfung durch Finanzverwaltung	Aus der Verpflichtung zur Führung von Aufzeichnungen ergibt sich auch die Möglichkeit zur Vornahme einer **Außenprüfung** gem § 147 Abs 1 BAO. Damit soll eine zeitgemäße Überprüfbarkeit von ausländischen Kapitaleinkünften einschließlich einer behaupteten Steuerbefreiung ermöglicht werden. Vgl Erläuterungen zum Ministerialentwurf.
Folgen der Pflichtverletzung	Aufzeichnungen, die nicht den Vorschriften der §§ 131 ff BAO entsprechen, haben nicht die Vermutung ordnungsgemäßer Führung in sich, § 163 BAO. **Schätzungsbefugnis** gem § 184 BAO: • Soweit die Abgabenbehörde die Grundlagen für die Abgabenerhebung nicht ermitteln oder berechnen kann, • wenn der Abgabepflichtige Bücher oder Aufzeichnungen, die er nach den Abgabenvorschriften zu führen hat, nicht vorlegt oder wenn die Bücher oder Aufzeichnungen sachlich unrichtig sind oder solche formelle Mängel aufweisen, die geeignet sind, die sachliche Richtigkeit der Bücher oder Aufzeichnungen in Zweifel zu ziehen. Finanzordnungswidrigkeit gemäß § 51 Abs 1 lit c FinStrG. Abgesehen davon, kann bei nicht oder nicht ordnungsgemäßer Versteuerung von Kapitaleinkünften eine Abgabenhinterziehung bzw Abgabenverkürzung iSd Finanzstrafgesetzes verwirklicht sein.
Inkrafttreten	Die Aufzeichnungspflicht für nicht endbesteuerte Kapitaleinkünfte tritt mit 1.1.2023 in Kraft und ist auf **Zuflüsse** anzuwenden, die **nach dem 1.1.2023** erfolgen, § 323 Abs 73 BAO idF AbgÄG 2022. Zu beachten ist, dass dadurch auch Geschäftsvorfälle umfasst sind, deren Abschluss in früheren Veranlagungszeiträumen liegt, aber daraus resultierende Zuflüsse ab 1.1.2023 anfallen. **Beispiel:** Ein Privatdarlehen mit 5 -jähriger Laufzeit wird im Jänner 2019 gewährt. Die Zinszahlungen erfolgen jährlich zum Jahresende, dh im Dez 2019, Dez 2020, Dez 2021, Dez 2022 und Dez 2023. **Lösung:** Die Zinszuflüsse von Dez 2019 bis Dez 2022 sind nicht gesondert aufzuzeichnen. Erst der Zinszufluss im Dez 2023 unterliegt der gesetzlichen Aufzeichnungspflicht gem § 126 Abs 3 BAO. **Anmerkung:** Der Steuerpflichtige wird vermutlich auch für die Zinszuflüsse der Jahre 2019 bis 2022 irgendeine Art der „Aufzeichnung" geführt haben, weil andernfalls eine Erfassung in der Einkommensteuererklärung nicht möglich wäre.

Praxishinweis für Kryptotrader

Besitzer von Kryptowährungen sollten ihre Krypto-Wallets sicher und in lesbarer Form aufbewahren, auch wenn diese nicht mehr verwendet werden.

Kryptotrader auf Kryptobörsen sollten regelmäßig schriftliche Dokumentationen von Kontostand und Kontobewegungen herunterzuladen, weil die Anbieter diese Daten oft nur zeitlich begrenzt zur Verfügung stellen.

Die Reports sollten die historischen Anschaffungskosten und Erlöse bei Kryptotrades nachvollziehbar zu dokumentieren. Im besten Fall erfolgt die Aufzeichnung automatisiert durch den Wallet-Anbieter oder einen Krypto-Tracker.

Wenn nicht, muss eine eigene Aufstellung generiert werden.

Die Aufzeichnungspflichten für nicht endbesteuerte Kapitaleinkünfte sind mühsam, aber für einen steuerehrlichen Anleger unabdingbar.

Die Finanzverwaltung wird sicherlich präzisieren, welche Information sie sich im Detail erwartet.

Kontenregisterabfrage und Konteneinschau
Änderungen durch den neuen Anwendungserlass des BMF

Kontenregister- und Konteneinschau-Anwendungserlass, BMF vom 19.7.2021, 2021-0.509.787; Kontenregister- und Konteneinschau-Anwendungserlass, BMF vom 15.11.2022, 2022-0.812.135; Arbeitsbuch Oberlaa 2021, 100; Drapela, SWK 32/33/2022, 1254

Aktualisierung

Der am 15.11.2022 veröffentlichte Kontenregister- und Konteneinschau-Anwendungserlass konkretisiert die Umstände, unter denen Finanzbehörden in das Kontenregister und, falls notwendig, in einzelne Bankkonten des Steuerpflichtigen, Einsicht nehmen dürfen. Der Erlass ersetzt jenen vom 19.7.2021.

1. Überblick

Das Kontenregister ist ein vom BMF geführtes Verzeichnis über die Kontoinformationen zu Bankkonten, Depots und Schließfächern österreichischer Kreditinstitutionen. Darin enthalten sind Informationen über die Kontostammdaten wie Konto- oder Depotnummer, Tag der Eröffnung und Schließung. Die Informationen werden gleichermaßen für natürliche wie auch juristische Personen übermittelt. Auch Treuhand- und Vertretungsverhältnisse werden angeführt. Über Finanz Online können Steuerpflichtige in ihr persönliches Kontenregister Einsicht nehmen.

Von erheblichem Interesse kann ein Einblick in das Kontenregister für die Finanzbehörde sein, wenn vermutet wird, dass der Abgabenpflichtige seiner Offenlegungspflicht nicht vollständig nachgekommen ist. Unter gewissen Voraussetzungen ist nach erfolgter Einsicht in das Kontenregister eine Konteneinschau auf die Bewegungen und Kontostände möglich.

Da derartige Maßnahmen einen wesentlichen Eingriff in die Privatsphäre darstellen, können Einsichtnahmen nicht willkürlich geschehen. Steuerpflichtige erhalten drei Tage nach erfolgter Kontenregisterabfrage eine Benachrichtigung über FinanzOnline. Eine Konteneinschau muss bereits im Vorfeld kundgemacht werden.

2. Änderungen bei der Kontenregistereinsicht

Registerabfragen Pkt 2.	Neben Außenprüfungen und Umsatzsteuersonderprüfungen ist nun auch eine Kontenregisterabfrage bei der begleitenden Kontrolle iSd §§ 153a ff BAO möglich. Die Durchführung hat risikobasiert zu erfolgen.
Kontosuche Pkt 1.4.	• Suchanfragen sind grundsätzlich nur nach konkreten Personen erlaubt. Suchanfragen nach Konto- oder Depotnummern sind in jenen Fällen möglich, in denen ein Konto im Zuge der Prüfung entdeckt wird, dessen Inhaber nicht feststeht und eine Nachfrage erfolglos bleibt. • Die Voraussetzung, dass sich das Konto mehrmals im Rechenwerk finden muss und/oder die mit dem Konto in Verbindung stehenden Beträge von Bedeutung (über € 5.000,-) sein müssen, entfiel. • Suchanfragen nach Konto- oder Depotnummern sind nun auch in Fällen des § 241a BAO erlaubt (Rückzahlung von Guthaben ohne Rechtsgrundlage).

Voraussetzungen für die Abfrage Pkt 2.1.	• Für die Durchführung einer Kontenregisterabfrage ist es nun nicht mehr notwendig, dass sich der Prüfungszeitraum über ein Jahr bei Außenprüfungen beziehungsweise sechs Monate bei Umsatzsteuersonderprüfungen erstreckt. Kontenregisterabfragen können somit unabhängig von der Dauer des Prüfungszeitraumes durchgeführt werden. • Jede Kontenregisterabfrage muss von Seiten der Behörde in Bezug auf die Kriterien Angemessenheit und Zweckmäßigkeit im Einzelfall geprüft werden. Mit dem neuen Anwendungserlass wurde konkretisiert, dass die Dokumentation dieser Prüfung vor Erteilung der Genehmigung zu erfolgen hat. • Während im alten Anwendungserlass eine Einsicht auch als angemessen galt, wenn eine generelle Verdachtslage vorlag, so wird nun nur noch eine konkrete Verdachtslage als angemessen angesehen. Generelle Verdachtslagen durch beispielsweise **Offshore-Leaks** stellen somit keine Grundlage mehr für eine Kontenregisterabfrage dar. • Entfallen ist die Beschränkung, dass ausschließlich Konten abgefragt werden dürfen, die der geprüften natürlichen Person oder dem Unternehmen zuzuordnen sind. 
Eintragungen im Register Pkt 14.	Meldepflichtige Kredit- und Finanzinstitutionen haben die Verpflichtung, Daten über die geführten Konten laufend an das Kontenregister zu übermitteln. Nach Beendigung der Konzession ist es für Banken nicht mehr möglich, Meldungen zu erstatten. Konten bei nicht mehr existenten Banken würden somit weiterhin als aktiv gekennzeichnet sein. Um diesen täuschenden Eindruck zu vermeiden, wurde dem BMF die Ermächtigung eingeräumt, Konten, Depots und Schließfächer bei Kredit- und Finanzinstitutionen, deren Konzession entzogen oder deren Geschäftsbetrieb beendet wurde, als aufgelöst zu kennzeichnen.
Rückzahlung oder Erstattung ohne Rechtsgrund Pkt 6.1.4.	• § 241a BAO betrifft Fälle, in denen ein Guthaben mangels Rechtsgrundlage rückgezahlt wurde (zB ESt bei Arbeitnehmer- oder Einkommensteuerveranlagung oder KESt bei „Cum/Ex-Fällen"). • Durch den Erlass eines Rückforderungsbescheides wird eine Rechtsgrundlage für die Rückzahlung geschaffen. • Ist der Inhaber des Kontos, auf das das Guthaben zu Unrecht ausbezahlt wurde, unbekannt, so darf die Abgabensicherung in das Kontenregister Einschau nehmen. Die Einschau erfolgt ohne betragsmäßige Eingrenzung. Die Voraussetzungen sind im Einzelfall von der Fachdienststelle zu prüfen. Das Ergebnis ist intern zu dokumentieren und dem Rückforderungsakt anzuschließen.

Prüfungsmaßnahmen bei festgestellten Konten Pkt 2.3.	**Nicht betriebliche Konten Pkt 2.3.3.** • Weiterhin gilt, dass Informationen über nicht betriebliche Konten nur dann abzuverlangen sind, wenn Grund zur Annahme besteht, dass betriebliche Transaktionen über diese fließen. • Konkretisiert wurde, dass Prüfungen auf § 99 FinStrG umzustellen sind, sobald sich **objektivierbare Tatsachen** erhärten. (zB überschuldeter Unternehmer gibt die Kontonummer seiner Tochter zwecks Steuerumgehung an) **Gemischt genutzte Konten Pkt 2.3.3.** • Klargestellt wurde, dass bei gemischt genutzten Konten alle Transaktionen vorzulegen sind. Eine Einschränkung auf die betrieblichen Transaktionen durch den Unternehmer ist nicht möglich. **Fremdkonten Pkt 2.3.4.** • Die Definition eines Fremdkontos verlangt nunmehr, dass der Unternehmer eine **verfügungsberechtigte Rolle** besitzt. Der **Kontoinhaber** muss hingegen eine andere Person sein. Durch Beispiele wurde der Begriff konkret fassbar gemacht. • Hingewiesen wird darauf, dass die Rollen **Prokurist/Geschäftsführer/ Wirtschaftlicher Eigentümer** so nicht im Unternehmensregister, Firmenbuch oder Register der wirtschaftlichen Eigentümer zu finden sind. Diese betreffen lediglich die Verfügungsberechtigung am abgefragten Konto. • Besteht Grund zur Annahme, dass geschäftliche Transaktionen über Konten laufen, bei denen der Unternehmer als **wirtschaftlicher Eigentümer oder Vertretungsbefugter** geführt wird, so ist der Kontoinhaber zur Herausgabe der Informationen aufzufordern.

3. Änderungen bei der Konteneinschau

Voraussetzungen Konteneinschau Pkt 2.4.	• Die Voraussetzungen für die Konteneinschau wurden mit Bedacht darauf geändert, dass sie für den Anwender verständlicher gemacht wurden. • Es erfolgte in der Folge eine Gleichschaltung mit der Begründung gem § 8 Abs 1 Z 1 bis 3 und § 9 Abs 2 Z 3 KontRegG.	
	ALT	**NEU**
	• Zweifel an der Richtigkeit der Angaben oder Grund zur Annahme, dass Angaben hätten gemacht werden müssen (zB U-Boot) • Auskunftsverlangen • Begründung • Nachweis, dass das Parteiengehör gewahrt wurde	• Zweifel an der Richtigkeit der Angaben oder Grund zur Annahme, dass Angaben hätten gemacht werden müssen, um Bestand und Umfang der Abgabenpflicht offenzulegen • Erwartung, dass die Auskunft geeignet ist, den Zweifel aufzuklären • Verhältnismäßigkeit zwischen Eingriff und Geheimhaltungsinteresse des Abgabenpflichtigen

Wahrung des Parteiengehörs Pkt 2.4.1.a und b	Im neuen Anwendungserlass wird angeführt, wie die Wahrung des Parteiengehörs konkret zu erfolgen hat. Vormals war diese Voraussetzung nur vage formuliert. **Abgabenpflichtiger ist Kontoinhaber** 1. Die Angaben des Abgabenpflichtigen werden in Zweifel gezogen. 2. Dieser Umstand hat dem Abgabenpflichtigen mitgeteilt zu werden und er muss Gelegenheit bekommen, den Zweifel durch Offenlegung zu beseitigen. 3. Wird die Offenlegung verweigert, so ist der Abgabenpflichtige schriftlich von der geplanten Offenlegung zu verständigen (schriftlich oder niederschriftlich). **Fremdkonto** • Zusätzlich zu dem Vorgehen bei Eigenkonten ist auch dem Kontoinhaber die Möglichkeit zur Offenlegung zu geben. Ohne dieser kann eine Konteneinschau nicht zulässig durchgeführt werden. • In der Verständigung an den Kontoinhaber dürfen die Zweifel an der Richtigkeit der Angaben des Abgabenpflichtigen keinesfalls genannt werden. • Wird die Offenlegung verweigert, so ist der Kontoinhaber schriftlich von der geplanten Offenlegung zu verständigen (schriftlich oder niederschriftlich). Die Niederschriften über diese Vorgänge stellt den Nachweis über das Parteiengehör dar.
Auskunftsverlangen an Kreditinstitute Pkt 2.4.1.	• Geändert wurde unter anderem die Überschrift des Unterpunktes (früher Auskunftsverlangen einer Konteneinschau an das BFG). • Es sind die Anforderungen des § 9 Abs 2 KontRegG zu erfüllen. Z 1: Die Niederschrift über die Wahrung des Parteiengehörs. Z 2: Das vom Leiter der Abgabenbehörde unterfertigte Auskunftsverlangen • Dieses hat in der Folge dem BFG elektronisch übermittelt zu werden. Z 3: Begründung Da die Begründung bereits als Voraussetzung für die Konteneinschau in Punkt 2.4. mit jener in § 8 Abs 1 Z 1 bis 3 und § 9 Abs 2 Z 3 KontRegG gleichgeschalten wurde, entfallen die Ausführung des alten Erlasses in diesem Unterpunkt. Gänzlich **neu** hinzugekommen ist die Verpflichtung anzugeben, ob es sich um ein Konto des Abgabenpflichtigen selbst oder um ein Fremdkonto handelt.
Beweisverwertungsverbot Pkt 2.4.2.	• Für Informationen, die durch eine unzulässige Konteneinschau erlangt werden, besteht ein Beweisverwertungsverbot im Abgabenverfahren. • Ergänzt wird im Anwendungserlass, dass vor dem Stellen eines Auskunftsverlangens an das Kreditinstitut die Rekursfrist betreffend die Entscheidung über die Bewilligung abgewartet werden sollte. • Hintergrund ist, dass dieselbe Auskunft vom Kreditinstitut nicht zweimal verlangt werden darf. Wird die Information aufgrund einer zu Unrecht erfolgten Erteilung somit vernichtet, kann diese nicht wiederbeschafft werden. • Zu bedenken ist, dass das Abwarten einer Rekurs- bzw Revisionsentscheidung Außenprüfungen um Monate bis Jahre verzögern könnte.

Zu einer Kontenregisterabfrage sowie Kontoeinsicht kann es im Zuge von Prüfungsmaßnahmen bloß kommen, wenn berechtigte Zweifel daran bestehen, dass die bisherigen Angaben des Steuerpflichtigen richtig oder vollständig sind. Durch die Vorlage der vollständigen Kontoauszüge und entsprechender Mitwirkung können Registerabfragen sowie Kontoeinsichten verhindert werden.

Kontenregister- und Konteneinschau-Anwendungserlass ▶

Der neue Anwendungserlass zur Kontenregisterabfrage und zur Konteneinschau beinhaltet neben rechtlicher Aktualisierung auch viele praktische Aussagen zur Handhabung durch die Abgabenbehörden.

Für Rechtsanwender der Steuerberatung sind die Ausführungen zur Wahrung des Parteiengehörs von großer Bedeutung, zumal Informationen einer unzulässigen Konteneinschau dem Beweisverwertungsverbot unterliegen. Auch die Notwendigkeit konkreter anstatt genereller Verdachtslagen durch beispielsweise „Offshore-Leaks" verändert die Grundlagen für Kontenregisterabfragen.

Russland-Sanktionen aufgrund des Ukraine-Krieges
Auswirkungen für Steuerberater

Sanktionspakete der Europäischen Union, veröffentlicht in den Amtsblättern der Europäischen Union, siehe dazu Homepage Bundesministerium für Arbeit und Wirtschaft www.bmaw.gv.at; KSW-Infos vom 10.3.2022 und 1.7.2022; Glaser, SWK 28/2022 und SWK 32/2022, Graf/Krizanac, SWK 20-21/2022

Kanzleipraxis

Der Einmarsch russischer Truppen in die Ukraine hat insofern Auswirkungen auf Steuerberater und Wirtschaftsprüfer, als es aufgrund von EU-Sanktionspaketen ua verboten ist, bestimmte WT-Leistungen an in Russland niedergelassene juristische Personen zu erbringen. Darüber hinaus besteht im Rahmen der Geldwäscheprävention eine verstärkte Sorgfaltspflicht bei Geschäften mit Russlandbezug.

1. Überblick über ausgewählte Sanktionen der EU gegenüber Russland

Bereits im Jahr **2014** wurden Sanktionen gegenüber Russland erlassen, als Russland die Krim annektierte. Diese Sanktionen wurden seit dem Einmarsch russischer Truppen in die Ukraine umfangreich verschärft. **Seit Februar 2022** hat die Europäische Union insgesamt zehn Sanktionspakete gegen Russland und Belarus beschlossen. Die Sanktionen betreffen **einerseits bestimmte namentlich genannte Personen** und Organisationen und andererseits **definierte Wirtschaftszweige.**

Die Sanktionen umfassen ua

- EU-Einreisebeschränkungen,
- Einfrieren russischer Vermögen inkl Transaktionsverbote
- Exportverbote und -beschränkungen nach Russland
- Importverbote und -beschränkungen aus Russland
- Sanktionen betreffend Luftverkehr und Schifffahrt
- Kapitalmarktbezogene Maßnahme, zB SWIFT-Ausschluss, Einschränkung des Wertpapierhandels bzw Börsenhandels, Beschränkung des Währungstausches von bzw in Rubel
- Beschränkung der Erbringung von Dienstleistungen, zB Steuerberatung, Wirtschaftsprüfung, Rechtsberatung, IT-Beratung
- Öl-Embargo
- uvm

Siehe dazu im Detail:

- Web-Portal zum EU-Recht www.eur-lex.europa.eu oder
- Homepage Bundesministerium für Arbeit und Wirtschaft www.bmaw.gv.at oder
- Homepage der Wirtschaftskammer www.wko.at

Auf der Homepage der WKO gibt es eine Gesamtübersicht zu Russland-Sanktionen im Rahmen des Ukraine-Konfliktes, die 552 Seiten umfasst. Abrufbar über nebenstehenden QR-Code.

2. Auswirkungen für Steuerberater

2.1. Verbot bestimmter WT-Leistungen

Mit dem sechsten Sanktionspaket, das am 4.6.2022 in Kraft trat, ist das sogenannte **Dienstleistungsverbot** erlassen worden. Dieses ist in Art 5n VO (EU) 833/2014 idgF [1]) geregelt und lautet wie folgt:

„Es ist verboten, unmittelbar oder mittelbar Dienstleistungen in den Bereichen Wirtschaftsprüfung einschließlich Abschlussprüfung, Buchführung und Steuerberatung sowie Unternehmens- und Public-Relations-Beratung zu erbringen für

a) die Regierung Russlands oder
b) in Russland niedergelassene juristische Personen, Organisationen oder Einrichtungen."

Demzufolge ist es Steuerberatern **verboten**, **Steuerberatungsleistungen** mittelbar oder unmittelbar an die Regierung Russlands und **an in Russland niedergelassene juristische Personen zu erbringen.**

Sanktionssubjekte

Als Sanktionssubjekte werden in Abs 1 der Verordnung zum Dienstleistungsverbot taxativ die Regierung Russlands oder in Russland niedergelassene juristische Personen, Organisationen oder Einrichtungen genannt.

Privatpersonen fallen nicht darunter, falls sie nicht namentlich - wie in anderen Fällen der Sanktionen - auf Sanktionslisten der EU angeführt sind. Die Liste ist über nebenstehenden QR-Code abrufbar.

Ausnahmen vom Dienstleistungsverbot

Das Dienstleistungsverbot gilt nicht für die Erbringung von Dienstleistungen, die

- unbedingt erforderlich sind, um vor dem 4.6.2022 geschlossene Verträge, die mit dem Dienstleistungsverbot nicht vereinbar sind, bis zum 5.7.2022 zu beenden;

- für die Wahrnehmung des Rechts auf Verteidigung in Gerichtsverfahren und des Rechts auf einen wirksamen Rechtsbehelf unbedingt erforderlich sind. Darunter sind ua gerichtliche (Finanz-) Strafverfahren und Rechtsmittelverfahren in verwaltungsbehördlichen **Finanzstraf- und Abgabenverfahren** zu subsumieren,

- zur ausschließlichen Nutzung durch in Russland niedergelassene juristische Personen, Organisationen oder Einrichtungen bestimmt sind, welche sich im Eigentum oder unter der alleinigen oder gemeinsamen Kontrolle einer nach dem Recht eines Mitgliedstaats gegründeten oder eingetragenen juristischen Person, Organisation oder Einrichtung befinden. Darunter ua fallen **russische juristische Personen, die sich im Eigentum von juristischen Personen aus dem EU-/ EWR-Raum oder Schweiz befinden**.

---

[1]) VO (EU) 2022/879 des Rates vom 3.6.2022 zur Änderung der VO (EU) 833/2014 über restriktive Maßnahmen angesichts der Handlungen Russlands, die die Lage in der Ukraine destabilisieren, ABl L 153 vom 3.6.2022, S 53 ff.

Mittelbare Dienstleistungserbringung

Unter das Dienstleistungsverbot fällt nicht nur die unmittelbare, sondern auch die mittelbare Dienstleistungserbringung. **Verboten sind daher auch Dienstleistungen, die an andere Auftraggeber erfolgen, aber juristischen Personen zugutekommen, die in Russland niedergelassen sind**.

Fraglich ist, ob die Erbringung von zB Steuerberatungsleistungen an ein österreichisches Unternehmen, welches im Eigentum einer russischen juristischen Person steht, zulässig ist, dh ob eine mittelbare Dienstleistung an die russische Muttergesellschaft vorliegt.

Graf/Krizanac, SWK 20-21/2022, interpretieren die EU-Sanktionsbestimmungen so, dass eine Erbringung von Steuerberatungsleistungen an ein österreichisches Unternehmen mit russischer Muttergesellschaft auch nach Verhängung der EU-Sanktionen zulässig ist, vorausgesetzt die Dienstleistungen werden zum Nutzen des österreichischen Unternehmens und nicht der russischen Muttergesellschaft erbracht. Gleicher Ansicht auch deutsches Bundesamt für Wirtschaft und Ausfuhrkontrolle.

Ausnahmegenehmigungen

Die zuständigen Behörden können außerdem für alle sanktionierten Dienstleistungen unter bestimmten Bedingungen Ausnahmegenehmigungen erteilen. Hierzu zählen:

- **humanitäre Zwecke** wie die Durchführung oder die Erleichterung von Hilfsleistungen einschließlich der Versorgung mit medizinischen Hilfsgütern und Nahrungsmitteln
- zivilgesellschaftliche Aktivitäten zur direkten Förderung der **Demokratie**, der **Menschenrechte** oder der Rechtsstaatlichkeit in Russland
- die Tätigkeit der **diplomatischen und konsularischen Vertretungen** der Union und der Mitgliedstaaten oder von Partnerländern in Russland, einschließlich Delegationen, Botschaften und Missionen, oder internationaler Organisationen in Russland, die nach dem Völkerrecht Immunität genießen
- die Sicherstellung der **kritischen Energieversorgung** in der EU
- die Gewährleistung des kontinuierlichen Betriebs von **Infrastrukturen**, Hardware und Software, die für die **Gesundheit und Sicherheit** von Menschen
- die Erbringung elektronischer Kommunikationsdienste durch **Telekommunikationsbetreiber** der EU, die für den Betrieb, die Instandhaltung und die Sicherheit, einschließlich der Cybersicherheit, elektronischer Kommunikationsdienste in Russland, der Ukraine, der EU, zwischen Russland und der EU sowie zwischen der Ukraine und der EU sowie für Rechenzentrumsdienste in der EU erforderlich sind

Verstöße gegen Sanktionsbestimmungen sind gemäß den Bestimmungen des SanktionenG 2010 **strafbar** (siehe die §§ 11 und 12). Für die Überwachung der WT betreffenden Sanktionsbestimmungen ist gemäß dem SanktionenG das BMI zuständig – dort die Direktion für Staatsschutz und Nachrichtendienst (DSN).

2.2. Geldwäscheprävention

Zusätzlich bzw ergänzend zu oben angeführtem Verbot, bestimmte wirtschaftstreuhändische Dienstleistungen auszuführen, ist auf kanzlei-interne Maßnahmen zur Verhinderung von Geldwäsche hinzuweisen.

Auf **Geschäftsbeziehungen mit Verbindung zu Russland** und Belarus sind **verstärkte Sorgfaltspflichten** anzuwenden, dh insbes

- Abgleich der involvierten Personen mit der Sanktionsliste der EU, VO EU 269/2014 in der jeweils gültigen Fassung, siehe vorher
- Keine Umgehungsmaßnahmen iZm Vermögenseinfrierungen iZm sanktionierten Personen
- Falls der Auftraggeber gegen sanktionierte Maßnahmen verstößt, zB vorsätzlich Handelsverbote mit russischen Unternehmen verletzt, dann Prüfung weiterer Schritte im Sinne der Geldwäscheprävention, gegebenenfalls Vornahme einer Meldung bei der Geldwäschestelle und Beendigung der Geschäftsbeziehung.

2.3. Auswirkungen auf Abschlussprüfungen und Unternehmensbewertungen

Diesbezüglich wird auf zwei Veröffentlichungen der KSW verwiesen, beide wurden vom Präsidium der KSW am 20.4.2022 beschlossen:

- Fachliche Hinweise der KSW zu den mit dem Ausbruch des Ukraine-Krieges verbundenen Auswirkungen auf die Durchführung von Abschlussprüfungen

- Fachliche Hinweise der KSW zu den Auswirkungen des Kriegs in der Ukraine auf Unternehmensbewertungen

→ Die Sanktionen der Europäischen Union gegen Russland als Reaktion auf den Einmarsch russischer Truppen auf ukrainisches Staatsgebiet haben auch auf Steuerberater und Wirtschaftsprüfer erhebliche Auswirkungen. Das betrifft im Wesentlichen das Verbot, bestimme WT-Leistungen an juristische Personen, die in Russland niedergelassen sind, zu erbringen. Zusätzlich sind im Sinne der Geldwäscheprävention verstärkte Sorgfaltspflichten einzuhalten.

Zulässigkeit vorläufiger Bescheide des Finanzamtes

§ 200 BAO idF AbgÄG 2022 BGBl I 108/2022; Tanzer/Unger,
BAO: Stoll Kommentar-Digital First, § 271 BAO; Tanzer, BAO: Handbuch, 535 ff;
Ritz/Koran, BAO (2021), § 200

Erweiterter Tatbestand **Beschwerdeverfahren**

Anhängige Beschwerdeverfahren aus vergangenen Jahren haben oftmals Auswirkungen auf aktuelle Abgabenfestsetzungen. Die bisherige Praxis der wiederkehrenden Bescheidbeschwerden und der Aussetzung der Entscheidung gem § 271 BAO soll durch eine Erweiterung der Tatbestände des § 200 BAO (vorläufige Bescheide) vereinfacht werden.

1. Vorläufige Bescheide

Voraussetzung

Das Instrument der vorläufigen Bescheide gem § 200 BAO räumt der Behörde eine Änderungsbefugnis in der Abgabenfestsetzung ein. Durch Sonderbestimmungen in der Bemessungsverjährung entsteht für vorläufige Bescheide eine zeitlich längere Änderungsmöglichkeit, als dies für endgültige Bescheide der Fall ist. Anzuwenden war das Instrument der vorläufigen Bescheide bisher nur auf Sachverhalte, die eine Ungewissheit in der Abgabenpflicht oder betreffend den Umfang der Abgabenpflicht aufgewiesen haben. Diese Ungewissheit muss einen Bezug zur Zukunft haben, sodass mit dem späteren Wissensstand die Ungewissheit beseitigt werden kann.

Die Voraussetzung für die Erlassung vorläufiger Bescheide besteht somit darin, dass Sachverhalte zu beurteilen sind, die sich noch im Fluss befinden und nicht abschließend eingeordnet werden können. Gleichzeitig muss die erst in der Zukunft zu gewinnende Klarheit eine Auswirkung auf den Inhalt des vorläufigen Bescheids haben.

Beispiel

Herr Stern ist beruflich als Buchhalter tätig und absolviert in seiner Freizeit eine mehrjährige Diplom-Ausbildung für Astrologie. Die Kosten der Ausbildung möchte Herr Stern als Werbungskosten absetzen. Umschulungskosten sind gem § 16 Abs 1 Z 10 EStG dann als Werbungskosten anzuerkennen, wenn sie **auf eine tatsächliche Ausübung eines anderen Berufes abzielen**. Zielen die Kosten nicht auf eine Berufsausübung ab, sind sie der privaten Lebensführung zuzurechnen. Mit dem Instrument des vorläufigen Bescheids hat die Abgabenbehörde die Möglichkeit, die Werbungskosten vorläufig anzuerkennen und abzuwarten, ob tatsächlich eine Berufsausübung im Bereich der Astrologie erfolgt. Sobald die Kenntnis über die Berufsausübung vorliegt, ist die Ungewissheit beseitigt, wodurch die Vorläufigkeit zu enden hat.

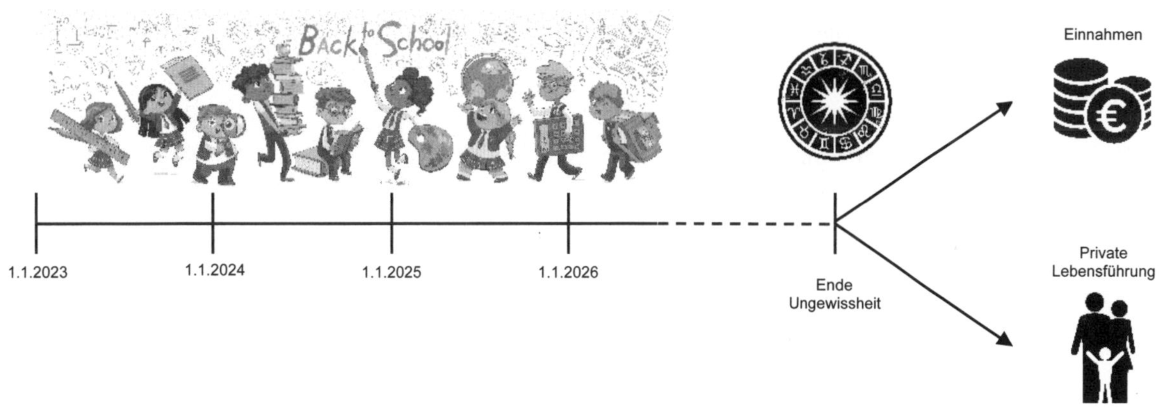

Damit Bescheide vorläufig ergehen dürfen, muss die Behörde ihr Ermittlungsverfahren ordnungsgemäß abschließen. Vorläufige Bescheide dürfen daher nicht dazu dienen, Sachaufklärungen zu unterlassen. Im zuvor genannten Beispiel der Umschulungskosten dürfte der vorläufige Bescheid nicht ergehen, ohne überhaupt die Absicht der Ausübung eines anderen Berufes als notwendige Voraussetzung für die steuerliche Geltendmachung der Umschulungskosten geprüft zu haben.

Mit dem AbgÄG 2022 wurde nunmehr ein neuer Tatbestand für vorläufige Bescheide eingeführt. Neben den zuvor beschriebenen Ungewissheiten können vorläufige Bescheide nunmehr auch dann erlassen werden, wenn eine Abgabenpflicht oder deren Umfang aufgrund eines **anhängigen Beschwerdeverfahrens** ungewiss ist (siehe Punkt 2.).

Exkurs: Vorläufigkeit und Liebhaberei

Die Regelungen des § 200 BAO werden ausdrücklich in der Liebhabereiverordnung angesprochen und spielen in diesem Zusammenhang eine wesentliche Rolle. Ausgehend von der Rechtsprechung des VwGH (VwGH 27.2.1985, 83/13/0056) wurde die Abgabenverwaltung im Zusammenhang mit Liebhabereitätigkeiten auf den Weg der vorläufigen Veranlagung verwiesen.

Werden in einer Steuererklärung negative Einkünfte aus einer Tätigkeit ausgewiesen, die in weiterer Folge zu steuerlicher Liebhaberei führen könnten, hat die Behörde im Rahmen des Ermittlungsverfahrens zu überprüfen, ob die Abgabenpflicht noch ungewiss, aber wahrscheinlich, oder der Umfang der Abgabenpflicht noch ungewiss ist. Erst bei Vorliegen einer Ungewissheit im Sachverhalt darf ein vorläufiger Bescheid erlassen werden. Ein vorläufiger Bescheid darf hingegen nicht deshalb ergehen, weil Ermittlungen aufgeschoben werden oder die Behörde in ihrer rechtlichen Beurteilung unsicher ist.

Die Vermietung einer Eigentumswohnung beispielsweise stellt bei auftretenden Verlusten gem Liebhabereiverordnung eine vermutete Liebhabereitätigkeit dar und führt somit zu keiner steuerlichen Einkunftsquelle (= Liebhabereivermutung). Widerlegt der Steuerpflichtige diese Vermutung insofern, dass er die Absicht hat, Einkünfte zu erzielen, handelt es sich bei der Vermietung um eine Einkunftsquelle. Bei Verlusten zu Beginn der Vermietung wird die Behörde daher üblicherweise ermitteln, ob es sich um eine Liebhabereitätigkeit handelt.

Da jedoch erst die zukünftige Entwicklung der Vermietung darüber Auskunft gibt, ob es sich um eine Liebhabereitätigkeit oder eine steuerliche Einkunftsquelle handelt, kann das Finanzamt in einem solchen Fall einen vorläufigen Bescheid erlassen. Erst im Verlauf der Jahre zeigt sich, ob die Absicht des Steuerpflichtigen einen Gesamtüberschuss zu erzielen, tatsächlich von Beginn an gegeben war. Die Ungewissheit, die zur Vorläufigkeit des Bescheides geführt hat, fällt mit diesem späteren Wissensstand weg.

Für die Rechtmäßigkeit eines vorläufigen Bescheides ist es jedenfalls von großer Bedeutung, dass die Abgabenbehörde alle notwendigen Ermittlungen durchgeführt hat, um die Absicht des Abgabenpflichtigen und die Frage, ob sein Bemühen zur Erzielung eines Gesamtüberschusses geeignet ist, beurteilen zu können.

Die Absicht des Steuerpflichtigen steht oftmals im Spannungsfeld der Ermittlungen, da es in der Praxis schwer festzustellen und zu benennen ist, ob ein bestimmtes Bemühen zur Überschusserzielung vorliegt.

Beispiele zu Anwendungsvoraussetzungen

Sachverhalt	§ 200 BAO geeignet?	Begründung
Umschulungskosten (siehe Beispiel oben: Herr Stern)	ja	Ungewissheit in der Abgabenpflicht, die durch zukünftige Ereignisse beseitigt werden kann
Instandsetzung oder Herstellung (siehe Beispiel unten: Frau Baumann)	ja (seit 20.7.2022)	Ausstehende Entscheidung aufgrund eines schwebenden Verfahrens der Vergangenheit zu einer Rechtsfrage, die auch einen aktuellen Bescheid betrifft
Behörde hat Ermittlungsverfahren noch nicht abgeschlossen und möchte deshalb vorläufig veranlagen.	nein	Vorläufige Bescheide setzen ein zuvor ordnungsgemäß abgeschlossenes Ermittlungsverfahren voraus.
Betriebliche Gewinnermittlung vom Ausgang eines zivilrechtlichen Gerichtsprozesses abhängig.	nein	Ungewissheiten in der Gewinnermittlung können mittels Bildung von Rückstellungen berücksichtigt werden.
Liebhabereivermutung	ja	Voraussetzung: Durchführung aller notwendigen Ermittlungen, um die Absicht des Abgabenpflichtigen zu beurteilen

Handhabung

Die Erlassung vorläufiger Bescheide liegt im Ermessen der Abgabenbehörde und darf nur dort angewendet werden, wo es um die Ermittlung der Grundlagen für die Abgabeneinhebung und Festsetzung der Abgaben geht. Vorläufige Bescheide dürfen somit beispielsweise nicht im Bereich der Auskunftsbescheide, Haftungsbescheide, Vollstreckungsbescheide, Sicherstellungsaufträge oder im Zusammenhang mit verfahrensrechtlichen Erledigungen (Mängelbehebungsaufträge, Fristverlängerungen etc) ergehen. Die Vorläufigkeit hat weiters stets den ganzen Bescheid zu erfassen. Eine Vorläufigkeit zu einzelnen Spruchbestandteilen ist nicht zulässig. Die Gründe, warum ein Bescheid vorläufig ergeht, müssen im betroffenen Bescheid aufscheinen. Die Vorläufigkeit eines Bescheides ist mit Bescheidbeschwerde anfechtbar.

Wenngleich die Vorläufigkeit in der Bescheiderlassung üblicherweise von Amts wegen bestimmt wird, kann auch der Abgabenpflichtige einen vorläufigen Bescheid begehren. Im Fall der Ablehnung bedarf es einer Begründung.

Konsequenzen vorläufiger Bescheide

Die Behörde kann durch das Erlassen vorläufiger Bescheide eine längere Verjährung erreichen. Bei vorläufigen Bescheiden beginnt die Verjährungsfrist nämlich erst mit Ablauf des Kalenderjahres zu laufen, in dem die Ungewissheit beseitigt wurde. Sie endet jedoch spätestens fünfzehn Jahre nach Entstehung des Abgabenanspruches.

Ende der Vorläufigkeit

Die Vorläufigkeit eines Bescheides endet durch Endgültigerklärung gem § 200 Abs 2 BAO. Die Endgültigerklärung stellt eine neue Sachentscheidung dar, auch wenn vorläufiger und endgültiger Bescheid ident sind. Dem Abgabenpflichtigen stehen im Zusammenhang mit einer Endgültigerklärung zwei verfahrensrechtliche Möglichkeiten offen:

- Bekämpfen der Endgültigerklärung (zB weil die Ungewissheit noch nicht gänzlich beseitigt ist)
- Bekämpfen des Bescheides in der Sache selbst

Den Abgabenpflichtigen trifft im Zusammenhang mit vorläufigen Bescheiden eine besondere Mitteilungspflicht (§ 120 Abs 3 BAO) hinsichtlich der Beseitigung der im Bescheid genannten Ungewissheiten.

Der Abgabenpflichtige kann ebenso eine Endgültigerklärung begehren, indem er einen Antrag auf Aufhebung der Vorläufigkeit (§ 299 Abs 1 BAO) stellt.

Die Verjährungsfrist für die Endgültigerklärung oder den Ersatz eines vorläufigen durch einen endgültigen Bescheid beginnt in jenem Jahr zu laufen, in dem die Ungewissheit beseitigt wurde. Sie endet jedenfalls 15 Jahre ab Entstehen des Abgabenanspruchs, § 209 Abs 4 BAO.

2. Neuer Tatbestand für vorläufige Bescheide

Zur Vereinfachung von Entscheidungsabläufen wurde im Rahmen des AbgÄG 2022 als weiterer Grund für vorläufige Bescheide das Abwarten einer ausständigen Entscheidung eines Gerichts (Beschwerdeverfahren BFG) eingeführt. Damit soll ermöglicht werden, dass ausständige Entscheidungen zu Rechtsfragen der Vorjahre, die Auswirkungen auf das zu veranlagende Jahr haben, mittels Vorläufigkeit berücksichtigt werden können.

Beispiel

> Frau Baumann hat in einer vermieteten Eigentumswohnung umfangreiche Umbauarbeiten durchführen lassen. Die entsprechenden Aufwendungen hat sie gänzlich als Instandsetzung, also auf 15 Jahre verteilt, steuerlich abgesetzt. Die Abgabenbehörde hat im Rahmen einer Außenprüfung festgestellt, dass es sich um Herstellungsaufwand handelt und verteilt die entsprechenden Aufwendungen auf die Restnutzungsdauer von 45 Jahren. Frau Baumann hat eine Bescheidbeschwerde eingebracht, die bisher unerledigt blieb. In den Folgejahren wird Frau Baumann weiterhin ihre Instandsetzungsaufwendungen (15-Jahres-Verteilung) geltend machen. Die Abgabenbehörde kann nunmehr vorläufige Bescheide erlassen, da der Ausgang des Beschwerdeverfahrens noch ungewiss ist.

Ist das anhängige Beschwerdeverfahren rechtskräftig entschieden, fällt die Ungewissheit weg und endet somit die Vorläufigkeit der Abgabenfestsetzung. Die vorläufigen Bescheide sind demnach entweder durch anderslautende endgültige Bescheide zu ersetzen oder durch eine Endgültigerklärung zu bestätigen.

Bisher konnten ausständige Entscheidungen eines Beschwerdeverfahrens, das Vorjahre betrifft, nur im Rahmen einer laufenden Bescheidbeschwerde berücksichtigt werden, da Erstbescheide stets endgültig erlassen wurden. Mit dem Instrument des § 271 BAO konnte bisher eine Entscheidung über eine Beschwerde ausgesetzt werden, wenn ein anhängiges (schwebendes) Verfahren, dessen Ausgang für die Entscheidung von wesentlicher Bedeutung ist, vorliegt.

Die Aussetzung der Entscheidung liegt im Ermessen der Abgabenbehörde bzw des Verwaltungsgerichts und darf nicht in Anspruch genommen werden, wenn überwiegende Interessen der Partei (des Steuerpflichtigen) entgegenstehen. Es besteht weiters kein Rechtsanspruch der Partei auf Aussetzung einer Entscheidung.

Der neue Tatbestand des § 200 BAO vereinfacht somit die Bescheiderlassung in jenen Fällen, wo ausständige Rechtsfragen für Vorjahre vorliegen, und wird dem Abgabenpflichtigen oftmals ersparen, jährlich wiederkehrende Beschwerden erheben zu müssen. In vielen Fällen wird der neue Tatbestand im Gesetz jedoch keine Vorteile für Steuerpflichtige bringen, da die Abgabenbehörde voraussichtlich die eigene Rechtsansicht für vorläufige Bescheide heranziehen wird. Gerade diese Rechtsansicht dürfte jedoch Gegenstand der Bescheidanfechtung in der Vergangenheit sein und wird üblicherweise höhere Steuerbelastungen verursachen. Ein solcher, wenn auch nur vorläufig ergangener Bescheid wird wohl weiterhin mit einer Beschwerde und einer Aussetzung für die Einhebung bekämpft werden.

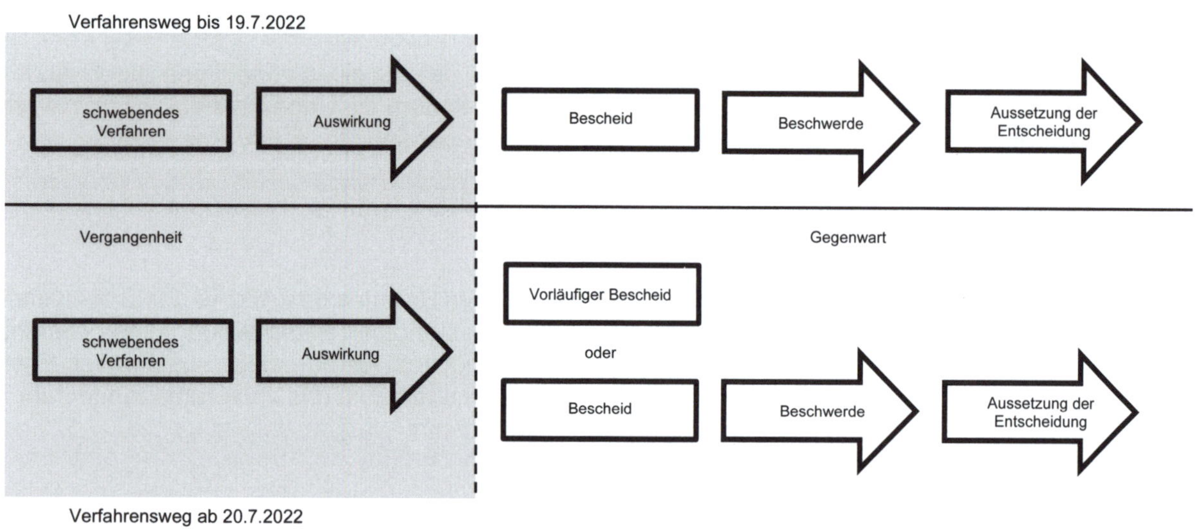

Der erweiterte Tatbestand für vorläufige Bescheide gem § 200 BAO soll die Anzahl der Rechtsmittel im Zusammenhang mit schwebenden Verfahren aus Vorjahren reduzieren. Für Steuerpflichtige kann diese Erweiterung sinnvoll sein, um rechtskräftige (wenn auch nur vorläufige) Bescheide zu erhalten.

Liegen die Rechtsmeinungen zwischen Behörde und Steuerpflichtigen (abgabenmäßig) weit auseinander und vertritt die Behörde im vorläufigen Bescheid ihre eigene Rechtsmeinung, wird sich an der Praxis der Bescheidanfechtung mit Aussetzung der Einhebung und anschließender Aussetzung der Entscheidung gem § 271 BAO wohl kaum etwas ändern.

Verjährung der Abgabenfestsetzung
Welche Amtshandlungen diese verlängern

§§ 207, 208 u 209 BAO, Ritz/Koran, BAO, 891; VwGH 20.10.2022, Ra 2022/16/0045; Bodis, SWK 32-33/2022, 1270;

VwGH-Erkenntnis

Die Abgabenbehörde hat durch das Setzen von sogenannten Verlängerungshandlungen die Möglichkeit, den Eintritt der Festsetzungsverjährung auszudehnen um zwischenzeitlich den Abgabenanspruch durchzusetzen. Welche Anforderungen an diese Amtshandlungen geknüpft sind, zeigt nachfolgend dieser Beitrag.

Verjährungsfristen im Abgabenverfahren

Festsetzungsverjährung, § 207 BAO wichtige Verjährungsfristen im Überblick		
Verbrauchsteuern, Stempelgebühren und VwGH- bzw VfGH-Gebühren	3 Jahre	ab Entstehen des Abgabenanspruchs
Alle übrigen Abgaben (zB ESt, USt, KöSt)	5 Jahre	ab Entstehen des Abgabenanspruchs
Hinterzogene Abgaben	10 Jahre	ab Entstehen des Abgabenanspruchs
Verspätungs-, Säumniszuschläge, Anspruchszinsen, Abgabenerhöhungen	Gleichzeitig mit der zugrundeliegenden Abgabe	
Zwangs-, Ordnungs- und Mutwillensstrafen	1 Jahr	ab Entstehen Voraussetzungen zur Festsetzung

Beginn der Verjährungsfrist ist regelmäßig der Zeitpunkt des Entstehens des Abgabenanspruchs. Wurden Abgaben gem § 200 BAO vorläufig festgesetzt, beginnt die Verjährungsfrist erst mit Wegfall der Ungewissheit zu laufen. Bei Eintritt eines rückwirkenden Ereignisses iSd § 295a BAO mit Ablauf des Eintrittsjahres. § 208 Abs 1 lit d und e BAO.

Die Festsetzungsverjährung ist nicht mit der sog Einhebungsverjährung zu verwechseln, das ist jene Frist, eine fällige Abgabe auch tatsächlich einzuheben; diese ist in § 238 BAO geregelt.
Das Finanzstrafrecht hat eigene Verjährungsbestimmungen, welche im FinStrG geregelt sind.

Jedenfalls verjährt das Recht eine Abgabe festzusetzen durch Eintritt der **absoluten Verjährung**, deren Eintritt weder verlängerbar, noch hemmbar ist.

Absolute Verjährung; § 209 Abs 3 und 4 BAO		
Das Recht, eine Abgabe festzusetzen	10 Jahre	ab Entstehen des Abgabenanspruchs
Das Recht, vorläufige Bescheide iSd § 200 BAO endgültig zu erklären	15 Jahre	ab Entstehen des Abgabenanspruchs

Auf den Sonderfall bei vorangegangener Nichtfestsetzung einer ESt-/KöSt Schuld wird lediglich hingewiesen, § 209 Abs 5 BAO.

Für **zu erledigende Beschwerden** oder Anträge gilt jedoch, dass diesen der Ablauf der Verjährungsfrist nicht entgegensteht, solange sie innerhalb dieser eingebracht wurden, § 209a Abs 1 u 2 BAO. Diesfalls dürfen die Abgaben auch nach Eintritt der Verjährung festgesetzt werden.

Verlängerungshandlungen

Die Frist bis zum Eintritt der Festsetzungsverjährung verlängert sich um **ein Jahr**, wenn innerhalb der Verjährungsfrist „nach außen erkennbare Amtshandlungen zur Geltendmachung des Abgabenanspruchs oder zur Feststellung des Abgabepflichtigen" unternommen werden. Erfolgt innerhalb dieser Verlängerung eine erneute Verlängerungshandlung, erfolgt eine weitere Verlängerung um jeweils ein weiteres Jahr, § 209 Abs 1 BAO.

Beispiel	**Verjährungsfrist**
Einkommensteuer 2020, nicht hinterzogen	5 Jahre
Verlängerungshandlung „Einkommensteuerbescheid 2020"	+ 1 Jahr
Eintritt Verjährung ohne weitere Verlängerungshandlungen	31.12.2026
Verlängerungshandlung im Verlängerungsjahr 2026 durch Außenprüfung	+ 1 weiteres Jahr
Verlängerungshandlung in 2027 durch Wiederaufnahme des Verfahrens	+ 1 weiteres Jahr
Eintritt Verjährung	31.12.2028
Die absolute Verjährung tritt jedenfalls nach 10 Jahren ein. Durch Verlängerungshandlungen ist diese nicht mehr ausdehnbar.	31.12.2030

Die formalen Anforderungen an eine Verlängerungshandlung…

… sind nicht sonderlich hoch. Die Amtshandlung muss lediglich

- eindeutig nach außen hin erkennbar sein und
- zur Geltendmachung eines bestimmten Abgabenanspruches oder der Feststellung des Abgabepflichtigen unternommen werden.

Es ist nicht erforderlich, dass der Abgabenschuldner selbst davon Kenntnis erlangt. Die Amtshandlung muss weder zweckmäßig, geeignet, sinnvoll oder alternativlos sein.

Beispiele für Verlängerungshandlungen

- Abgabenbescheide, zB Veranlagungs- oder Feststellungsbescheide für die Beteiligten, egal ob unrichtig, später abgeändert oder aufgehoben oder sogar nichtig,
- Ankündigung einer Außenprüfung gem § 148 Abs 5 BAO,
- Außenprüfungen und Vorhalte,
- Beschwerdevorentscheidungen,
- E-Mails der Abgabenbehörde, wenn diese beim Empfänger tatsächlich einlangen,
- ein Telefongespräch, das dem Inhalt nach auch der Geltendmachung des Abgabenanspruchs dient, wenn dieses einwandfrei in den Akten nachweisbar ist,
- elektronische Firmenbuch- oder Grundbuchsabfrage, da die Amtshandlung auch gegen einen Dritten als Auskunftsperson gerichtet sein kann, vgl VwGH 20.10.2022, Ra 2022/16/0045,
- Zusendung eines Erklärungsformulars,
- usw.

Die **Beweislast** für das Vorliegen einer Verlängerungshandlung liegt beim Finanzamt.

Keine Verlängerungshandlungen sind zB

- Ein Schreiben, das sich in der bloßen Darlegung des Rechtsstandpunktes der Behörde erschöpft,
- eine bloße Ankündigung einer Amtshandlung; außer, wenn diese gesetzlich vorgesehen ist, zB die Ankündigung einer BP, siehe oben,
- derartige Mutwillenshandlungen, die nicht nur objektiv sondern auch aus Sicht der Behörde keinerlei Erkenntnisgewinn erwarten lassen,
- Amtshandlungen eines sachlich oder örtlich unzuständigen Finanzamtes.

Der VwGH hat in seinem Erkenntnis vom 20.10.2022, Ra 2022/16/0045 dazu noch einmal betont, dass bei der Beurteilung der Zulässigkeit von Verlängerungshandlungen **keine allzu formalistische Sichtweise** anzuwenden ist. Das BFG hatte in der vom VwGH aufgehobenen Entscheidung strengere Maßstäbe angesetzt.

Das Anführen einer konkreten gesetzlichen Bestimmung ist, im Gegensatz zum aufgehobenen BFG-Erkenntnis, zur Geltendmachung eines bestimmten Abgabenanspruches nicht erforderlich, wenn sich aus den Umständen des Falles zweifelsfrei ergibt, welche Abgabe gemeint ist.

Auch die Frage ob die Abgabenbehörde eine Verlängerungshandlung „auf Vorrat" erstellt hat, also bloß um eine Verlängerung der Verjährungsfrist zu erwirken, hat auf die verlängernde Wirkung keine Auswirkung.

→ Verlängerungshandlungen dienen in Fällen, in denen das Finanzamt einen Abgabenanspruch auch nach Ablauf der 5-jährigen Frist durchsetzen möchte, dazu diesem notfalls bis zum Eintritt der absoluten Verjährung Zeit dafür zu verschaffen.

Dabei sind weder besondere Formerfordernisse, wie die explizite Nennung einer Abgabenart erforderlich, noch ist eine Setzung von Verlängerungshandlungen „auf Vorrat" durch das Finanzamt unzulässig.

Die vom BFG vertretene strengere Beurteilung anhand von Formalkriterien hat der VwGH verworfen.

Für die Praxis bedeutet dies, dass die Chancen, sich auf die Verjährung eines Abgabenanspruches ohne Berücksichtigung von etwaigen Verlängerungshandlungen zu berufen, eher klein sind. Dennoch obliegt es dem Finanzamt das Vorliegen entsprechender Verlängerungshandlungen nachzuweisen.

Pauschale Reiseaufwandsentschädigung für Sportler

Pöll, Linde SWK News, 12.1.2023; Toifl/Hosp, SWK 15/2021, 877;
Proksch in Ebner/Hammerl/Oberhuber, Die Besteuerung von Vereinen (2022), 629;
Müller/Kocher/Proksch, SWK-Spezial: Lohnverrechnung 2023, Rz 128 und Rz 154

Sportvereine | **Steuer- und SV-Freiheit**

Inmitten der umfangreichen Legistik zur Abfederung der Teuerung wurden die Grenzen für steuer- und sozialversicherungsfreie pauschale Reiseaufwandsentschädigungen für Sportler im EStG und im ASVG kräftig erhöht. Damit einhergehend wurden auch neue Meldeverpflichtungen geschaffen, um der bisher missbrauchsanfälligen Regelung der Selbstbestätigung des begünstigten Sportlers kontrollierend entgegenzuwirken.

Mit 1.1.2023 wurden die abgabenfrei zu gewährenden pauschalen Reiseaufwandsentschädigungen von bisher € 60,- auf € 120,- pro Einsatztag erhöht. Die monatliche Höchstgrenze wurde von € 540,- auf € 720,- angehoben. Durch Änderung des § 3 Abs 1 Z 16c EStG und des § 49 Abs 3 Z 28 ASVG gelten die betraglichen Grenzen sowohl in Bezug auf die Einkommensteuer als auch auf die Sozialversicherungsbeiträge.

Weiters wurde eine jährliche Meldepflicht für die auszahlenden Verbände und Vereine eingeführt. Pro Sportler, Schiedsrichter und Sportbetreuer, dem in einem Kalenderjahr ausschließlich steuerfreie pauschale Reiseaufwandsentschädigungen ausgezahlt wurden, ist eine Meldung der Bezüge an das Finanzamt zu senden. Die Meldung ist bis Ende Februar des Folgejahres zu übermitteln. Hierzu steht die Kz 243 in den Formularen L16 und L19 zur Verfügung. Erstmalig ist die Meldung demnach bis zum 29.2.2024 für das Kalenderjahr 2023 durchzuführen.

Die Meldung hat zu enthalten:

- Informationen des Vereines oder Verbandes
  - ZVR-Nummer
  - Steuernummer (wenn vorhanden)
- Informationen des Spielers, Schiedsrichters oder Sportbetreuers
  - Vor- und Nachname
  - Sozialversicherungsnummer
- Summe der ausgezahlten pauschalen Reiseaufwandsentschädigungen

Die frühere Begünstigung, wonach Vereine und Verbände unter gewissen Voraussetzungen von der Führung von Lohnkonten befreit waren, endet mit der Neuregelung. Nunmehr muss auch für Sportler, Schiedsrichter und Sportbetreuer, denen ausschließlich pauschale Reiseaufwandsentschädigungen gewährt werden, ein Lohnkonto geführt werden.

Hintergrund der strengeren Aufzeichnungs- und Meldeverpflichtungen ist, dass die vorherige Regelung missbrauchsanfällig war. Bestätigte ein Sportler dem Verein gegenüber, dass er nur von diesem steuerfreie Reiseaufwandsentschädigungen erhielt, so mussten keine Lohnkonten geführt werden. Gab ein Sportler diese Bestätigung ungerechtfertigterweise mehreren Vereinen gegenüber ab, so wurden Beträge zu Unrecht steuer- und sozialversicherungsfrei ausgezahlt. Eine Überprüfung durch das Finanzamt war nur schwer möglich.

1. Voraussetzungen für steuer- und sozialversicherungsfreie pauschale Reiseaufwandsentschädigungen für Sportler

Ist die auszahlende Stelle ein begünstigter Rechtsträger?

Steuerfreie Reiseaufwandsentschädigungen können nur von begünstigten Rechtsträgern gem der §§ 34 ff BAO gewährt werden. In Frage kommen Rechtsträger, wie Sportvereine, deren satzungsmäßiger Zweck die Förderung des Körpersportes ist. Weiters muss der begünstigte Rechtsträger gemeinnützig tätig sein. Ausgegliederte Profimannschaften fallen somit nicht in den Anwendungsbereich.

Wer ist Empfänger der Zahlung?

Steuerfreie Reiseaufwandsentschädigungen können nur an Sportler, Schiedsrichter und Sportbetreuer gewährt werden. Als Sportbetreuer sind Trainer, Masseure und Zeugwarte zu sehen. Platzwarte oder Funktionäre zählen nicht zu den Sportbetreuern. Die Begünstigung kann für beschränkt und unbeschränkt Steuerpflichtige gewährt werden. Bei beschränkt Steuerpflichtigen sind die steuerfreien Reiseaufwandsentschädigungen nicht Teil der Bemessungsgrundlage für die Abzugssteuer gem § 70 Abs 2 Z 2 EStG.

Wurden die Dokumentationspflichten erfüllt?

- **Einsatztage:** Einsatztag ist jeder Tag, an dem ein Wettkampf oder Training stattfindet. Diese müssen pro Sportler aufgezeichnet werden.

  Tipp: Aufzeichnungen über die Einsatztage können leicht von Dritten anhand der Spiel- oder Trainingspläne auf der Vereinshomepage oder auf Social Media nachverfolgt werden. Eine Manipulation kann somit leicht erkannt werden.

- **Abrechnung:** Die Abrechnung der Reiseaufwandsentschädigungen mit den Sportlern muss dokumentiert werden.

  Tipp: Klar erkennbare Abrechnung, sodass nicht der Vorwurf erhoben wird, der Betrag wäre aus dem Gehalt herausgerechnet worden.

- **Lohnkonto:** Die frühere Begünstigung, nach der keine Lohnkonten für Sportler zu führen waren, die bloß von einem Verein ausschließlich steuerfreie Reiseaufwandsentschädigungen erhielten, ist seit dem 1.1.2023 nicht mehr anwendbar.

Können steuerfreie Reiseaufwandsentschädigungen ausgezahlt werden?

- **Allgemeinprüfung, gültig für ESt, SV, DB, DZ und KommSt**

Anlass	Steuerfreiheit
Reisekostenvergütungen werden nur anlassbezogen ausgezahlt (zB nur bei Auswärtsspielen, nur bei Sieg).	✓
Ein Teil des Gehalts wird als steuerfreie Reisekostenvergütung behandelt.	✗
Verein übernimmt einzelne Kosten (zB Hotelkosten) oder stellt dem Sportler ein Zug-, Bus- oder Flugticket bereit (keine direkte Auszahlung der angefallenen Kosten).	✓
Es werden nicht steuerbare Vergütungen gem § 26 Z 4 EStG oder steuerfreie Vergütungen gem § 3 Abs 1 Z 16b EStG gewährt (zB Kilometergeld, Zugtickets, Tag- und Nächtigungsgelder).	✗

Die Unterscheidung zwischen übernommenen und ersetzten Kosten kann in Einzelfällen zu Ungleichbehandlungen führen. Fährt ein Trainer mit seinem eigenen PKW zum Spiel, so führt ein Ersatz des Kilometergeldes zum Verlust der steuerfreien Reisekostenvergütung. Der Trainer, der jedoch mit dem Mannschaftsbus mitfährt, trägt keine Fahrtkosten und kann eine pauschale Reisekostenvergütung steuerfrei erhalten.

- **Spezialprüfung, gültig für SV**

Gemäß § 49 Abs 3 Z 28 ASVG können Reiseaufwandsentschädigungen nur insoweit sozialversicherungsfrei gewährt werden, als dass diese nicht den Hauptberuf und die Haupteinnahmequelle bilden. Zur Beurteilung des **Hauptberufes** ist auf den Zeitaufwand abzustellen. Als Hauptberuf gelten unter anderem das Studium eines ordentlichen Studenten und die Tätigkeit als Hausmann oder Hausfrau, sofern kein Singlehaushalt vorliegt. Nicht als Hauptberuf gelten Arbeitslosengeld und Notstandshilfe. Die **Haupteinnahmequelle** ist nach dem Verhältnis der Einkünfte aus der Tätigkeit als Sportler im Vergleich zu den übrigen Einkünften zu beurteilen. Pensionisten haben zwar keinen Hauptberuf, jedoch eine Haupteinnahmequelle, solange die Pension die steuerfreien Reisekostenvergütungen übersteigt.

In welcher Höhe können Reiseaufwandsentschädigungen steuerfrei ausgezahlt werden?

Pro Einsatztag können höchstens € 120,- an pauschalen Reisekostenvergütungen steuerfrei ausgezahlt werden. Pro Monat dürfen die steuerfrei belassenen Beträge € 720,- nicht übersteigen. Beträge, die diesen Betrag übersteigen, sind zum Tarif zu versteuern. Die Grenzwerte sind monatlich zu betrachten. Eine Verrechnung mit Monaten, in denen der steuerfreie Betrag nicht voll ausgeschöpft wurde, ist nicht möglich.

Für den Verein ist es unerheblich, ob der Sportler noch von einem weiteren Verein steuerfreie Reiseaufwandsentschädigungen erhält. Jeder Verein darf die Beträge innerhalb der Höchstgrenzen unversteuert belassen. Durch die jährliche Meldung der Zahlungen an das Finanzamt wird sichergestellt, dass es im Fall von Bezügen von mehreren auszahlenden Stellen zu einer Nachversteuerung im Rahmen der Veranlagung des Steuerpflichtigen kommt.

Beispiel
Der Fußballer X erhält vom Verein A für 4 Einsatztage im April € 400,- an steuerfreien Reiseaufwandsentschädigungen. Vom Verein B erhält er im selben Monat € 300,- für zwei Einsatztage.

Lösung
Der Höchstbetrag von € 120,- pro Einsatztag wird von Verein A nicht überschritten (€ 400,-/4 Einsatztage = € 100,-/Einsatztag). Verein B gewährt allerdings einen höheren pauschalen Betrag (€ 300,-/2 Einsatztage = € 150,-/Einsatztag). Von Verein B können demnach bloß € 240,- (€ 120,- * 2 Einsatztage) steuerfrei ausgezahlt werden.

Am Jahresende wird ermittelt, ob Fußballer X den höchstzulässigen Betrag an steuerfreien Reiseaufwandsvergütungen überschritten hat. Die Kontrollmitteilungen ergeben € 400,- von Verein A und € 240,- von Verein B. Der Höchstbetrag an steuerfreien Reisekostenvergütungen von € 720,- wurde somit im April nicht überschritten.

2. Beschäftigungsverhältnisse von Sportlern

Mannschaftssport zB Fußball:
- idR Dienstvertrag und somit Einkünfte aus nichtselbständiger Arbeit (EaNSA) gem § 25 EStG und ASVG-Dienstverhätnis

Einzelsport zB Tennis:
- Werkvertrag und somit Einkünfte aus selbständiger Arbeit (EaSA) gem § 22 EStG und GSVG, wenn die Erbringung der Leistung im Vordergrund steht und lediglich eine bestimmte Anzahl an Auftritten bzw Wettkämpfen absolviert werden muss
- Freier Dienstvertrag und somit Einkünfte aus selbständiger Arbeit gem § 22 EStG und ASVG, wenn kein Werkvertrag vorliegt

Sonstige begünstigte Tätigkeiten (zB Schiedsrichter oder Zeugwart):
- idR Dienstvertrag und somit Einkünfte aus nichtselbständiger Arbeit gem § 25 EStG und ASVG

	EaNSA	**EaSA/EaGB**	
	ASVG		**GSVG**
Anmeldung SV vor Arbeitsantritt 1)	ja	ja	nein
Abfuhr SV Beiträge	ja/nein 2)	ja/nein 2)	nein
Dokumentation Einsatztage	ja	ja	ja
Führung Lohnkonto	ja	ja	ja

1) Wenn die steuerfreien Reiseaufwandsentschädigungen die Grenzbeträge von € 120,- pro Einsatztag oder € 720,- pro Monat übersteigen oder sonstige Bezüge gewährt werden.
2) Nein, wenn die Geringfügigkeitsgrenze nicht überschritten wird. Werden steuerfreie Reisekostenvergütungen ausbezahlt, so richtet sich die Beurteilung der Geringfügigkeit nach dem Betrag, der die Grenzbeträge von € 120,- pro Tag und € 720,- pro Monat übersteigt.

3. Option zur Veranlagung

Übersteigen die tatsächlichen Reisekosten iSd § 16 Abs 1 Z 9 EStG oder das Pendlerpauschale die steuerfreien Reiseaufwandsentschädigungen, so können die Kosten im Rahmen der Veranlagung angesetzt werden. Dies ist allerdings nur möglich, wenn neben den steuerfreien Reiseaufwandsentschädigungen auch steuerpflichtige Einnahmen vorliegen oder die Reiseaufwandsentschädigungen die Höchstgrenzen übersteigen. Im Zuge der Veranlagung sind sodann die gesamten Reiseaufwandsentschädigungen als steuerpflichtig zu behandeln und die Werbungskosten abzuziehen.

Sportler, Schiedsrichter und Sportbetreuer dürfen über die Erhöhung der steuer- und sozialversicherungsfreien pauschalen Reiseentschädigungen ab 1.1.2023 jubeln. Auszahlende Vereine und Verbände müssen im Gegenzug die neue Meldepflicht erfüllen, um ein „Fair-Play" mit der Finanz sicherzustellen.

E-Firmenwagen und Dienstfahrräder

Sachbezugswerte, Ladestrom, Gehaltsumwandlung

§ 4 Abs 1 Z 3, § 4b und § 4c SachbezugswerteV idF BGBl II 504/2022; Prodinger, SWK 3/2023, 86; Anfragebeantwortung des BMF vom 7.2.2023; Rz 206 f LStR idF Wartungserlass 2022; Seebacher/Artner, PV-Info 1/2023, 6; Seebacher, PV-Info 2/2023, 4;

Geänderte VO **LStR Wartung**

Die steuerliche Behandlung von Dienstfahrrädern und E-Krafträdern bzw E-PKW in ESt und USt wurden im Arbeitsbuch Herbst 2022 ausführlich behandelt.

Fahrräder für Arbeitnehmer
Arbeitsbuch Herbst 2022, 169 ff

E-PKW im Steuerrecht
Arbeitsbuch Herbst 2022, 139 ff

Im gegenständlichen Beitrag wird auf einige im Dezember 2022 verlautbarte Klarstellungen und Änderungen in der Sachbezugswerteverordnung und in den Lohnsteuerrichtlinien eingegangen.

1. Ladestrom für E-Autos, E-Motorräder und E-Bikes

Nachstehende Arten der Kostentragung des Stroms zur „Betankung" eines E-KFZ sind seit 1.1.2023 laut Verordnungstext **sachbezugsfrei**, § 4c SachbezugswerteV:

Für **arbeitgebereigene** E-KFZ:

- Unentgeltliches Aufladen beim Arbeitgeber, bisher ohnehin bereits Verwaltungspraxis.
- Kostenersatz für Ladekosten an den Dienstnehmer, entweder
  - nachgewiesene tatsächliche Kosten an einer öffentlichen Ladestation oder
  - bei eigenem privaten Ladestromzähler anhand eines durchschnittlichen Strompreises, ds für 2023 22,247 Cent/kWh. Für 2024 ff wird der Preis in der Findok veröffentlicht.

  Übergangsregelung bis Ende 2025: Ein Kostenersatz bis monatlich € 30,- ist jedenfalls sachbezugsfrei, wenn die bestehende Wallbox nachweislich keine Lademengenzuordnung zu diesem KFZ bewerkstelligt.
- Anschaffung einer Ladeeinrichtung, zB Wallbox, für den Dienstnehmer oder Kostenersatz dafür bis zu € 2.000,-. Voraussetzung ist, dass bereits ein arbeitgebereigenes E-Fahrzeug überlassen wird.

Für **nicht arbeitgebereigene** KFZ:

- Unentgeltliches Aufladen beim Arbeitgeber. Das Zusatzerfordernis, dass am Abgabeort gratis E-Ladestationen vorhanden sein müssen, ist weggefallen.

  Achtung: Plug-In Hybridfahrzeuge sind nicht begünstigt, es muss sich um E-Fahrzeuge mit einem CO_2-Ausstoß von 0 g CO_2 / km handeln.

2. Umwandlung Gehalt gegen E-Fahrzeug

Durch eine Änderung der Sachbezugswerteverordnung wurde im Dezember 2022 klargestellt, dass für E-Autos, E-Motorräder, E-Bikes und Dienstfahrräder, die Sachbezugsbefreiung auch im Fall einer Gehaltumwandlung gilt, solange das verbleibende kollektivvertragliche Mindestgehalt nicht unterschritten wird. Diese kann befristet oder unbefristet sein. § 4 Abs 1 Z 3 und § 4 SachbezugswerteV.

Die ÖGK hat sich auch dazu bekannt, sodass SV-Beitragsfreiheit vorliegt, soweit eine **schriftliche Vereinbarung** vorliegt und der verbleibende Bruttobezug noch **mindestens dem Kollektivvertrag** entspricht.

Auch im Bereich der Lohnnebenkosten wie DB, DZ und Kommunalsteuer gilt die Befreiung.

Rz 206 LStR idF Wartungserlass 2022 präzisiert, dass eine Gehaltsumwandlung nur im Rahmen einer für die Zukunft vereinbarten Dienstvertragsänderung steuerlich anzuerkennen ist.

Vor allem bei E-Bikes erfreuen sich solche Modelle zunehmender Beliebtheit. Siehe Beispiel unten. Diese Methode ist vergleichsweise günstiger, als wenn der Dienstnehmer einen Kostenbeitrag aus seinem laufenden Einkommen leisten würde. Das deshalb, weil ein geleisteter Kostenbeitrag einen Sachbezug zwar kürzt, diesen aber nicht negativ werden lässt. Da der Sachbezug eines E-Bikes ohnehin Null ist, hätte ein Kostenbeitrag nach dieser Variante keine steuermindernde Auswirkung.

Was man beachten sollte: Ein reduzierter Bruttobezug hat Auswirkungen auf zB Überstundenabgeltung, Zulagen, Sonderzahlungen oder Jubiläumsgelder. Eine Reduktion will daher gut überlegt sein.

Laut BMF ist es steuerrechtlich auch zulässig, nur laufende Bezüge zu reduzieren, die Sonderzahlungen aber unverändert zu belassen. Dabei treten jedoch idR Sechstelüberschreitungen auf.

3. Dienstfahrräder – Arbeitnehmer kauft vom Arbeitgeber

Erwirbt ein Arbeitnehmer ein Fahrrad oder E-Bike vom Arbeitgeber zu einem vergünstigten Preis stellt sich die Frage, inwieweit dadurch ein Sachbezug entsteht. Rz 207 LStR idF Wartungserlass 2022 nimmt dazu Stellung, wie folgt:

Es bestehen **keine Bedenken**, wenn bei linearer Abschreibung aus Vereinfachungsgründen anstelle des um übliche Preisnachlässe verminderten **üblichen Endpreises** des Abgabeortes der Wert des Fahrrades oder E-Bikes wie folgt bestimmt wird:

Steuerlicher Buchwert
- pauschaler Abschlag von 20 %
+ Umsatzsteuer 20 %
(soweit beim Kauf ein Vorsteuerabzug zustand)

Liegt der Kaufpreis darunter, liegt ein Sachbezug im Differenzbetrag vor.

Somit wurde die von der KSW in einer Anfrage an das BMF vorgeschlagene Vereinfachungsregelung in die LStR aufgenommen. Auch die ÖGK hat sich bereits dieser Rechtsansicht angeschlossen.

Diese Regelung gilt hingegen nicht für den Verkauf von gebrauchten Autos an Arbeitnehmer. Hier kann alternativ zum Nachweis des konkreten Fahrzeugwertes auf anerkannte Fahrzeugbewertungslisten (Eurotax oder andere anerkannte Autopreisspiegel) abgestellt werden, Rz 222b LStR.

Beispiel

Ein Dienstgeber vereinbart mit einem Dienstnehmer, die Zurverfügungstellung eines E-Bikes im Wert von € 7.000,-.

Daran soll sich der Dienstnehmer mit € 100,- pro Monat beteiligen. Dafür wird eine befristete schriftliche Dienstvertragsänderung in der Form abgeschlossen, dass für die Zeit der Nutzung das monatliche Bruttogehalt von € 3.500,- auf € 3.400,- reduziert wird. Der Kollektivvertrag sieht ein Mindestentgelt von € 3.000,- vor.

Anmerkung: Über eine Nutzungsdauer von 5 Jahren ergibt sich so ein Betrag von € 7.000,-, ds € 100,- x 14 Monatsgehälter x 5 Jahre.

Der Sachbezugswert für das E-Bike beträgt Null.

Die Bemessungsgrundlage für Lohnsteuer, Sozialversicherung und Lohnnebenkosten für das laufende nach wie vor über dem Kollektivvertrag liegende Bruttogehalt wird entsprechend reduziert und es fallen geringere Beiträge an.

Der Dienstgeber kann im Regelfall die Vorsteuer für das E-Bike geltend machen und den Nettoanschaffungspreis als Betriebsausgabe über 5 Jahre absetzen, Rz 3115 EStR idF Wartungserlass 2023.

Während dieser Zeit kann der Dienstgeber zudem Ladestrom sachbezugsfrei zur Verfügung stellen. Sogar ein Kostenersatz für Ladestrom zuhause ist möglich.

Der Dienstnehmer kann das E-Bike zum linear abgeschriebenen Buchwert abzüglich eines Abschlages von 20 % zuzüglich 20 % USt sachbezugsfrei kaufen. Nach Ablauf von 5 Jahren beträgt dieser Null. Rz 207 LStR; siehe auch Arbeitsbuch Herbst 2022, S 169 ff.

Ein solches Modell ist auch zulässig, wenn der Dienstgeber das E-Bike leasingfinanziert, Rz 206 LStR.

4. Gesellschafter-Geschäftsführer

Die Sachbezugsbefreiung für die Zurverfügungstellung von Dienstfahrrädern und E-Bikes wurde mit BGBl II 468/2022 auch in die KFZ-Sachbezugsverordnung für Gesellschafter-Geschäftsführer (VO 70/2018) aufgenommen.

Somit gilt für die Zurverfügungstellung eines KFZ, Kraftrades oder Fahrrades mit einem Ausstoß von 0 g CO_2 / km ein Sachbezugswert von Null.

Beachte: Die oben beschriebene Sachbezugsbefreiung für Ladestrom ist nicht davon umfasst, da § 4c SachbezugswerteV nicht auf Gesellschafter-Geschäftsführer anzuwenden ist.

5. Exkurs I – Sachbezug Spezialfahrzeuge

Werden etwa ÖAMTC- oder Montagefahrzeuge für die Fahrten Wohnung – Arbeitsstätte genutzt, ist kein Sachbezug anzusetzen. Dies gilt als Werkverkehr. Für eine anderweitige Privatnutzung ist jedoch ein Sachbezug nach den allgemeinen Bestimmungen anzusetzen; Rz 175 LStR.

6. Exkurs II – Vorführfahrzeuge

Das BMF ändert seine Rechtsansicht hinsichtlich der Behandlung von Vorführfahrzeugen. Diese werden ab der Veranlagung 2023 als Gebrauchtwagen angesehen, Rz 3218 EStR idF Wartungserlass 2023. Diese scheinbar harmlose Änderung hat jedoch weitreichende Auswirkungen, etwa bei E-KFZ:

- kein invGFB
- keine degressive AfA
- kein Investitionsfreibetrag

Beim Autokauf sollte daher ab sofort darauf Bedacht genommen werden.

→ Die Ökologisierung des Steuerrechts schreitet voran. Insbesondere bei Dienstfahrrädern und E-Bikes ist eine seitens des Fiskus selten dagewesene Großzügigkeit zu beobachten.

Insbesondere in Zeiten hoher Preise für Mobilität bieten Modelle der Zurverfügungstellung eines E-Fahrzeugs gegen Gehaltsverzicht für Dienstnehmer eine erhöhte Attraktivität. Auch Arbeitgeber können in Zeiten von Personalmangel Vorteile im Hinblick auf ihr Employer Branding erzielen und sich für Mitarbeiter attraktiver präsentieren.

Aufgrund der bestehenden Nebenwirkungen auf Sonderzahlungen und Co will ein solches jedoch gut überlegt sein.

ANLAGEN

- **Für die Praxis wichtige Freibeträge, Absetzbeträge und andere sich ändernde Beträge, Steuertarif, etc.**
- **Anzeigepflicht von Schenkungen gem § 121a BAO - Schenkungsmeldung**
- **Reisekosten, Tages- und Nächtigungsgelder**
- **„Aushilfen" Übersicht Lohnsteuer und Sozialversicherung**
- **Sozialversicherungswerte 2023**

Für die Praxis wichtige Freibeträge, Absetzbeträge und andere sich ändernde Beträge, Steuertarif, Reisekosten etc

Diese Zusammenstellung erfolgte zwar sorgfältig, dennoch sind Irrtümer vorbehalten und alle Angaben ohne Gewähr

Einkommensteuer-Berechnung: "Praktikermethode"

Einkommen*)	2022	
	%	abzüglich
0 bis 11.000	0 %	0,-
11.001 bis 18.000	20 %	- 2.200,-
18.001 bis 31.000	32,5 %	- 4.450,-
31.001 bis 60.000	42 %	- 7.395,-
60.001 bis 90.000	48 %	- 10.995,-
90.001 bis 1.000.000	50 %	- 12.795,-
ab 1.000.001	55 %	- 62.795,-

*) Einkommen: Hinzurechnung von € 9.000,- bei beschränkt Steuerpflichtigen

Einkommen-Grenzbeträge <u>nach</u> Inflationsanpassung	2023	
	%	abzüglich
0 bis 11.693 *(+ 6,30 %)*	0 %	0,-
11.694 bis 19.134 *(+ 6,30 %)*	20 %	-2.339,-
19.135 bis 32.075 *(+ 3,46 %)*	► **30 %** ◄	- 4.252,-
32.076 bis 62.080 *(+ 3,46 %)*	► **41 %** ◄	- 7.780,-
62.081 bis 93.120 *(+ 3,46 %)*	48 %	- 12.126,-
93.121 bis 1.000.000	50 %	- 13.988,-
ab 1.000.001	55 %	- 63.988,-

Gewinnfreibetrag: „Praktikermethode“

Gewinn	bis 2021			ab 2022		
	%	zuzüglich	max GFB*)	%	zuzüglich	max GFB*)
0 bis 30.000	13 %	Null	3.900,-	**15 %**	Null	**4.500,-**
30.001 bis 175.000	13 %	Null	22.750,-	13 %	600,-	23.350,-
175.001 bis 350.000	7 %	10.500,-	35.000,-	7 %	11.100,-	35.600,-
350.001 bis 580.000	4,5 %	19.250,-	45.350,-	4,5 %	19.850,-	45.950,-
580.001 bis	---	---	45.350,-	---	---	45.950,-

*) Inklusive Grundfreibetrag

Körperschaftsteuer

allgemeiner Steuersatz Zwischensteuer bei Privatstiftungen	2022 25 % 2023 24 % ab 2024 23 %
Freibetrag für gemeinnützige Körperschaften § 23 KStG	10.000
Mindeststeuer für GmbH bei unbeschränkter Steuerpflicht	
jährlich 5 % von € 35.000,- = € 1.750,-	pro Kalendervierteljahr 437,50
Ausnahme: Neugründungen ab 1.7.2013 für die ersten 5 Jahre für das 6.-10. Jahr ab dem 11. Jahr	pro Kalendervierteljahr 125,00 pro Kalendervierteljahr 250,00 pro Kalendervierteljahr 437,50

Größenklassen Kapitalgesellschaften für Geschäftsjahre, die nach dem 31.12.2015 beginnen

In Euro	kleinst	klein	mittel	groß
Umsatz	≤ 700.000,-	≤ 10 Mio	≤ 40 Mio	> 40 Mio
Bilanzsumme	≤ 350.000,-	≤ 5 Mio	≤ 20 Mio	> 20 Mio
durchschnittliche Anzahl Arbeitnehmer	≤ 10 AN	≤ 50 AN	≤ 250 AN	> 250 AN

Über- bzw. Unterschreiten, wenn 2 Merkmale an 2 aufeinanderfolgenden Stichtagen erfüllt werden.

Kapitalertragsteuer

Einkünfte aus Kapitalvermögen	KESt in %
Zinsen aus Girokonten und Sparbüchern	25 %
Zinsen aus sonstige Forderungen zB Anleihen	27,5 %
Dividenden und GmbH-Gewinnausschüttungen	
Einkünfte aus Veräußerung von Kapitalvermögen, Substanzgewinne	
Einkünfte aus Derivaten	
NEU ab 1.3.2022: Einkünfte aus Kryptowährungen gem § 27 Abs 4 EStG	

Gesamtsteuerbelastung für Gewinnausschüttungen aus GmbHs	45,625 % in 2022 44,90 % in 2023 44,18 % in 2024

ImmoESt: Besonderer (ermäßigter) ESt-Satz für Einkünfte aus Grundstücksveräußerungen

Veräußerung ab 1.1.2016	**Einkommensteuer**
Neuvermögen	30 % des Gewinnes
Altvermögen = am 31.3.2012 nicht steuerverfangen unter Anwendung der Pauschalbesteuerung	4,2 % des Erlöses
Umgewidmetes Altvermögen unter Anwendung der Pauschalbesteuerung	18 % des Erlöses

Einkünfte aus Grundstücksveräußerungen von **Kapitalgesellschaften** unterliegen dem unveränderten Körperschaftsteuersatz in Höhe von 25 % in 2022, 24 % in 2023 und 23 % in 2024. Eine allfällig aus Vereinfachungsgründen vom Parteienvertreter einbehaltene und entrichtete ImmoESt beträgt gem § 30b Abs 1a und Abs 4 EStG "nur" max 25 %.

Anschaffungskosten bebauter Grundstücke im Privatvermögen
Ermittlung des Grundanteils gem GrundanteilVO

Gebäudegröße **Gemeindegröße und Baulandpreis**	**"kleines" Gebäude dh ≤ 10 Wohn- oder Geschäftseinheiten**	**"großes" Gebäude dh > 10 Wohn- oder Geschäftseinheiten**
in Großstadt dh ≥ 100.000 Einwohner derzeit Wien, Graz, Linz, Salzburg und Innsbruck	Grundanteil 40 %	Grundanteil 30 %
außerhalb Großstadt und Baulandpreis ≥ € 400,- / m²		
außerhalb Großstadt und Baulandpreis < € 400,- / m²	Grundanteil 20 %	

Andere Ermittlung zB durch Gutachten möglich.

Afa-Sätze für Gebäude

im Privatvermögen	**im Betriebsvermögen**
Gebäudeanschaffung bis 30.6.2020: 1,5 % unabhängig von der Gebäudenutzung bzw 2 % für Gebäude, die vor 1915 errichtet wurden, Rz 6444 EStR bleibt vorerst aufrecht.	**Gebäudeanschaffung bis 30.6.2020:** **OHNE Nachweis**: – bis zu 2,5 % für Betriebsgebäude – bis zu 1,5 % für Gebäude, die für Wohnzwecke überlassen werden – wie bisher 4 % für Gebäude in Leichtbauweise oder **MIT Nachweis** einer anderen Nutzungsdauer idR mittels Gutachten
Gebäudeanschaffung ab 30.6.2020: keine Halbjahresabschreibung im 1. Jahr 4,5 % im 2. Jahr 3 % ab 3. Jahr 1,5 %	**Gebäudeanschaffung ab 30.6.2020:** keine Halbjahresabschreibung Geb für Wohnzwecke: im 1. Jahr 4,5 %, im 2. Jahr 3 %, ab 3. Jahr 1,5 % Betriebsgebäude: im 1. Jahr 7,5 %, im 2. Jahr 5 %, ab 3. Jahr 2,5 %

Umsatzsteuer

Kleinunternehmer ab 2020 bis Umsatz netto Toleranzgrenze: einmaliges Überschreiten innerhalb von 5 Jahren um nicht mehr als 15 % ist unschädlich	35.000
Kleinstunternehmer gem Art 3a Abs 5 UStG Elektronische Leistungen B2C	10.000
Touristenexport höher als brutto	75
Kleinbetragsrechnung bis brutto	400
UID des Leistungsempfängers als Rechnungsbestandteil, wenn Rechnungs-Gesamtbetrag inklusive USt	> 10.000 oder ig Lieferung od Rev Charge Umsätze
Grenze Ist-Besteuerung	110.000
quartalsweise Voranmeldung bis	100.000
UVA-Einreichung kann unterbleiben, wenn VZ rechtzeitig entrichtet wird und steuerbare Umsätze im Vorjahr	< 35.000
Jahressteuererklärung kann unterbleiben, wenn Umsätze des lfd Jahres Ausnahmen: Regelbesteuerung, Reverse-Charge etc siehe auch Arbeitsbuch Oberlaa 2020, 60 ff	< 35.000
Erwerbsschwelle	11.000

Kammerumlage 1 gem § 122 Abs 1 WKG	
Schwellenwert	**Hebesatz 2021, 2022, 2023**
Unter € 3 Mio	0,29 %
Zwischen € 3 Mio und € 32,5 Mio	0,2755 %
Über € 32,5 Mio	0,2552 %

Kammerumlage 2	
Bundesland	**Hebesatz 2021, 2022, 2023**
Burgenland	0,42
Kärnten	0,39
Niederösterreich	0,38
Oberösterreich	0,34
Salzburg	0,39
Steiermark	0,37 – in 2023 0,36
Tirol	0,41
Vorarlberg	0,37
Wien	0,38

Lohnsteuer

Betriebsveranstaltungen steuerfrei	bis 365
Sachzuwendungen steuerfrei bis	186
Lebensmittelgutscheine	2,00
Essensbons für Kantine, Gasthaus	8,00
Freibetrag Sachbezug Arbeitgeberdarlehen – Zinssatz 1 %	7.300
Sachbezug Wohnraum ab 1.4.2022	
Richtwert/m² Burgenland	5,61
Richtwert/m² Kärnten	7,20
Richtwert/m² Niederösterreich	6,31
Richtwert/m² Oberösterreich	6,66
Richtwert/m² Salzburg	8,50
Richtwert/m² Steiermark	8,49
Richtwert/m² Tirol	7,50
Richtwert/m² Vorarlberg	9,44
Richtwert/m² Wien	6,15
Sachbezugswert KFZ 2 % der AK bei CO_2/km > Grenzwert - siehe unten	max 960
Sachbezugswert KFZ 1,5 % der AK) bei CO_2/km < Grenzwert - siehe unten	max 720
Sachbezugswert KFZ wenn Privatnutzung < 500 km/Mo je nach CO_2 Ausstoß 1 % od 0,75 %	max 480 max 360
Sachbezug für Elektrofahrzeuge ohne CO_2-Emission	0
Sachbezugswert für Kfz-Abstellplatz	14,53

Absetzbeträge und Freibeträge 2023

Alleinverdiener-/ Alleinerzieher-absetzbetrag mit 1 Kind mit 2 Kindern für jedes weitere Kind zusätzlich	520 704 232
Zuverdienstgrenze mit Kind	6.312
Kinderabsetzbetrag p.m.	61,80
Unterhaltsabsetzbetrag für 1. Kind für 2. Kind für jedes weitere Kind monatlich	31,00 47,00 62,00
Verkehrsabsetzbetrag Achtung: Einschleifregelung! Allenfalls Zuschlag zum VAB	421 684
Mehrkindzuschlag für das 3. und jedes weitere Kind, wenn ...	21,20
Pensionistenabsetzbetrag für Pensionsbezüge < 18.410,- Einschleifung bis 26.826,-	868
Erhöhter PAB wenn > 6 Mo./Kj. in Partnerschaft + Pensionseinkünfte < 20.967,-/J. Einschleifung bis 26.826,-/J. + Zuverdienst Partner < 2.315,-/J. + kein Anspruch auf AVAB	1.278
Familienbonus Plus bis Vollendung des 18. Lebensjahres ab Vollendung des 18. Lebensjahres uU Aufteilung zwischen Eltern Kindermehrbetrag	 166,68/Mo 54,18/Mo 550

KFZ-Sachbezug		CO_2-Grenzwerte für den reduzierten Sachbezug von 1,5 %	
Anschaffung	2016 und davor	130 g CO_2 / km	
Anschaffung	2017	127 g CO_2 / km	
Anschaffung	2018	124 g CO_2 / km	
Anschaffung	2019	121 g CO_2 / km	
Erstzulassung*)	bis 31.03.2020	118 g CO_2 / km	
		WLTP-Wert im Zulassungsschein	kein WLTP-Wert im Zulassungsschein (zB auslaufende Serie)
Erstzulassung*)	ab 01.04.2020	141 g CO_2 / km	118 g CO_2 / km
Erstzulassung	2021	138 g CO_2 / km	118 g CO_2 / km
Erstzulassung	2022	135 g CO_2 / km	118 g CO_2 / km
Erstzulassung	2023	132 g CO_2 / km	118 g CO_2 / km
Erstzulassung	2024	129 g CO_2 / km	118 g CO_2 / km
Erstzulassung	2025 und danach	126 g CO_2 / km	118 g CO_2 / km

*) Bei coronabedingt verzögerter Erstzulassung bis 30.5.2020 weiterhin alter Wert heranzuziehen.

Pendlerpauschale (zusätzlich **Pendlereuro: € 2,-/Jahr/km** der einfachen Fahrtstrecke unter der Voraussetzung, dass Anspruch auf ein Pendlerpauschale besteht).

Kürzest mögliche Zeitdauer mit Öffi	≤ 60 Minuten	< 60 min + 1 min/Öffi-km	> 60 min + 1 min/Öffi-km	> 120 Minuten	Öffi verkehrt nicht oder Behinderung
Öffi zumutbar?	Benützung Öffi ist zumutbar		Benützung Öffi ist unzumutbar		

Entfernung zwischen Wohnung und Arbeitsstätte mit Massenverkehrsmittel	"kleines" Pendlerpauschale	Kürzeste Straßenverbindung zwischen Wohnung und Arbeitsstätte in km	"großes" Pendlerpauschale
> 0 km < 20 km	€ 0,-	> 0 km < 2 km	€ 0,-
	€ 0,-	≥ 2 km ≤ 20 km	€ 31,-/Monat = € 372,-/Jahr[1])
≥ 20 km ≤ 40 km	€ 58,-/Monat = € 696,-/Jahr[1])	> 20 km ≤ 40 km	€ 123,-/Monat = € 1.476,-/Jahr[1])
> 40 km ≤ 60 km	€ 113,-/Monat = € 1.356,-/Jahr[1])	> 40 km ≤ 60 km	€ 214,-/Monat = € 2.568,-/Jahr[1])
> 60 km	€ 168,-/Monat = € 2.016,-/Jahr[1])	> 60 km	€ 306,-/Monat = € 3.672,-/Jahr[1])

[1]) Beträge gelten für Pendler an mindestens 11 Tagen im Kalendermonat; Pendler an 8-10 Tagen reduziert auf 2/3, Pendler an 4-7 Tagen reduziert auf 1/3, unter 4 Tagen Null. Coronabedingtes Homeoffice ohne Auswirkung auf Pendlerpauschale.

Achtung: Für die Monate **Mai 2022 bis Juni 2023** erhöht sich das **Pendlerpauschale** gem § 124b Z 395 lit a und b EStG **um weitere 50 %;** der **Pendlereuro** um € 0,50 und beträgt daher **€ 2,50**.

Arbeitsplatzpauschale
„Homeoffice von Selbständigen"

Wenn dem Steuerpflichtigen kein anderer Raum zur Ausübung der Tätigkeit zur Verfügung steht		
Andere Einkünfte aus aktiver Erwerbstätigkeit	< € 11.693,-	> € 11.693,-
Großes/kleines Pauschale	€ 1.200,-	€ 300,-

Werbungskostenpauschale für bestimmte Berufsgruppen

BMG = Brutto gem KZ 210 abz KZ 215 und KZ 220 L16	%	maximal
Artisten, Schauspieler, Musiker	5 %	€ 2.628,-
Fernsehschaffende, Journalisten	7,5 %	€ 3.942,-
Forstarbeiter ohne Motorsäge, Förster, Berufsjäger	5 %	€ 1.752,-
Forstarbeiter mit Motorsäge	10 %	€ 2.628,-
Hausbesorger	15 %	€ 3.504,-
Heimarbeiter	10 %	€ 2.628,-
Vertreter wenn > 50 % Außendienst, ausg Corona-Homeoffice	5 %	€ 2.190,-
Mitglieder einer Stadt-, Gemeinde-, oder Ortsvertretung	15 %	€ 2.628,-
Expatriates unter best Vorauss	20 %	€ 10.000,-

Kleinunternehmerpauschalierung[*])
betreffend Betriebsausgaben unabhängig von USt

- E/A-Rechnung und
- Einkünfte aus selbst Arbeit oder aus GW-Betrieb
- Nicht: wesentlich Beteiligte ..., AR-Mitglieder und Stiftungsvorstände
- Kleinunternehmereigenschaft iSd UStG liegt vor oder nur deswegen nicht, weil verzichtet wurde, weil Umsätze von netto € 35.000,- um nicht mehr als € 5.000,- überschritten oder weil für ESt-unschädliche außerbetriebliche Einkünfte vorliegen zB VuV

%-Satz der Betriebseinnahmen	%	maximal
Dienstleistungsbetriebe iS § 1 der VO BGBl II 615/2020	20 %	€ 8.400,-
Andere Betriebe	45 %	€ 18.900,-
Zusätzlich absetzbar	• Pflichtvers-Beiträge • Fahrt-/Reisekosten • Arbeitsplatzpauschale • Öffi-Ticket • Grundfreibetrag GFB	

[*]) siehe gesonderten Beitrag in diesem Arbeitsbuch

Sonderausgaben

Renten und dauernde Lasten	unbeschränkt
Nachkauf von PV-Zeiten und frw Weiterversicherung	
Steuerberatungskosten	
Bestimmte freigebige Zuwendungen/Spenden	beschränkt siehe § 18 Abs 1 Z 7 bis 9 EStG
Verlustabzug/-vortrag	bei KapGes begrenzt mit max 75 % der Einkünfte
Kirchenbeitrag	max € 400,-
Thermisch energetische Sanierung von Gebäuden	€ 800,-/Jahr
Klimafreundlicher Heizkessel-tausch; nicht PV-Anlagen!	€ 400,-/Jahr

Gesetzlicher Abfertigungsanspruch alt

Arbeiter – wie Angestellte, KV beachten	
Angestellte	Anzahl Monatsentgelte
unter 3 Dienstjahren	0
vom 4. bis 5. Dienstjahr	2
vom 6. bis 10. Dienstjahr	3
vom 11. bis 15. Dienstjahr	4
vom 16. bis 20. Dienstjahr	6
vom 21. bis 25. Dienstjahr	9
ab Vollendung des 25. Dienstjahres	12

Außergewöhnliche Belastung

Selbstbehalt	
Einkommen bis 7.300	6 %
Einkommen 7.301 bis 14.600	8 %
Einkommen 14.601 bis 36.400	10 %
Einkommen mehr als 36.400	12 %
Verminderung bei AVAB/AEAB	um 1 %
Verminderung für jedes Kind	um je 1 %
Verminderung wenn Partnerschaft > 6 Mo/Kj. + kein AVAB, aber Partnereinkünfte < 6.000/Kj	um 1 %
Auswärtige Berufsausbildung eines Kindes monatlich pauschal	110

Kündigungsfristen

Kündigung durch den Arbeitgeber (Vereinbarungen im Dienstvertrag und KV beachten!)	
Arbeiter (seit 30.9.2021) und Angestellte	jeweils zum Quartalsende
unter 2 Dienstjahren	6 Wochen
vom 3. bis 5. Dienstjahr	2 Monate
vom 6. bis 15. Dienstjahr	3 Monate
vom 16. bis 25. Dienstjahr	4 Monate
ab dem 26. Dienstjahr	5 Monate

Finanzamtszinsen ab 8.2.2023

Erlass des BMF 3. 2. 2023, 2023-0.067.111.

Basis-Zinssatz	2,38 %
Stundungszinsen	4,38 %
Aussetzungszinsen	4,38 %
Anspruchszinsen	4,38 %
Beschwerdezinsen	4,38 %
Umsatzsteuerzinsen	4,38 %

Anzeigepflicht von Schenkungen gem § 121a BAO - Schenkungsmeldung

Gegenstand der Schenkung	Befreiungen von der Anzeigepflicht
• **Bargeld** • **Kapitalforderungen** • **Anteile an Kapitalgesellschaften** • **Beteiligungen an Mitunternehmerschaften** • **Beteiligungen als stiller Gesellschafter** • **Betriebe/Teilbetriebe** die der Erzielung von Einkünften dienen: - Land- und Forstwirt. - Gewerbebetrieb - Selbst Tätigkeit • **Bewegliches körperliches Vermögen,** zB Möbel, Kfz, Kunstgegenstände • **Immaterielle Vermögensgegenstände,** zB Urheberrecht, Wohnrecht, Fruchtgenuss	**Schenkung zwischen Angehörigen bis € 50.000,-** (Freigrenze), Zusammenrechnung mehrerer Erwerbe innerhalb **eines Jahres** **Angehörige** gem § 25 BAO: • Ehegatten • Verwandte in gerader Linie (Eltern, Kinder, Großeltern, Enkel, Urgroßeltern, Urenkel) • Verwandte in der Seitenlinie zweiten Grades (Geschwister), dritten Grades (Onkel, Tanten, Nichten, Neffen), vierten Grades (Cousinen, Cousins) • Verschwägerte in gerader Linie (Schwiegereltern, Schwiegerkinder) • Verschwägerte zweiten Grades in der Seitenlinie (Geschwister des Ehegatten, Ehegatten der Geschwister) • Wahl/Pflegeeltern und Wahl/Pflegekinder • Lebensgefährten (auch gleichgeschlechtliche) sowie deren Kinder und Enkel • Eingetragene Partner **NICHT:** Eltern von Lebensgefährten
	Schenkung zwischen anderen Personen bis € 15.000,- (Freigrenze), Zusammenrechnung mehrerer Erwerbe innerhalb von **fünf Jahren**
	Sonstige Befreiungen: • Übliche Gelegenheitsgeschenke bis € 1.000,- • Hausrat einschließlich Wäsche und Kleidung • Schenkungen unter Ehegatten zur gleichteiligen Anschaffung/Errichtung einer Wohnstätte (zum dringenden Wohnbedürfnis, max 150 m^2) • Bestimmte Kunstgegenstände, die seit 20 Jahren im Familienbesitz sind • Gewinne aus unentgeltlichen öffentlichen Ausspielungen (Preisausschreiben, Gewinnspiele) • Zuwendungen von körperlichen beweglichen Sachen und Geldforderungen an gemeinnützige, mildtätige oder kirchliche Zwecke verfolgende juristische Personen • Institutionen gesetzlich anerkannter Kirchen und Religionsgesellschaften • Politische Parteien • Zuwendungen öffentlich-rechtlicher Körperschaften (Subventionen) • Zuwendungen zur Beseitigung von Katastrophenschäden (Hochwasser, Erdrutsch, Vermurungs-, Lawinenschäden) • Übertragung von Kindererziehungszeiten • Zuwendungen, die unter das StiftEG fallen
• **Grund und Boden, Gebäude**	**Privatvermögen: Keine Anzeigepflicht** gem § 121a BAO, aber Meldepflicht gem GrEStG; dh Selbstberechnung/Anzeige **Betriebsvermögen: JA, Anzeigepflicht** für BV ist gegeben. **Geldbetrag für Erwerb einer <u>konkreten</u> Liegenschaft: Keine Anzeigepflicht** **Geldbetrag für den Erwerb <u>einer beliebigen</u> Liegenschaft:** **JA, es liegt eine meldepflichtige** Schenkung von Bargeld vor.

Grunderwerbsteuer ab 1.1.2016: Tatbestände, Bemessungsgrundlagen, Tarif

GrEStG 1987, Grundstückswertverordnung – GrWV idF BGBl II Nr 291/2019

Bemessungsgrundlagen / Tatbestände	**Wert der Gegenleistung § 5 GrEStG** mindestens der Grundstückswert **§ 4 Abs 1/ 1. Satz GrEStG**	**Grundstückswert § 4 Abs 1/ 2. Satz GrEStG und §§ 1 - 4 GrWV**	**Einheitswert § 4 Abs 2 GrEStG**
Erwerbe[2] durch "Fremde" "Fremder" ≠ Ehegatte, eingetragener Partner, Lebensgefährte mit gemeinsamem Hauptwohnsitz, Verwandte oder Verschwägerte in gerader Linie, Stief-, Wahl- oder Pflegekind (oder deren Kinder, Ehegatten oder eingetragene Partner), Geschwister, Nichten oder Neffen.	**3,5 %** bei **entgeltlichen** Erwerben (Gegenleistung > 70 % des Grundstückswertes) bzw insoweit ein Teilentgelt in Höhe von > 30 % ≤ 70 % des Grundstückswertes vorliegt. Ist die Höhe der Gegenleistung nicht zu ermitteln, wird Teilentgeltlichkeit in Höhe von 50 % des Grundstückswertes fingiert. § 7 Abs 1 Z 3 GrEStG Sonderfall Baurechte: siehe auch Arbeitsbuch Oberlaa 2020, 44	**Stufentarif[1]** bei **un**entgeltlichen Erwerben dh Gegenleistung ist ≤ 30 % des Grundstückswertes bei **teilweise un**entgeltlichen Erwerben für den unentgeltlichen Anteil, wenn die Gegenleistung > 30 % ≤ 70 % des Grdst.wertes ist Stufentarif § 7 Abs 1 Z 2 GrEStG[3]) 0,5 % für die ersten € 250.000,- 2,0 % für die nächsten € 150.000,- 3,5 % für Werte über € 400.000,-	---
Entgeltliche und unentgeltliche Erwerbe[2] durch **begünstigte Angehörige** iS § 26a Abs 1 Z 1 GGG s.o.	---	**Stufentarif[1]** § 7 Abs 1 Z 1c und Z 2 GrEStG	**2 %** bei Erwerb land- und forstwirtschaftlicher Grundstücke; § 7 Abs 1 Z 2 d GrEStG
Sondertatbestände • Anteilsübertragung § 1 Abs 2a GrEStG • Anteilsvereinigung § 1 Abs 3 GrEStG • Vorgänge nach dem UmgrStG	---	**0,5 %** § 7 Abs 1 Z 2 lit c GrEStG	**3,5 %** bei Erwerb land- und forstwirtschaftlicher Grundstücke; § 7 Abs 1 Z 3 GrEStG

1) Für die Ermittlung des Steuersatzes **sind Erwerbe innerhalb der letzten 5 Jahre zusammenzurechnen**, wenn sie a) zwischen denselben Personen stattgefunden haben oder b) von mehreren Personen eine wirtschaftliche Einheit an dieselbe Person übertragen wird (zB Vater und Mutter schenken je ½ Wohnung). Für die Frist ist jeweils auf den Zeitpunkt des Entstehens der Steuerschuld gem § 8 GrEStG abzustellen. Keine Rückwirkung, da Erwerbe bis 31.12.2015 nicht mitspielen.

2) GrESt-Ausnahmen siehe § 3 GrEStG insbesondere iZm begünstigten **Betriebsübergaben** und die **Hauptwohnsitzbefreiung** von Ehegatten/eingetragenen Partnern.

3) Bei (teil-)unentgeltlichen Erwerben durch eine **Privatstiftung zusätzlich 2,5 %** für den unentgeltlichen Teil; Stiftungseingangssteueräquivalent, § 7 Abs 3 GrEStG

Reisekosten

Taggeld für Inlandsreisen	26,40
Nächtigungsgeld Inland	15,00
Kilometergelder Pkw	0,42
Zuschlag pro mitbeförderte Person	0,05
Motorfahrrad und Motorrad	0,24
Fahrrad	0,38

Tages- und Nächtigungsgelder bei Auslandsdienstreisen - Höchststufe in Euro

Land	Tag	Nacht
I. EUROPA		
Albanien	27,9	20,9
Belarus	36,8	31,0
Belgien	35,3	22,7
Brüssel	41,4	32,0
Bosnien u Herzegowina	31,0	23,3
Bulgarien	31,0	22,7
Dänemark	41,4	41,4
Deutschland	35,3	27,9
Grenzorte	30,7	18,1
Estland	36,8	31,0
Finnland	41,4	41,4
Frankreich	32,7	24,0
Paris und Straßburg	35,8	32,7
Griechenland	28,6	23,3
Großbritannien und Nordirland	36,8	36,4
London	41,4	41,4
Irland	36,8	33,1
Island	37,9	31,4
Italien	35,8	27,9
Rom und Mailand	40,6	36,4
Grenzorte	30,7	18,1
Jugoslawien	31,0	23,3
Kroatien	31,0	23,3
Lettland	36,8	31,0
Liechtenstein	30,7	18,1
Litauen	36,8	31,0

Land	Tag	Nacht
Luxemburg	35,3	22,7
Malta	30,1	30,1
Moldau	36,8	31,0
Niederlande	35,3	27,9
Norwegen	42,9	41,4
Polen	32,7	25,1
Portugal	27,9	22,7
Rumänien	36,8	27,3
Russische Föderation	36,8	31,0
Moskau	40,6	31,0
Schweden	42,9	41,4
Schweiz	36,8	32,7
Grenzorte	30,7	18,1
Slowakei	27,9	15,9
Preßburg	31,0	24,4
Slowenien	31,0	23,3
Grenzorte	27,9	15,9
Spanien	34,2	30,5
Tschechien	31,0	24,4
Grenzorte	27,9	15,9
Türkei	31,0	36,4
Ukraine	36,8	31,0
Ungarn	26,6	26,6
Budapest	31,0	26,6
Grenzorte	26,6	18,1
Zypern	28,6	30,5

Tages- und Nächtigungsgelder bei Auslandsdienstreisen

Land	Tag	Nacht
II. AFRIKA		
Ägypten	37,9	41,4
Algerien	41,4	27,0
Angola	43,6	41,4
Äthiopien	37,9	41,4
Benin	36,2	26,6
Burkina Faso	39,2	21,1
Burundi	37,9	37,9
Côte d'Ivoire	39,2	32,0
Demokrat. Rep. Kongo	47,3	33,1
Dschibuti	45,8	47,3
Gabun	45,8	39,9
Gambia	43,6	30,1
Ghana	43,6	30,1
Guinea	43,6	30,1
Kamerun	45,8	25,3
Kap Verde	27,9	19,6
Kenia	34,9	32,0
Liberia	39,2	41,4
Libyen	43,6	36,4
Madagaskar	36,4	36,4
Malawi	32,7	32,7
Mali	39,2	31,2
Marokko	32,7	21,8
Mauretanien	33,8	31,2
Mauritius	36,4	36,4
Mosambik	43,6	41,4
Namibia	34,9	34,0
Niger	39,2	21,1
Nigeria	39,2	34,2
Republik Kongo	39,2	26,8
Ruanda	37,9	37,9
Sambia	37,1	34,0
Senegal	49,3	31,2
Seychellen	36,4	36,4
Sierra Leone	43,6	34,2
Simbabwe	37,1	34,0
Somalia	32,7	29,0
Südafrika	34,9	34,0
Sudan	43,6	41,4
Tansania	43,6	32,0
Togo	36,2	26,6
Tschad	36,2	26,6
Tunesien	36,2	29,2
Uganda	41,4	32,0
Zentralafrikanische Rep	39,2	29,0
III. AMERIKA		
Argentinien	33,1	47,3
Bahamas	48,0	30,5
Barbados	51,0	43,6
Bolivien	26,6	25,1
Brasilien	33,1	36,4
Chile	37,5	36,4
Costa Rica	31,8	31,8
Dominikanische Republik	39,2	43,6
Ecuador	26,6	21,6
El Salvador	31,8	26,2
Guatemala	31,8	31,8
Guyana	39,2	34,2
Haiti	39,2	27,7
Honduras	31,8	27,0
Jamaika	47,1	47,1
Kanada	41,0	34,2
Kolumbien	33,1	35,1
Kuba	54,1	27,7
Mexiko	41,0	36,4
Nicaragua	31,8	36,4
Niederländische Antillen	43,6	27,7
Panama	43,6	36,4
Paraguay	33,1	25,1
Peru	33,1	25,1
Suriname	39,2	25,1
Trinidad und Tobago	51,0	43,6
Uruguay	33,1	25,1
USA	52,3	42,9
New York u. Washington	65,4	51,0
Venezuela	39,2	35,1

Tages- und Nächtigungsgelder bei Auslandsdienstreisen

Land	Tag	Nacht
IV. ASIEN		
Afghanistan	31,8	27,7
Armenien	36,8	31,0
Aserbaidschan	36,8	31,0
Bahrain	54,1	37,5
Bangladesch	31,8	34,2
Brunei	33,1	42,1
China	35,1	30,5
Georgien	36,8	31,0
Hongkong	46,4	37,9
Indien	31,8	39,9
Indonesien	39,2	32,0
Irak	54,1	36,4
Iran	37,1	29,0
Israel	37,1	32,5
Japan	65,6	42,9
Jemen	54,1	37,5
Jordanien	37,1	32,5
Kambodscha	31,4	31,4
Kasachstan	36,8	31,0
Katar	54,1	37,5
Kirgisistan	36,8	31,0
Korea, Demokr. VR	32,5	32,5
Korea, Republik	45,3	32,5
Kuwait	54,1	37,5
Laos	31,4	31,4
Libanon	31,8	35,1
Malaysia	43,6	45,1
Mongolei	29,4	29,4
Myanmar	29,4	29,4
Nepal	31,8	34,2
Oman	54,1	37,5
Pakistan	27,7	25,1
Philippinen	32,5	32,5
Saudi-Arabien	54,1	37,5
Singapur	43,6	44,7
Sri Lanka	31,8	32,7
Syrien	32,7	29,0
Tadschikistan	36,8	31,0
Taiwan	39,2	37,5
Thailand	39,2	42,1
Turkmenistan	36,8	31,0
Usbekistan	36,8	31,0
Vereinigte Arabische E.	54,1	37,5
Vietnam	31,4	31,4

V. AUSTRALIEN		
Australien	47,3	39,9
Neuseeland	32,5	36,4

Rz 1405a LStR:

Zu den in der Rz 1405 angeführten Grenzorten zählen gemäß § 25 Abs 3 RGV jene im benachbarten Ausland gelegenen Orte, deren Ortsgrenze von der Bundesgrenze in der **Luftlinie nicht mehr als 15 Kilometer** entfernt ist.

Enthält die Tabelle in der Rz 1405 nicht das Land der Auslandsdienstreise, ist das dem Auslandsdienstort nächstgelegene Land für die Tages- und Nächtigungsgebühr heranzuziehen.

Rz 1405 LStR beinhalten zusätzlich sog **Differenz-Verpflegungsmehraufwendungen**. Zu den Voraussetzungen zur Inanspruchnahme von Differenz-Verpflegungsmehraufwendungen **bei Auslandstätigkeiten** siehe Rz 313 LStR.

Rz 1405b LStR enthält das Muster eines Fahrtenbuches; zur ordnungsmäßigen Führung eines **Fahrtenbuches** siehe Rz 290 LStR.

„Aushilfen“
Übersicht Lohnsteuer und Sozialversicherung
Stand 1/2023

		SOZIALVERSICHERUNG	
		GERINGFÜGIG **≤ € 500,91/Monat[1]**	**NORMALFALL**
LOHNSTEUER	**VORÜBERGEHEND** **≤ 1 Woche** **+ körperliche Arbeit** **+ max. € 55,-/Tag** **€ 220,-/Woche**	2,0 % LSt + 1,1 % UV[2] + 16,4 % DG-Abgabe[2] wenn Summe aller Geringfüg. > 751,37/Monat	2,0 % LSt + SV Vollversicherung
LOHNSTEUER	**NORMALFALL**	LSt normal + 1,1 % UV[2] + 16,4 % DG-Abgabe[2] wenn Summe aller Geringfüg. > 751,37/Monat + 1,53 % MVK wenn > 1 Monat	LSt normal + SV Vollversicherung + 1,53 % MVK wenn > 1 Monat

1) **Geringfügigkeitsgrenze:**

Vollversicherungspflicht tritt ein, wenn ein Dienstnehmer **aus einem oder mehreren Beschäftigungsverhältnissen** ein Entgelt bezieht, das die monatliche Geringfügigkeitsgrenze von € 500,91 überschreitet.

Achtung: falls DN länger als 1 Monat beschäftigt ist, fallen zusätzlich 1,53 % MV-Beiträge an.

Dienstnehmer überschreitet aufgrund mehrerer geringfügiger Beschäftigungen die Geringfügigkeitsgrenze:

DN zahlt selbst DN-Anteil: Dienstnehmer und freie DN → 14,12 % KV + PV
Mitglieder der Arbeiterkammer zusätzlich Arbeiterkammerumlage → 0,50 % AK

Dies gilt bei Ausübung einer geringfügigen Beschäftigung **neben einer ASVG-Vollversicherung.** Der Pauschalbeitrag gem § 53a Abs 3 ASVG wird von der GKK **direkt dem Dienstnehmer im Folgejahr vorgeschrieben!**

Eine geringfügige Beschäftigung, die neben einer nach dem **GSVG** versicherungspflichtigen Tätigkeit ausgeübt wird, verursacht keinen DN-Anteil, da die Anwendung der Geringfügigkeitsgrenze auf Beschäftigungsverhältnisse beschränkt ist.

2) **DG-Abgabe und UV**

... betragen für geringfügig beschäftigte Arbeiter/Angestellte/freie Dienstnehmer: 16,4 % DGA + 1,1 % UV = 17,5 % wenn Summe der geringfügigen Entgelte > € 751,37/Monat.

Für DN ab dem 60. Lebensjahr entfällt die UV von 1,1 % weiterhin, obwohl diese selbstverständlich unfallversichert bleiben.

SOZIALVERSICHERUNGSWERTE 2023
Zusammengestellt von Mag. Martin Egger
Leiter der Sozialpolitischen Abteilung der Wirtschaftskammer Niederösterreich

Abkürzungen

AK Arbeiterkammerumlage, **AktF** Aktualisierungsfaktor, **AlG** Arbeitslosengeld, **AlV** Arbeitslosenversicherung, **Ang** Angestellte, **AnpF** Anpassungsfaktor, **Arb** Arbeiter, **AP** Alterspension, **APG** Allgemeines Pensionsgesetz, **AuslBG** Ausländerbeschäftigungsgesetz, **AÜG** Arbeitskräfteüberlassungsgesetz, **BauArb** Bauarbeiter, **BEinstG** Behinderteneinstellungsgesetz, **Beitr** Beitrag, **Betriebsf** Betriebsführer, **BGrl** Beitragsgrundlage, **BL** Bundesland, **BM** Beitragsmonat, **BMG** Bemessungsgrundlage, **BMSVG** Betriebliches Mitarbeiter- und Selbständigenvorsorgegesetz, **DB** Dienstgeberbeitrag, **DG** Dienstgeber, **DLSG** Dienstleistungsscheckgesetz, **DN** Dienstnehmer, **DV** Dienstvertrag, **Eink** Einkünfte, **ESt** Einkommensteuer, **Ges** Gesellschafter, **Gew** Gewerbe, **Gf** Geschäftsführer, **GfGrenze** Geringfügigkeitsgrenze, **HBGrl** Höchstbeitragsgrundlage, **HöherV** Höherversicherung, **IESG** Insolvenz-Entgeltsicherungsgesetz, **KollV** Kollektivvertrag, **KV** Krankenversicherung, **LAK** Landarbeiterkammerumlage; **LehrJ** Lehrjahr, **M** Monat, **MBGrl** Mindestbeitragsgrundlage, **Mitgl** Mitglied, **NSchG** Nachtschwerarbeitsgesetz, **P** Pension, **PflV** Pflichtversicherung, **PV** Pensionsversicherung, **SchlW** Schlechtwetterentschädigungsgesetz, **SelbstV** Selbstversicherung, **SV** Sozialversicherung, **SZ** Sonderzahlung, **T** Tag, **Url** Urlaub, **UV** Unfallversicherung, **VersW** Versicherungswert, **VersGr** Versicherungsgrenze, **VM** Versicherungsmonat, **W** Woche, **WBF** Wohnbauförderungsbeitrag, **WK** Wirtschaftskammer, **WT** Wirtschaftstreuhänder, **WV** Weiterversicherung, **Zuschl** Zuschlag.

Beitragsbezogene Werte – (freie) Dienstnehmer

Geringfügigkeitsgrenze: 500,91 €/M; Grenze für **Dienstgeberabgabe**: 17,5 % inkl. UV (Arb, Ang, freie DN), wenn Summe geringfügiger Entgelte 751,37 €/M übersteigt (keine UV ab 60. Lj = 16,4 %).
HBGrl: laufender Bezug: 195 €/T, 5.850 €/M; SZ: 11.700 €/J; freie DN ohne SZ: 6.825 €/M.
BGrl, wenn **kein Entgelt** gebührt (zB mittätige Kinder): 31,44 €/T = 943,20 €/M (KV, PV, UV wie DN, keine AlV).
Zivildiener: 44,22 €/T (1.326,60 €/M); Asylwerber: 42,34 €/T (1.270,20 €/M).

Beitragssätze	Arbeiter			Angestellte			freie DN		
(B001/B002)	DN	DG	Σ	DN	DG	Σ	DN	DG	Σ
KV	3,87	3,78	7,65	3,87	3,78	7,65	3,87	3,78	7,65
UV		1,10	1,10		1,10	1,10		1,10	1,10
PV	10,25	12,55	22,80	10,25	12,55	22,80	10,25	12,55	22,80
AlV*)**)	3,00[1]	3,10	6,10	3,00[1]	3,10	6,10	3,00[1]	3,10	6,10
WBF***)	0,50	0,50	1,00	0,50	0,50	1,00			
AK***)	0,50		0,50	0,50		0,50	0,50		0,50
Summe	18,12	21,03	39,15	18,12	21,03	39,15	17,62	20,53	38,15
NSchG		3,80	3,80						
SchlW	0,70	0,70	1,40						
BMSVG		1,53 %			1,53 %			1,53 %	

[1] AlV bei niedrigen Einkommen	DN
bis 1.885 €	0 %
über 1.885 € bis 2.056 €	1 %
über 2.056 € bis 2.228 €	2 %
über 2.228 €	3 %

Verzugszinsen 4,63 %
*) Einschließlich IESG-Zuschlag von 0,10 %.
**) Bei Einstellung nach dem 50. Lj vor dem 1. 9. 2009: DG 0,20 % (A11).
***) Nicht von SZ. – WBF: Ab 1. 1. 2018 Landesabgabe, unterschiedliche Höhe je nach Bundesland möglich.

Beitragssätze	Arbeiter			Angestellte			freie DN		
ältere DN	DN	DG	Σ	DN	DG	Σ	DN	DG	Σ
Frauen geboren ab 2. 3. 1954: ab Anspruch auf vz AP (kein AlV + IESG; A10)	15,12	17,93	33,05	15,12	17,93	33,05	14,62	17,43	32,05
Männer geboren ab 2. 6. 1953: ab Vollendung 63. Lj oder Anspruch auf vz AP (kein AlV + IESG; A10)	15,12	17,93	33,05	15,12	17,93	33,05	14,62	17,43	32,05

Frauen geb bis 1. 3. 1954/Männer geb bis 1. 6. 1953: kein AlV + IESG (Beitragssätze siehe oben) ab Alter für vz AP oder Vollendung des 60. Lj bei Korridorpension (A10).

UV entfällt immer für Männer und Frauen ab Vollendung des 60. Lj (DG – 1,1 %; A09/A10).		
Frauen zwischen vollendetem 60. Lj und vollendetem 63. Lj **Männer zwischen vollendetem 65. Lj und vollendetem 68. Lj**	**=>**	**PV DG + DN halbiert (11,4 %), wenn keine AP beansprucht.**

Säumniszuschlag: bei verspäteter Meldung (§ 114 ASVG): 59 €.
bei verspäteter mBGM: bis 5 T: 5 €; bis 10 T: 10 €; bis Monatsende: 15 €; darüber: 59 €.
Summe der Säumniszuschläge darf 5 x HBG/T pro Beitragszeitraum nicht übersteigen.

AÜG: 0,35 % Beitrag Sozial- und Weiterbildungsfonds (allgemeine Beitragsgrundlage bis HBGrl + SZ).
Landarbeiter (B101): KV: DG: 3,78 %, DN: 3,87 %; LAK: 0,75 %; kein WBF – gesamt: 38,40 % (DG: 20,53 %, DN: 17,87 %).
NeuFöG: im Kalendermonat der Betriebsneugründung + folgenden 35 Kalendermonaten entfällt DG-Beitrag zu WBF, UV, FLAG, WK-Umlage (Abschlag A07 für WBF; A08 für UV) für Kalendermonat, in dem 1. DN beschäftigt + 11 folgende Kalendermonate; im 2. und 3. Jahr nach Neugründung gilt Befreiung für erste 3 DN für 12 Monate.
Pauschalbeitrag DN bei mehreren geringfügigen DV: Ang: 14,12 %, Arb: 14,12 % (+ AK/LAK).
DB FLAG (entfällt für DN ab 60. Lj): 3,7 %, wenn in lohngestaltender Vorschrift oder innerbetrieblich vorgesehen – sonst 3,9 %. BGrl: Summe der Arbeitslöhne/M. Wenn diese nicht mehr als 1.460 €, Verminderung um 1.095 €. **Zuschlag** (WK-Umlage 2): OÖ 0,34 %, Vlbg 0,37 %, Stmk 0,36 %, Wien, NÖ 0,38 %, Ktn, Slbg 0,39 %, Tirol 0,41 %, Bgld 0,42 %.
Volle **freie Station**: 196,20 €/M.
Ausgleichstaxe BEinstG: 292 €/M, ab 100 beschäftigten DN: 411 €/M, ab 400 DN: 435 €/M.
Zuschl BauArb/W: **Url:** KV-Lohn/h x 1,20 (bei 40 h/W x 11,85, bei 39 h/W x 11,55, bei unter 39 h/W x 11,40); Lehrlinge: KV-Lohn x Wo-Stundenfaktor.
Abf: KV-Lohn/h x 1,2 x 1,5; Winterfeiertag: KV-Lohn/h x 1,2 x 1,3; Überbrückungsgeld: KV-Lohn/h x 1,5 (von Dezember bis März: x 0,4).
AuslBG: Schlüsselkraft – Bruttolohn mind. 2.925 €/M + SZ; Topmanager: 7.020 €.
Entgeltgrenze für **Konkurrenzklausel**: 3.900 €/M.
DLSG: GfGrenze: 686,18 €/M (inkl. 25 % SZ und 9,6 % Urlaubsersatzleistung); Grenze für Dienstgeberabgabe: 1.029,27 €/M.

Lehrlinge: Lehrverhältnis ab 1. 1. 2016 begonnen

Arbeiter B045 / Angestellte B044 (gesamte Lehrzeit)					
	DN	**DG**	**Summe**	**AIV bei niedrigen Einkommen**	**DN**
KV	1,67	1,68	3,35	bis 1.885 €	0 %
PV	10,25	12,55	22,80	über 1.885 € bis 2.056 €	1,0 %
AIV	1,20	1,20	2,40	über 2.056 €	1,2 %
Summe	13,12	15,43	28,55		

BMSVG: 1,53 %.

Freiwillige Versicherung nach ASVG

WV PV (SelbstV gem § 16a ASVG): 22,8 % (bei Pflege eines nahen Angehörigen mit PG-Stufe 3: 10,25 %, Beitrag zahlt Bund), BGrl des letzten Kalenderjahres vor Ende PflV geteilt durch 360 oder Tage der PflV (**BGrl: SelbstV** ohne vorhergehende PflV 3.412,5 €/M); MBGrl 918,30 €/M, HBGrl 6.825 €/M.
SelbstV PV bei Pflege eines behinderten Kindes (§ 18a ASVG): Beitrag zur Gänze aus FLAG – BGrl: 2.090,61 €/M.
SelbstV PV bei Pflege naher Angehöriger mit PG-Stufe 3 (gem § 18b ASVG): auch neben PflV bis HBG möglich; 10,25 % BGrl: 2.090,61 €/M, (= 174,22 €/M, Beitrag zahlt Bund).
SelbstV PV + KV (gem § 19a ASVG) für Personen mit Entgelt unter GfGrenze: Beitrag 70,72 €/M.
SelbstV KV: 7,55 %; BGrl: 6.342 €/M, Absenkung bis auf 884,70 €/M möglich.
SelbstV KV Studenten: 7,55 %; BGrl grds 884,70 €/M; halben Beitrag zahlt Bund.
Beitragspflichtige Mitversicherung Angehöriger (Ausnahme: Kinder, Ehegatte bei Kinderbetreuung oder 4 Jahre Kindesbetreuung in Vergangenheit; Angehöriger hat PG-Stufe 3, Angehöriger pflegt Verwandten mit PG-Stufe 3): 3,4 % der BGrl des Versicherten + SZ des zweitvorangegangenen Jahres (bzw der aktuellen Pension).

Gewerblich Selbständige (GSVG)

Pflichtversicherte: *KV, PV, UV:* Mitglied der WK, persönlich haftende Ges von OG und KG, Gf-Ges von GmbH, mit mehr als 25 % Gesellschaftsanteil und wenn Ges Mitglied der WK ist.
Vorläufige BGrl: Einkünfte 2020 aus versicherungspflichtiger Tätigkeit + I-Freibetrag + 2020 vorgeschriebene SV-Beiträge x AktF 1,087.
KV: im 1. und 2. Jahr der Erwerbstätigkeit fixe BGrl ohne Nachbemessung, wenn in letzten 120 Kalendermonaten keine GSVG-PflV.
Endgültige BGrl: aufgrund des ESt-Bescheids 2023 Nachbemessung.

	KV[1])		
MBGrl	**Beitrag**		**Zahlung**
1. und 2. Jahr der Erwerbstätigkeit	6,80	500,91 €/M 6.010,92 €/J	34,06 €/M
ab 3. Jahr der Erwerbstätigkeit	6,80	500,91 €/M 6.010,92 €/J	
HBGrl	6,80	6.825 €/M 81.900 €/J	464,11 €/M

BMSVG: 1,53 %, Beiträge gesamt: 26,83 %.

	PV		
MBGrl	**Beitrag**		**Zahlung**
ab 1. Jahr der Erwerbstätigkeit	18,5*)	500,91 €/M 6.010,92 €/J	92,67 €/M
HBGrl	18,5*)	6.825 €/M 81.900 €/J	1.262,63 €/M

*) Frauen zwischen vollendetem 60. Lj und vollendetem 63. Lj, Männer zwischen vollendetem 65. Lj und vollendetem 68. Lj => nur die Hälfte, wenn keine AP beansprucht.
[1]) **Sachleistungsgrenze:** 81.899,99 €/J (Nettopension: 6.824,99 €/M).

Zusatzbeitrag für Optionen: Sach- in volle Geldleistung: 120,30 €/M; Sach- in Sonderklassegeldleistung: 96,25 €/M; volle Geld- in Sonderklassegeldleistung – sonst Sachleistung: kein Beitrag.
UV: 10,97 €/M, 131,64 €/J – BMG für Leistung: 22.784,41 €.
UV-HöherV: Stufe I: Beitrag 263,36 €/J – BMG: 37.259,14 €; Stufe II: Beitrag 329,52 €/J – BMG: 44.603,36 €.
KV: WV: 7,65 %, **ZusatzV**: 2,5 %; MBGrl: 1.230,95 €/M; **PV:** WV: 22,8 %.
Kleinstunternehmer: Ausnahme von PflV, wenn Umsatz 35.000 €/J und Einkommen 6.010,92 €/J nicht übersteigt.

Neue Selbständige

Neue Selbständige (GSVG): *KV, PV, UV:* Selbständige, die Einkünfte aus selbständiger Arbeit oder Gewerbebetrieb beziehen, wenn keine andere PflV gegeben und VersGr überschritten wird. Gilt auch für atypische Kommanditisten von KG und atypische stille Ges (zB bei Mitarbeit wie DN), wenn Gesellschaftsverhältnis nach 30. 6. 1998 begründet.
VersGr: 6.010,92 €/J, aber: neben Gewerbe: keine VersGr. Freiwillige PflV in KV möglich.
Sachleistungsgrenze und HöherV in UV wie gewerblich Selbständige.
Vorläufige BGrl: VersGr (500,91 €/M = 6.010,92 €/J).
Endgültige BGrl: aufgrund des ESt-Bescheids 2023 Nachbemessung; MBGrl: grds VersGr; HBGrl: 6.825 €/M = 81.900 €/J.

Beitragssätze in %	**KV**			**PV**		**UV**
	PflV	**WV**	**ZusatzV**	**PflV**	**WV**	**(A)**
neue Selbständige	6,80	7,65	2,5	18,5	22,8	10,97 €/M

BMSVG: 1,53 %, Beiträge PflV gesamt: 26,83 %.

Freiberuflich Selbständige

VersGr, vorläufige BGrl, endgültige BGrl wie neue Selbständige; Sachleistungsgrenze und HöherV in UV wie gewerbliche Selbständige; (A) = ASVG, (G) = GSVG, (F) = FSVG.

	PflV			**Übergangsbestimmungen**		
	PV	**KV**	**UV**	**PV**	**KV**	**UV**
WT	18,5 (G)	Opting-out[1]	10,97 €/M	§ 273 Abs 5 (G)		
Künstler	18,5 (G)	6,80 (G)	10,97 €/M	§ 273 Abs 5 (G)	§ 273 Abs 6 (G)[4]	
Journalisten	18,5 (G)	6,80 (G)	10,97 €/M	§ 273 Abs 5 (G)		
Tierärzte	18,5 (G)	Opting-out[1]	10,97 €/M	§ 273 Abs 5 (G)	§ 273 Abs 6 (G)[4]	§ 273 Abs 6 (G)
Dentisten	18,5 (G)	6,80 (G)	10,97 €/M	§ 273 Abs 5 (G)	§ 273 Abs 6 (G)[4]	§ 273 Abs 6 (G)
Wohnsitz(tier)ärzte	18,5 (G)	Opting-out[1]	10,97 €/M		§ 572 Abs 4 (A)[4]	§ 572 Abs 4 (A)
Ärzte	20,0 (F)	Opting-out[2]	10,97 €/M			
Patentanwälte	20,0 (F)	Opting-out[1]	10,97 €/M			
Apotheker	20,0 (F)	Opting-out[1]	10,97 €/M			
Mitglieder der Ing-Kammern Ziviltechniker	20,0 (F)	Opting-out[1]	keine			
Vorstände (nur, wenn kein DN)	22,8 (A)	7,65 (A)	1,1			

[1]) Opting-out: keine PflV aufgrund freiberuflicher Tätigkeit, Wahlrecht zwischen Gruppenversicherung, SelbstV nach ASVG (7,55 % von HBGrl + 1/6) oder SelbstV nach GSVG (7,65 % von HBGrl).
[2]) Gruppenversicherung verpflichtend, zusätzliche SelbstV ASVG oder GSVG möglich.
[3]) § 273 Abs 5 GSVG: PflV bleibt auf Antrag, wenn am 31. 12. 1999 pflichtversichert und Einkommen VersGr nicht erreicht.
[4]) § 273 Abs 6 GSVG, § 572 Abs 4 ASVG: Wenn KV und UV am 31. 12. 1999 in ASVG, weiterhin ASVG-Vers, solange weiter gleiche Erwerbstätigkeit und keine Änderung des maßgeblichen Sachverhalts; Beitrag: 6,9 % von HBGrl + 1/6.

Rechtsanwälte: Opting-out in PV und KV (somit auch keine UV).
Notare: PV: NVG, KV: Opting-out.
Künstler: Zuschuss von Künstler-SV-Fonds: 1.896 €/J, wenn Einkünfte zwischen 6.010,92 €/J und 32.559,15 €/J; Erhöhung der Obergrenze für jedes Kind um 3.005,46 €/J.
BMSVG: 1,53 %; freiwillig für WT, Ärzte, Tierärzte, Apotheker, Patentanwälte, Rechtsanwälte, Notare, Ziviltechniker (Option binnen eines Jahres).

Land- und Forstwirte (BSVG)

Pflichtversicherte: *KV, PV, UV:* Betriebsführer; hauptberuflich mitarbeitende EheG, (Schwieger-)Kinder. Wenn kein landwirtschaftlicher Einheitswert festgestellt ist, nur bei überwiegender Deckung des Lebensunterhalts aus der Landwirtschaft. Jagd- und Fischereipächter, wenn sie überwiegend Lebensunterhalt decken. *UV:* nebenberuflich mittätige (Wahl-, Stief- Schwieger-)Kinder, Enkel, (Groß-, Wahl-, Stief-, Schwieger-)Eltern; Jagd- und Fischereipächter.

Einheitswertgrenzen für PflV
KV und PV: über 1.500 €.
UV: ab 150 €.
Unter diesen Grenzen besteht Versicherungspflicht nur bei überwiegender Deckung des Lebensunterhalts aus der Landwirtschaft.

BGrl: Ermittlung des VersW (= BGrl) aus Einheitswert. Wenn kein Einheitswert vorliegt, BGrl-Ermittlung ähnlich GSVG.

	EW	%
bis	5.000 €	22,56041
weitere	3.700 €	25,06715
weitere	2.200 €	20,36703
weitere	3.600 €	14,10030
weitere	7.300 €	11,43690
weitere	7.200 €	8,46019
weitere	7.300 €	6,26680
weitere	7.300 €	4,70012
darüber		3,60341

daraus ergeben sich zB folgende Versicherungswerte

EW	VersW
5.000 €	1.128,02 €
8.700 €	2.055,51 €
10.900 €	2.503,58 €
14.500 €	3.011,19 €
21.800 €	3.846,08 €
29.000 €	4.455,22 €
36.300 €	4.912,69 €
43.600 €	5.255,80 €
höchstens	6.825 €

MBGrl	PV		KV	
	Versicherungswert	BGrl-Option für ESt-Bescheid	Versicherungswert	BGrl-Option für ESt-Bescheid
Betriebsführer, hauptberuflich beschäftigter Ehegatte	500,91 €/M	924,35 €/M	500,91 €/M	500,91 €/M
Ehegatten mit gemeinsamer Betriebsführung	250,46 €/M	462,18 €/M	250,46 €/M	250,46 €/M
Eltern, Groß-/Schwiegereltern nach Übergabe und weiter Hauptberuf	250,46 €/M	462,18 €/M	250,46 €/M	250,46 €/M
Hauptberuflich beschäftigte(s) Kind, Enkel, Schwiegerkind	500,91 €/M	500,91 €/M	500,91 €/M	500,91 €/M
Ehepartner sind als Kind und Schwiegerkind versichert und Hauptberuf	250,46 €/M	250,46 €/M	250,46 €/M	250,46 €/M

UV: MBGrl bei Versicherungswert immer 924,35 €, bei BGrl-Option für ESt-Bescheid immer 1.736,97 €/M; Jagd- und Fischereipächter: 820,20 €/M (2,0 % Beitragssatz = 16,40 €/M Beitrag).

Mind 924,35 €/M Hinzurechnung für Nebentätigkeit bei BGrl-Option; bei Versicherungswert: 30 % der Einnahmen: 12.
HBGrl: 6.825 €/M – bei EW von 87.200 € (Betriebsführer oder EheG ist versichert) bzw 276.600 € (Betriebsführer und EheG sind versichert); 2.275 €/M (Kind, Schwiegerkind des Betriebsführers); 3.412,50 €/M (Eltern, Groß-, Schwiegereltern nach Übergabe und weiter Hauptberuf + PV für Kinder bei Hauptberuf vor Vollendung 27. Lj).

Beitragssätze	KV	PV		UV	PflV
	PflV*) / WV	PflV*)	WV	(Betriebsbeitrag)	gesamt
	6,8 % / 7,65 %	17,0 %	22,8 %	1,9 %	25,7 %

*) Kinder bis 18, Frauen zwischen vollendetem 60. Lj und vollendetem 63. Lj, Männer zwischen vollendetem 65. Lj und vollendetem 68. Lj => nur die Hälfte, wenn keine AP beansprucht.

Beitrag BHG: 0,4 %.
3 % Zusatz-Beitrag bei BGrl-Option für ESt-Bescheid: entfällt.
UV: BMG für Leistung: 22.784,41 €.
BMSVG: 1,53 % (freiwillig binnen eines Jahres ab Beginn PflV – Austritt nicht möglich).

Leistungen aus der Sozialversicherung

KV: Rezeptgebühr 6,85 €, Kostenanteil für Heilbehelfe 39,00 €, für Sehbehelfe 117,00 €.
Serviceentgelt E-Card 13,35 €/J.
Behandlungsbeitrag BSVG 11,31 €/Quartal.
Besondere Unterstützungsleistung bei Arbeitsunfähigkeit GSVG: 33,94 €/T.
Krankengeld GSVG-ZusatzV mindestens: 10,02 €/T.
Wochengeld GSVG + BSVG: 61,25 €/T.
Kinderzuschuss: 29,07 €/M.
Zuzahlung Reha-Aufenthalt und Gesundheitsvorsorge: 9,37 €/T bei Bruttoeinkommen ab 1.110,26 bis 1.691,64 €/M; 16,06 €/T bei Einkommen bis 2.273,03 €/M; 22,76 €/T bei höheren Einkommen; für maximal 28 Kalendertage/J.

Pensionsberechnung:
Geburtstag bis 31. 12. 1954: Bemessungszeitraum: 420 M; **Steigerungsbetrag:** 1,78 % für je 12 VM; **Abschlag** bei Pension vor 60./65. Lj: 4,2 %/J (0,35 %/M) der Pension, maximal 15 % (IP, BU, EU: maximal 13,8 %); **Gesamtverlust** maximal 9,75 % der Pension nach Rechtslage 31. 12. 2003.
Geburtstag ab 1. 1. 1955: Pensionskonto; Kontoerstgutschrift zum 1. 1. 2014, wenn bis 31. 12. 2004 mindestens 1 VM erworben; Teilgutschrift/Steigerungsbetrag: 1,78 %/J; Bemessungszeit Ausgangsbetrag: 336 M (28 J) bis 31. 12. 2013.
Langzeitversicherte mit 480 (Frauen)/540 (Männer) BM; kein **Abschlag** (bis Stichtag 1. 12. 2013) – danach 0,35 %/M bis Alter für vz AP oder 65. Lj (Männer ab 1. 10. 1952 geb).

Männer geboren	**Pensions-antrittsalter**	**Frauen** geboren	**Pensions-antrittsalter**	**Frauen** geboren	**Pensions-antrittsalter**	*) Ab 1. 1. 2014: 0,1 %/M Abschlag bis Regelpension.
bis 31. 12. 1953*)	60 Jahre	bis 31. 12. 1958*)	55 Jahre	1. 1. 1962 bis 1. 12. 1963	60 Jahre (540 BM)	
ab 1. 1. 1954	62 Jahre	1959	57 Jahre (504 BM)	2. 12. 1963 bis 1. 6. 1964	60,5 Jahre (540 BM)	
		1960	58 Jahre (516 BM)	2. 6. 1964 bis 1. 12. 1964	61 Jahre (540 BM)	
		1961	59 Jahre (528 BM)	2. 12. 1964 bis 1. 6. 1965	61,5 Jahre (540 BM)	danach 62 Jahre

Langzeitversicherte mit Schwerarbeit: 480 (Frauen)/540 (Männer) BM – 120 M Schwerarbeit in letzten 240 KM; Alter: 60. Lj (Männer bis 31. 12. 1958 geb); 55. Lj (Frauen bis 31. 12. 1963 geb), sowie **Schwerarbeitspension: 60. Lj (Frauen + Männer): 540 VM – 120 M; Schwerarbeit in den letzten 240 KM:** Abschlag 1,8 %/J (0,15 %/M) bis 65./60. Lj.
Korridorpension: 62. Lj (nur Männer), 480 VM erforderlich; Abschlag (geb ab 1. 1. 1955): 5,1 %/J (0,425 %/M) bis Regelpension 65. Lj.
Abschlagsfreiheit: ab StT 1. 1. 2020 bis 1. 12. 2021 für alle vorzeitigen P ab Vollendung 60. Lj, wenn 540 BM der PflV aufgrund Erwerbstätigkeit vorliegen – 60 VM der KEZ werden angerechnet (Ausnahme: Voraussetzung am 31. 12. 2021 erfüllt und Stichtag erst später – allerdings nicht für BUP/IP/EUP).
Frühstarterbonus (ab Stichtag 1. 1. 2022): 1,03 € für jeden BM d PflV aufgrund Erwerbstätigkeit vor 20. Lj – maximal 61,86 € (auch für SZ, nur bei EigenP), wenn: insgesamt mind. 300 BM d PflV aufgrund Erwerbstätigkeit vorliegen und davon mind. 12 BM d PflV aufgrund Erwerbstätigkeit vor 20. Lj.

Frauen geboren	Regelpensionsalter	Frauen geboren	Regelpensionsalter
bis 1. 12. 1963	60 Jahre	2. 6. 1966 bis 1. 12. 1966	63 Jahre
2. 12. 1963 bis 1. 6. 1964	60 Jahre und 6 Monate	2. 12. 1966 bis 1. 6. 1967	63 Jahre und 6 Monate
2. 6. 1964 bis 1. 12. 1964	61 Jahre	2. 6. 1967 bis 1. 12. 1967	64 Jahre
2. 12. 1964 bis 1. 6. 1965	61 Jahre und 6 Monate	2. 12. 1967 bis 1. 6. 1968	64 Jahre und 6 Monate
2. 6. 1965 bis 1. 12. 1965	62 Jahre	ab 2. 6. 1968	65 Jahre
2. 12. 1965 bis 1. 6. 1966	62 Jahre und 6 Monate		

Schule/Hochschule: Nachkauf/M: 1.333,80 €/M; (Risikozuschlag bei GebT vor 1. 1. 1955: ab 60. Lj: x 2,34).

Gesamteinkommen (Pension + Erwerbseinkommen) ab 1.357,72 €/M	
wird angerechnet auf **Gleitpension:** über 1.357,72 € bis 1.810,28 € mit 30 %, über 1.810,28 € bis 2.262,87 € mit 40 %, über 2.262,87 € bis 2.715,43 € mit 50 %, über 2.715,43 € mit 60 %, mindestens gebühren 50 %, maximal 80 % bzw 60 % (bei 300 VM) der Pension.	**auf IP, BU, EUP (Stichtage ab 1. 1. 2001):** über 1.357,72 € bis 2.036,66 € mit 30 %, über 2.036,66 € bis 2.715,43 € mit 40 %, über 2.715,43 € mit 50 %. Anrechnung: maximal 50 % der Pension bzw maximal Erwerbseinkommen.

Schutzbetrag Witwen/WitwerP (P + Einkommen): 2.220,47 €/M; Leistungsobergrenze: 8.460 €/M.
AnpF: 1,058.
BMG für Kindererziehungszeiten: 1.554,36 (für Frauen bis Geburtstag 1. 9. 1941: 716,84 €).
BGrl für Kinderziehung, Präsenz/Zivildienst nach APG: 2.090,61 €/M.
Höchste BMG: 4.769,11 € (BMZ: 420 M = 35 J).
Höchstpension (Jahrgang 1958; 540 VM HBG; APG): 4.374,36 € brutto (3.097,60 € netto).
Pensionskonto: höchste Beitragsgrundlage 81.900 €/J – höchste Teilgutschrift (1,78 %): 1.457,82 €.
KV-Beitrag Pensionisten: 5,10 %.
Einkommensgrenze für öffentliche Funktionäre – Wegfall einer vzAP bei Eink über 4.837,56 €/M.

Ausgleichszulage:

Richtsätze

alleinstehender Pensionist; Witwe/Witwer*)			1.1110,26 €
gemeinsamer Haushalt mit Ehegattin/Partner*)			1.751,56 €
Waisen-pension	einfach verwaist	bis 24 Jahre	408,36 €
		über 24 Jahre	725,67 €
	doppelt verwaist	bis 24 Jahre	613,16 €
		über 24 Jahre	1.110,26 €

*) Erhöhung für Kind, das nicht mehr als 408,36 €/M Nettoeinkommen hat: 171,31 €.
Anrechnung volle freie Station mit: 327,91 €, Freibetrag Lehrlingsentschädigung: 252,80 €.
Freibetrag Zins + Kapitalerträge: 67 €/J.

Pauschales Ausgedinge: Gemeinsamer Haushalt: EW ab 5.600 €: 131,37 €/M, alleinstehender Pensionist: EW ab 3.900 €: 83,27 €/M.

Ausgleichszulagen-/Pensionsbonus: nur zur Eigenpension (nicht für HinterbliebenenP); Differenz zwischen Grenzwert und Gesamteinkommen (P + AZ + Nettoeinkommen).

	BM der PflV aufgrund Erwerbstätigkeit[1)]	Grenzwert	max. Höhe
alleinstehend	360	1.208,06	164,37
alleinstehend	480	1.443,23	419,19
verheiratet/eingetr. Partnerschaft	480	1.948,08	418,74

[1)] max. 60 VM KEZ + 12 VM Präsenz-/Zivildienst werden angerechnet; nur Monate vor StT anrechenbar.

Pflegegeld

Stufe	1	2	3	4	5	6	7
Pflegegeld	175 €	322,70 €	502,80 €	754 €	1.024,20 €	1.430,20 €	1.879,50 €

Arbeitslosenversicherung

Leistungen aus der AlV (Ehegatte = Lebensgefährte)

Arbeitslosengeld: 55 % des täglichen Nettoeinkommens (Grundbetrag – Entgelt der letzten 12 KM vor Geltendmachung + 12 KM. Berichtigungsfrist gem ASVG; aber: Schutz d BMG ab Vollendung 45 Lj).
Berechnung: [(JahresBGrl: 12 maximal bis 6.265 €/M) abzgl SV und ESt für alleinstehenden Ang x 12: 365]; mindestens 37,09 €/T – maximal jedoch bei Anspruch auf Familienzuschlag 80 % des täglichen Nettoeinkommens, ohne Anspruch auf Familienzuschlag maximal 60 % des täglichen Nettoeinkommens.
AlG höchstens: 71,98 €/T.
Familienzuschlag: 0,97 €/T; gebührt für Kind, für das Familienbeihilfe zusteht; für EheG mit Einkünften bis GfGrenze, wenn Familienzuschlag für Kind gebührt.
Zusatzbetrag bei Schulung o. WEM: 2,27 €/T
Wegfall des Arbeitslosengeldes: bei Einkünften über GfGrenze, bei Umsatz über 54.972,25 €/J (4.581,02 €/M).

Notstandshilfe höchstens 1.110,26 €/M (bei 20 W AlG); 1.295 €/M (bei 30 W AlG).
Weiterbildungsgeld: 14,53 €.

Arbeitslosenversicherung für Selbständige

Opting-in-Modell für Gewerbetreibende, GmbH-, OG-, KG-Gesellschafter, neue Selbständige, Ärzte, Apotheker, Patentanwälte, Rechtsanwälte, Ziviltechniker (bis 60. Lj. oder Erreichen des Pensionsalters oder Pensionsanfall); Beitritt zur AlV binnen 6 M ab Beginn der Versicherung (Altfälle bis 31. 12. 2009). Bindung an Beitritt, Nichtbeitritt, gewählte BGrl: 8 Jahre.

Wahl-BGrl	Beitrag	Zahlung	
1.706,25 €/M	3 %	51,19 €/M	= 25 % der jeweiligen GSVG-HBG
3.412,50 €/M	6 %	204,75 €/M	= 50 % der jeweiligen GSVG-HBG
5.118,75 €/M	6 %	307,13 €/M	= 75 % der jeweiligen GSVG-HBG

Kinderbetreuungsgeld

Für Geburten ab 1. 3. 2017: Kinderbetreuungsgeld-Konto.
Bezugsdauer: 365 Tage bis 851 Tage ab Geburt oder 456 Tage bis 1.063 Tage ab Geburt, wenn zweiter Elternteil mindestens 20 % = mindestens 91 Tage Karenz konsumiert.
Höhe: nach Bezugsdauer zwischen 35,85 €/T und 15,38 €/T, Mehrlingsgeburten: + 50 % für zweites und jedes weitere Kind; plus 500 € einmaliger Bonus je Elternteil, wenn Kinderbetreuungsgeld 50:50 oder 60:40 zwischen Eltern geteilt wird und jeder Elternteil mindestens 124 Tage KBG bezieht (keine Mutter-Kind-Pass-Untersuchung: Anspruch reduziert sich um 1.300 €/Elternteil).

Einkommensgrenze: 18.000 €/J (nichtselbständige Arbeit, Land-/Forstwirtschaft, selbständige Arbeit, Gewerbebetrieb – jeweils zzgl. 30 %; AlG, NH: zzgl. 15 %) oder 60 % der Einkünfte laut ESt-Bescheid des Kalenderjahres vor Geburt des Kindes zzgl. 30 % (AlG, NH: zzgl. 15 %).

Beihilfe zum Kinderbetreuungsgeld: 6,06 €/T für maximal 12 M, wenn eigenes Einkommen 7.800 €/J nicht übersteigt und Ehegatte (bei unverheirateten: anderer Elternteil des Kindes) nicht mehr als 18.000 €/J verdient.

Kinderbetreuungsgeld als Ersatz des Erwerbseinkommens: wenn in den letzten 6 Kalendermonaten vor Geburt in Österreich SV-pflichtige Erwerbstätigkeit ausgeübt wurde; Höhe: 80 % des Nettoeinkommens der letzten 3 Kalendermonate zzgl. SZ oder 80 % des täglichen Wochengeldes; mindestens 35,85 €/T, höchstens 69,83 €/T (keine Mutter-Kind-Pass-Untersuchung: Anspruch reduziert sich um 1.300 €/Elternteil).
Einkommensgrenze: 7.800 €/J.
Bezugsdauer: bis 365. Tag ab Geburt des Kindes (bis 426. Tag bei Teilung mit anderem Elternteil);
Partnerschaftsbonus wie bei Kinderbetreuungsgeld-Konto.

Familienzeitbonus für erwerbstätige Väter: 23,91 €/T bei Karenz zwischen 28 Tagen und 31 Tagen innerhalb von 91 Tagen ab Geburt des Kindes.

Geburten bis 28. 2. 2017:

14,53 €/T; 7,27 €/T[1])	bis 30./36.[2]) Lebensmonat des Kindes,
20,80 €/T; 10,40 €/T[1])	bis 20./24.[2]) Lebensmonat des Kindes,
26,60 €/T; 13,30 €/T[1])	bis 15./18.[2]) Lebensmonat des Kindes,
33,00 €/T; 16,50 € /T[1])	bis 12./14.[2]) Lebensmonat des Kindes.

[1]) Wenn vorgeschriebene Mutter-Kind-Pass-Untersuchungen nicht nachgewiesen werden, ab 25./17./13./10. Lebensmonat des Kindes.
[2]) Maximale Bezugsdauer, wenn auch anderer Elternteil KBG in dieser Höhe bezieht.

Hinweis: Beiträge aus den Vorjahren entsprechen nicht mehr zwingenderweise der aktuellen Rechtslage und ist deren Anwendung auf aktuelle Sachverhalte möglicherweise nur mehr eingeschränkt möglich. Weitere Suchmöglichkeiten: Im elektronischen Stichwortverzeichnis unter www.seminaroberlaa.at und im Volltext bei Verwendung des kostenpflichtigen Online Zuganges zu allen Arbeitsbüchern!

STICHWORTVERZEICHNIS 2023 - 2017

STICHWORTVERZEICHNIS 2023 - 2017

STICHWORTVERZEICHNIS 2023 - 2017

STICHWORTVERZEICHNIS 2023 - 2017

STICHWORTVERZEICHNIS 2023 - 2017

STICHWORTVERZEICHNIS 2023 - 2017

ÖGSW
IHR SERVICE-NETZWERK

SWK
Steuer- und WirtschaftsKartei

Die Presse

MANZ
Wir digitalisieren Recht.

LexisNexis®

dvo

BMD BUSINESS SOFTWARE

grundner
Fachbuch-Verlag für Steuer- und Wirtschaftsliteratur
grundner fachbuch verlag

KMUBörse
KANZLEIVERKAUF KANZLEIKAUF

IHR FUNDAMENT FÜR MORGEN
wi wohninvest

facultas

AtiKON
Alles Marketing

RZL®
Software

SCOPEVISIO

Linde

40 Jahre
RZL Software
RZL SOFTWARE
RZL feiert 40 Jahre!
Feiern Sie mit uns und profitieren Sie von unseren einmaligen 40-Jahre-Aktionen!
Zum Jubiläum geht RZL Software ganz neue Wege: bei der österreichweiten RZL Roadshow bekommen Sie Informationen zu RZL Produktneuheiten aus erster Hand. Detaillierte Informationen zu den Jubiläumsaktionen „40 Jahre RZL“ sowie zur RZL Roadshow unter rzlSoftware.at
RZL Software GmbH, 4911 Tumeltsham, 07752/252-65, Software@rzl.at
Rechnungswesen einfach machen.
Schnell und effizient.

Sichtbar auf dem Arbeitsmarkt?
Fachkräfte finden mit System!
Atikon
Alles Marketing
Machen Sie auf sich aufmerksam! Denn nur wer sich als attraktiver Arbeitgeber präsentiert, hat einen Vorsprung auf dem Arbeitsmarkt.
Wir unterstützen Sie dabei – mit dem Karrierepaket von Atikon!
So einfach geht Mitarbeitersuche!
#perfectmatch
#attraktiv
#geködert
Finden Sie Ihr Perfect Match!
www.atikon.com